로스쿨

民·事·法·實·務·研·究

민사법 실무연구

-중요판례, 요건사실, 필수개념 중심-

이문호

박영사

머 리 말

본서는 민사법실무에 대한 강의를 준비함과 동시에, 민사법 변호사시험(기록형)을 대비하는 강의 준비 과정을 통하여 수집된 관련 중요판례, 요건사실, 필수개념, 연구 논문 등의 자료를 모아, 로스쿨 학생 및 졸업생들이 주로 민사법 기록형 변호사시험에 큰 두려움 없이 임할 수 있게 대비하기 위하여 쓰고 편집한 것이다. 물론 민사법 선택형, 사례형 시험에 대비한 공부의 주요한 자료가 될 수 있음도 당연하다.

민사 기록형 시험에 대비하기 위하여는 소장, 준비서면, 답변서, 변호사 의견서, 변호사 상담일지 등의 법문서를 작성할 수 있는 지식이 필수적으로 선행되어야 한다. 전체 민사법이라는 범주를 놓고 보아, 각종 민사 관련 법문서 작성의 지식이 하드웨어적 구성 부분이라면, 민사법 특히 민법, 민사소송법, 민사집행법의 실체법적·절차법적 이론에 대한 지식은 소프트웨어적 구성 부분이 될 것이고, 이에 더하여 대법원과 하급심의 판례는 전체 민사법이라는 체제를 구동시켜서 결과물을 도출하는 운영시스템이라고 비유할 수 있겠다.

이제 갓 탄생하여 걸음마를 내딛고 있는 한국형 로스쿨이라는 우리나라 역사상 초유의 법조인 선발 양성기관에 몸담은 한 사람으로서 감회가 적지 않다. 몇 가지만 적시한다면, 민법 교과서는 기존의 교과서의 체제를 탈피하여 그 이론과 판례의 서술에 있어서 관련 절차법적 요소와 실무적 요소를 첨가하고서도 그 부피와 양이 1/3로 줄어야만 한다. 더 깊이 있는 민사법 이론 공부는 로스쿨 박사과정에서 하여도 충분할 것이다. 그리고 민사소송법과 민사집행법(보전소송법 포함)이 한 권의 교과서로 논리일관 수미쌍관하게 공부할 수 있게 출간되어야 함이 시급하다는 생각이다. 또한, 모쪼록 예비법조인들인 로스쿨의 학생들은 역사, 철학, 고전 등 인문학 공부에도 소홀히 하지 말기를 당부하고 싶다. 법해석학의 지식만으로는 소인배나 중인배를 넘지 못함은 물론이거니와 타인과 사회에 봉사하는 '마음의 醫師' 역할을 하여야만 하는 법조인으로서의 기본 역할도 할 수 없는 처지에 이를지 모른다. 수험 공부든 무엇이든지 간에 지금 여기서 절차탁마하는 시간과 노력은 미래에 오는 결과를 위한 수단이 아니리라. 지금 자체로 이미 목적이요 내가 해야만 하는 역할이자 현실인 것이다. 그러면 결과는 자연히 따라 오는 것이고 설령 따라 오지 않는다 하여도 크게 실망하지 않고 마음의 상처를 최소화한 상태로 다음과 차선으로 나아갈 수 있겠다. 그러면 지난 시간들은 공허하지 않고 그것으로 족하게 된다.

이 책의 구성은 3편으로 나누어, 제 1 편은 민사 소송사건 청구권별 중요판례연구와 요건사실, 필수개념 등을 정리하고, 제 2 편은 주요 판례 및 주제를 둘러싼 필수 논점들에 대하여 체계적 논문의 형식으로 정리하고, 제 3 편은 실제 사건을 각색한 민사법 기록형 변호사시험 모의시험 문제 및 모범답안, 일응의 채점기준표 등을 게재하여 공부를 최종적으로 정리할 수 있도록 하였다.

시간에 쫓기어 미흡하고 결함이 많을 것으로 안다. 향후 더 정리를 하여 보다 완벽한 책으로 거듭나기를 약속한다.

2011년 10월

이 문 호

차 례

제1편 소송사건별 중요판례연구, 요건사실, 필수개념 등 정리

제 2 편 주요 판례 연구 논문

제 3 편 변호사시험 모의시험(민사 기록형)

PART 01

소송사건별 중요판례연구, 요건사실, 필수개념 등 정리

제 1 장 민사법실무 중요청구 소송
—변호사 시험(민사법 기록형) 대비

방대한 민사법의 바다에서 어느 부분을 어떻게 공부하여야 하는지는 매우 중요하다. 아래의 11가지의 범주가 민사법 실무 공부의 중요 부분은 무엇인가라는 물음에 대한 완전한 답이라고는 할 수 없지만, 필요한 최소한 내지 가장 튼튼한 기초가 될 소송 분야는 망라되어 있다고 하겠다. 제 1 편에서는 아래 각 청구 소송에 대하여 관련 판례를 중심으로 자세히 기술한다.

1. 사해행위취소 소송
   - 채권자취소권, 채권자대위권 비교연구
   - 부동산실권리자명의등기에관한법률, 명의신탁
2. 주요 항변의 주장, 입증
   - 4대 항변(소멸시효, 동시이행, 변제, 상계)
   - 변제충당, 변제공탁
   - 요건사실, 청구원인사실, 입증책임 등
   - 장물인 금전으로 한 변제의 유효성, 피해자·채무자·채권자 3자간 부당이득 등 법률관계
3. 소유권에 기한 부동산 인도, 철거, 퇴거, 점유자에 대한 부당이득 반환 청구 소송
4. 각종 등기 청구 소송
   - 근저당권설정등기 말소 청구 소송

- 소유권에 기한 소유권이전등기 말소 청구 소송
- 진정명의회복을 원인으로 한 소유권이전등기 청구 소송
- 시효취득을 원인으로 한 소유권이전등기 청구 소송
- 가집행 선고

5. 임대차 보증금 반환, 목적물 반환, 유익비 반환 청구 소송
   - 주택임대차보호법, 상가건물임대차보호법
6. 전부금 청구 소송
   - 전부명령, 추심명령 비교연구
   - 압류, 가압류, 채권양도 통지의 경합
7. 약속어음금 청구 소송
   - 발행인, 배서인에 대한 청구
8. 지명채권양도(금지특약), 신탁법 제 7 조 관련 소송
   - 하도급거래공정화에관한법률
9. 매매계약에 기한 대금 등 청구 소송
10. 자동차 사고 손해배상 청구 소송
11. 부동산(채권) 이중양도, 연대보증채무 관련 소송

➡ 민사본안사건 종류별 건수 비교

대법원 사법연감(통계) — 〈2010년 사건의 개황(1)〉 — 〈민사본안사건 종류별 건수 비교〉에 따라, 그 많은 순서로부터 나열하면 다음과 같다.

1. 대여금(12.7%)
2. 손해배상(10.1%) — 손해배상 사건의 내부적 통계는 기타, 자동차사고, 의료과오, 산업재해, 지적소유권침해, 공해의 순서이다.
3. 건물명도, 철거(9.6%)
4. 구상금(9.2%)
5. 양수금(8.1%)
6. 부동산소유권(6.9%)
7. 매매대금(6.9%)

8. 제 3 자이의, 청구이의(2.9%)
9. 공사대금(2.8%)
10. 부당이득금(2.8%)
11. 약정금(2.5%)
12. 채무부존재확인(2.4%)
13. 임대차보증금(2.4%)
14. (근)저당권설정, 말소(1.3%)
15. 어음, 수표금(0.9%)
16. 보증채무금(0.9%)
17. 신용카드이용대금(0.7%)

※ 합계 354,019건 [제 1 심(293,739건), 항소심(49,274건), 상고심(11,006건)](제 1 심 소액사건은 제외)

제 2 장 사해행위취소 소송
—부동산실권리자명의등기에관한법률, 명의신탁 등

1. 채권침해와 채권구제

채권침해가 있음으로 연하여 채권구제가 당연히 있게 된다.

가. 채권의 발생

약정채권-계약에 의한 법률 관계

법정채권-사무관리, 부당이득, 불법행위

나. 채권의 침해

채권의 상대성, 비대세적 효력에 비추어, 채권침해의 상대방은 원칙적으로 채무자이다.

다. 채권침해의 양태

① 채무자의 채권침해 — 채무불이행(이행불능, 이행지체, 불완전이행), 계약채무성립 전 계약체결상의 과실

② 채무자와 제 3 자의 공모에 의한 채권침해 — 사해행위

③ 제 3 자의 채권침해 — 불법행위로 풀이 — 부동산 2중양도 등에서 채무자가 무자력일 경우(즉, 매도인이 무자력이고, 제 3 자인 제 2 매수인이 매도인에게 적극 가담하지 않아 제 2 계약이 유효한 경우) 효과를 발생함.

④ 광의의 채권침해로서 채무자의 책임재산 보전, 관리 소홀에 대한 실체법상의 채권자의 제 3 채무자에 대한 권리로서 — 채권자 대위권

위 ②, ③, ④는 채권의 상대성에 반하여, 실정법 및 판례가 인정하는 특단의 조치이다.

2. 사해행위취소 소송(채권자취소권)

가. 일반론

(1) 채권자취소권은 반드시 소제기로써만 주장 가능, 소송 외 주장 혹은 다른 소송에서의 공격, 방어 방법으로는 주장 불가하다.

(2) 관련 민법 조문

제406조 (채권자취소권)

① 채무자가 채권자를 해함을 알고 재산권을 목적으로 한 법률행위를 한 때에는 채권자는 그 취소 및 원상회복을 법원에 청구할 수 있다. 그러나 그 행위로 인하여 이익을 받은 자나 전득한 자가 그 행위 또는 전득당시에 채권자를 해함을 알지 못한 경우에는 그러하지 아니하다.

② 전항의 소는 채권자가 취소원인을 안 날로부터 1년, 법률행위 있은 날로부터 5년 내에 제기하여야 한다. — 일정한 기간 안에 행사하지 않으면 해당 권리가 소멸된다는 점에서는 소멸시효와 비슷한 개념이다. 그러나 제척기간은 소멸시효와는 달리 정지 · 중단이 없고 소송에서 그 이익을 원용할 필요가 없다.

제407조 (채권자취소의 효력)

전조의 규정에 의한 취소와 원상회복은 모든 채권자의 이익을 위하여 효력이 있다.

(3) 성 질

취소권 + 원상회복 청구권

청구위지(판결주문) 표시 사례 — 취소 + 재산의 반환

① 피고와 소외 갑 사이에 별지목록기재 부동산에 관하여 1999. 6. 15. 체결된 근저당권설정계약을 취소한다.

② 피고는 소외 갑에게 제 1 항 기재 부동산에 관하여 서울지방법원 동부지원 1999. 6. 17. 접수 제36742호로 마친 근저당권설정등기의 말소등기절차를 이행하라.

③ 가집행의 선고 — 사해취소 소송 판결은 형성판결 + 이행판결의 결합으로서 가집행을 붙이지 아니한다(구체적 이유 및 판례는 아래 3.항 이하 참조).

나. 요건사실(법률효과 발생요건)

① 피보전채권의 존재

② 채무자의 사해행위(전득자 있을 경우 수익자의 처분행위 포함)

③ 채무자의 사해의사(사실상 추정)

④ 피고(수익자 혹은 전득자)의 악의

다. 청구원인사실-원고 주장, 입증

① 피보전채권의 존재

② 채무자의 사해행위(전득자 있을 경우 수익자의 처분행위 포함)

③ 채무자의 사해의사(사실상 추정)

라. 항변사실-피고 주장, 입증

① 제척기간도과(본안전항변)-인정될 경우 소의 각하

② 선의(수익자, 전득자)

③ 채무자 자력회복(사실심 변론종결시까지)

④ 피보전채권의 시효소멸(아래 판례 이전까지는 견해가 대립하였었다)

3. 채권자 취소권 — 중요 판례 연구, 요건사실, 필수 개념 등 정리

(1) 피고가 원고(취소채권자)의 채권에 대하여 시효소멸을 항변할 수 있는지(적극) 등

<판시사항>

[1] 사해행위취소소송에서 수익자가 취소채권자의 채권에 대하여 시효소멸을 주장할 수 있는지 여부(적극)

[2] 처분행위 당시에는 무자력 상태였던 채무자가 사실심 변론종결시 자력을 회복한 경우, 채권자취소권이 소멸하는지 여부(적극) 및 그 점에 대한 증명책임의 소재(=채권자취소소송의 상대방)

<판결요지>

[1] 소멸시효를 원용할 수 있는 사람은 권리의 소멸에 의하여 직접 이익을 받는 자에 한정되는바, 사해행위취소 소송의 상대방이 된 사해

행위의 수익자는, 사해행위가 취소되면 사해행위에 의하여 얻은 이익을 상실하고 사해행위취소권을 행사하는 채권자의 채권이 소멸하면 그와 같은 이익의 상실을 면하는 지위에 있으므로, 그 채권의 소멸에 의하여 직접 이익을 받는 자에 해당하는 것으로 보아야 한다.

[2] 처분행위 당시에는 채권자를 해하는 것이었다고 하더라도 그 후 채무자가 자력을 회복하여 사해행위취소권을 행사하는 사실심의 변론종결시에는 채권자를 해하지 않게 된 경우에는 책임재산 보전의 필요성이 없어지게 되어 채권자취소권이 소멸하는 것으로 보아야 할 것인바, 그러한 사정변경이 있다는 사실은 채권자취소 소송의 상대방이 증명하여야 한다.

(대법원 2007.11.29. 선고 2007다54849 판결【사해행위취소등】 [공2007하,2036])

(2) 채권자대위 소송의 피고(제 3 채무자)가 채무자의 원고(채권자)에 대한 소멸시효의 항변을 원용할 수 있는지 여부(소극) — ※ 위 판례와 비교할 것

<판시사항>

채권자대위 소송의 제 3 채무자가 채무자의 채권자에 대한 소멸시효의 항변을 원용할 수 있는지 여부(소극)

<판결요지>

채권자가 채권자대위권을 행사하여 제 3 자에 대하여 하는 청구에 있어서 제 3 채무자는 채무자가 채권자에 대하여 가지는 항변으로는 대항할 수 없으므로, 채권의 소멸시효가 완성된 경우 이를 원용할 수 있는 자도 원칙적으로는 시효이익을 직접 받는 자뿐이고 채권자대위 소송의 제 3 채무자가 이를 행사할 수는 없다.

(대법원 1997. 7. 22. 선고 97다5749 판결【소유권이전등기말소】 [공1997. 9. 15.(42), 2641])

(3) 사해행위취소에 따른 원상회복으로 원고가 피고에 대하여 직접 자신에게 금전이나 동산을 지급할 것을 청구할 수 있는지 여부(적극) 등

<판시사항>

[1] 사해행위취소의 소에서 수익자가 가액배상을 할 경우, 수익자 자신

도 채무자에 대한 채권자 중의 1인이라는 이유로 취소채권자에게 자기 채권에 해당하는 안분액의 배분을 청구하거나 상계를 주장하여 안분액의 지급을 거절할 수 있는지 여부(소극)

[2] 사해행위취소에 따른 원상회복으로서 가액배상이 인정되는 '원물반환이 불가능하거나 현저히 곤란한 경우'의 의미

[3] 채권양도가 사해행위로 취소되기 전에 채권양수인인 수익자 등이 제3채무자로부터 이미 그 채권을 변제받는 등으로 양도채권이 소멸한 경우, 사해행위취소에 따른 원상회복의 방법

[4] 사해행위취소에 따른 원상회복으로 취소채권자가 수익자나 전득자에 대하여 직접 자신에게 금전이나 동산을 지급할 것을 청구할 수 있는지 여부(적극)

<판결이유>

채권자취소권은 채권의 공동담보인 채무자의 책임재산을 보전하기 위하여 채무자와 수익자 사이의 사해행위를 취소하고 채무자의 일반재산으로부터 일탈된 재산을 모든 채권자를 위하여 수익자 또는 전득자로부터 환원시키는 제도이므로, 수익자인 채권자로 하여금 안분액의 반환을 거절하도록 하는 것은 자신의 채권에 대하여 변제를 받은 수익자를 보호하고 다른 채권자의 이익을 무시하는 결과가 되어 제도의 취지에 반하게 되므로, 수익자가 채무자의 채권자인 경우 수익자가 가액배상을 할 때에 수익자 자신도 사해행위취소의 효력을 받는 채권자 중의 1인이라는 이유로 취소채권자에 대하여 총채권액 중 자기의 채권에 대한 안분액의 분배를 청구하거나, 수익자가 취소채권자의 원상회복에 대하여 총채권액 중 자기의 채권에 해당하는 안분액의 배당요구권으로써 원상회복청구와의 상계를 주장하여 그 안분액의 지급을 거절할 수는 없다 할 것이고(대법원 2001. 2. 27. 선고 2000다44348 판결 참조), 채권자의 사해행위취소 및 원상회복청구가 인정되면, 수익자는 원상회복으로서 사해행위의 목적물을 채무자에게 반환할 의무를 지게 되고, 만일 원물반환이 불가능하거나 현저히 곤란한 경우에는 원상회복의무의 이행으로서 사해행위 목적물의 가액 상당을 배상하여야 하는바, 여기에서 원물반환이 불가능하거나 현저히 곤란한 경우라 함은 원물반환이 단순히 절대적, 물

리적으로 불능인 경우가 아니라 사회생활상의 경험법칙 또는 거래상의 관념에 비추어 그 이행의 실현을 기대할 수 없는 경우를 말하는 것이므로(대법원 1998.5.15. 선고 97다58316 판결 참조), 사해행위에 해당하는 채권양도가 재권사에 의하여 취소되기 전에 이미 채권양수인인 수익자 등이 제 3 채무자로부터 그 채권을 변제받는 등으로 양도채권이 소멸된 경우에는, 채권자는 원상회복의 방법으로 수익자 등을 상대로 그 채권양도의 취소와 함께 변제로 수령한 금전의 지급을 가액배상의 방법으로 청구할 수 있으며(대법원 2002.10.25. 선고 2002다42711 판결 참조), 또한, 취소채권자로서는 수익자나 전득자에 대하여 직접 자신에게 금전이나 동산을 지급할 것을 청구할 수 있다 할 것이다(대법원 1999.8.24. 선고 99다23468, 23475 판결 등 참조).

(대법원 2003.11.28. 선고 2003다50061 판결【대여금등】[공보불게재])

(4) 채권자취소권의 요건을 갖춘 여러 명의 채권자가 동시에 또는 시기를 달리하여 사해행위취소 및 원상회복청구의 소를 제기한 경우, 중복제소에 해당하는지 여부(소극) 등

<판시사항>

[1] 채권자취소권의 요건을 갖춘 여러 명의 채권자가 동시에 또는 시기를 달리하여 사해행위취소 및 원상회복청구의 소를 제기한 경우, 중복제소에 해당하는지 여부(소극) 및 어느 한 채권자의 청구가 승소판결을 받아 확정되어도 다른 채권자의 청구가 권리보호의 이익이 있는지 여부(원칙적 적극)

[2] 채권자취소권의 요건을 갖춘 여러 명의 채권자가 여러 개의 사해행위취소 및 원상회복청구의 소를 제기하여 수익자가 가액배상을 하여야 하는 경우, 법원이 반환을 명하여야 하는 금액의 범위

[3] 사해행위취소로 인한 원상회복을 가액배상으로 하는 경우 그 이행의 상대방(=채권자)

<판결요지>

[1] 채권자취소권의 요건을 갖춘 각 채권자는 고유의 권리로서 채무자의 재산처분 행위를 취소하고 그 원상회복을 구할 수 있는 것이므로 여러 명의 채권자가 동시에 또는 시기를 달리하여 사해행위취소

및 원상회복청구의 소를 제기한 경우 이들 소가 중복제소에 해당하지 아니할 뿐만 아니라, 어느 한 채권자가 동일한 사해행위에 관하여 사해행위취소 및 원상회복청구를 하여 승소판결을 받아 그 판결이 확정되었다는 것만으로는 그 후에 제기된 다른 채권자의 동일한 청구가 권리보호의 이익이 없게 되는 것은 아니고, 그에 기하여 재산이나 가액의 회복을 마친 경우에 비로소 다른 채권자의 사해행위취소 및 원상회복청구는 그와 중첩되는 범위 내에서 권리보호의 이익이 없게 된다.

[2] 여러 명의 채권자가 사해행위취소 및 원상회복청구의 소를 제기하여 여러 개의 소송이 계속중인 경우에는 각 소송에서 채권자의 청구에 따라 사해행위의 취소 및 원상회복을 명하는 판결을 선고하여야 하고, 수익자(전득자를 포함한다)가 가액배상을 하여야 할 경우에도 수익자가 반환하여야 할 가액을 채권자의 채권액에 비례하여 채권자별로 안분한 범위 내에서 반환을 명할 것이 아니라, 수익자가 반환하여야 할 가액 범위 내에서 각 채권자의 피보전채권액 전액의 반환을 명하여야 한다.

[3] 채권자취소권은 채무자의 사해행위를 채권자와 수익자 또는 전득자 사이에서 상대적으로 취소하고 채무자의 책임재산에서 일탈한 재산을 회복하여 채권자의 강제집행이 가능하도록 하는 것을 본질로 하는 권리이므로, 원상회복을 가액배상으로 하는 경우에 그 이행의 상대방은 채권자이어야 한다.

(대법원 2008.4.24. 선고 2007다84352 판결【사해행위취소】[공2008상,792])

(5) 원고가 사해행위취소권을 행사하여 직접 수령한 가액배상금에 대하여 다른 채권자가 원고를 상대로 채권액에 따른 안분액의 지급을 구할 수 있는지 여부(소극)

<판시사항>

채권자가 사해행위취소권을 행사하여 직접 수령한 가액배상금에 대하여 다른 채권자가 취소채권자를 상대로 채권액에 따른 안분액의 지급을 구할 수 있는지 여부(소극)

<판결요지>

사해행위의 취소와 원상회복은 모든 채권자의 이익을 위하여 그 효력이 있으므로(민법 제407조), 채권자취소권의 행사로 채무자에게 회복된 재산에 대하여 취소채권자가 우선변제권을 가지는 것이 아니라 다른 채권자도 총채권액 중 자기의 채권에 해당하는 안분액을 변제받을 수 있는 것이지만, 이는 채권의 공동담보로 회복된 채무자의 책임재산으로부터 민사집행법 등의 법률상 절차를 거쳐 다른 채권자도 안분액을 지급받을 수 있다는 것을 의미하는 것일 뿐, 다른 채권자가 이러한 법률상 절차를 거치지 아니하고 취소채권자를 상대로 하여 안분액의 지급을 직접 구할 수 있는 권리를 취득한다거나, 취소채권자에게 인도받은 재산 또는 가액배상금에 대한 분배의무가 인정된다고 볼 수는 없다. 가액배상금을 수령한 취소채권자가 이러한 분배의무를 부담하지 아니함으로 인하여 사실상 우선변제를 받는 불공평한 결과를 초래하는 경우가 생기더라도, 이러한 불공평은 채무자에 대한 파산절차 등 도산절차를 통하여 시정하거나 가액배상금의 분배절차에 관한 별도의 법률 규정을 마련하여 개선하는 것은 별론으로 하고, 현행 채권자취소 관련 규정의 해석상으로는 불가피하다.

(대법원 2008.6.12. 선고 2007다37837 판결【배당금】[공2008하,965])

※ 가액배상의 경우 사실상 취소채권자를 두텁게 보호하고 악의의 피고에 대하여 보전의 기회를 봉쇄하고 있다. 피고는 채무자에게 부당이득반환을 구할 수 있다. 그러나 피고는 언제든 무자력일 것이다.

(6) 사해행위취소의 소에서 채무자에게 피고적격이 있는지 여부(소극)

<판시사항>

사해행위의 취소와 함께 책임재산의 회복을 구하는 사해행위취소의 소에서 채무자에게 피고적격이 있는지 여부(소극)

<판결요지>

채권자가 사해행위의 취소와 함께 책임재산의 회복을 구하는 사해행위취소의 소에 있어서는 수익자 또는 전득자에게만 피고적격이 있고 채무자에게는 피고적격이 없다.

(대법원 2009.1.15. 선고 2008다72394 판결【구상금】[공2009상,161])

※ 당사자적격은 소송요건이므로 흠결의 경우, 소 각하 판결을 한다.

(7) 채무자가 자신의 채권을 특정 채권자에게 양도한 것과 다를 바가 없는 경우 사해행위 성립

<판결요지>

사해행위는 채무자가 적극재산을 감소시키거나 소극재산을 증가시킴으로써 채무초과상태에 이르거나 이미 채무초과상태에 있는 것을 심화시킴으로써 채권자를 해하는 행위를 말하는 것이므로 어떤 행위를 사해행위라고 하려면 그 행위로 말미암아 위와 같은 상태가 초래되었다는 점이 전제되어야 한다고 할 것이고, 이는, 채무자가 처음부터 특정 채권자로 하여금 채무자의 적극재산인 채권을 강제집행의 형식을 빌어 압류전부받게 할 목적으로 채무부담행위를 하고 그와 아울러 그에 대하여 강제집행을 승낙하는 취지가 기재된 공정증서를 작성하여 주고 채권자는 이를 이용하여 채무자의 채권을 압류전부받은 때와 같이, 실질에 있어 채무자가 자신의 채권을 특정 채권자에게 양도한 것과 다를 바가 없는 것으로 볼 수 있는 특별한 사정이 있는 경우에도 마찬가지이다.

(대법원 2002.10.25. 선고 2000다7783 판결【사해행위취소】[집50(2)민,251;공2002.12.15.(168),2800])

(8) 계약명의신탁 약정의 명의수탁자가 신탁부동산을 양도하는 행위가 사해행위에 해당하는지 여부(적극)

<판시사항>

부동산 실권리자명의 등기에 관한 법률 제 4 조 제 2 항 단서에 의해 신탁부동산의 소유권을 취득한 이른바 계약명의신탁 약정의 명의수탁자가, 채무초과 상태에서 명의신탁자나 그가 지정하는 사람에게 신탁부동산을 양도하는 행위가 사해행위에 해당하는지 여부(적극)

<판결요지>

부동산에 관하여 부동산 실권리자명의 등기에 관한 법률 제 4 조 제 2 항 본문이 적용되어 명의수탁자인 채무자 명의의 소유권이전등기가 무효인 경

우에는 그 부동산은 채무자의 소유가 아니기 때문에 이를 채무자의 일반 채권자들의 공동담보에 제공되는 책임재산이라고 볼 수 없고, 채무자가 위 부동산에 관하여 제 3 자와 매매계약을 체결하고 그에게 소유권이전등기를 마쳐주었다고 하더라도 그로써 채무자의 책임재산에 감소를 초래한 것이라고 할 수 없으므로 이를 들어 채무자의 일반 채권자들을 해하는 사해행위라고 할 수 없으며, 채무자에게 사해의 의사가 있다고 볼 수도 없다. 그러나 명의신탁자와 명의수탁자가 이른바 계약명의신탁 약정을 맺고 명의수탁자가 당사자가 되어 명의신탁 약정이 있다는 사실을 알지 못하는 소유자와 부동산에 관한 매매계약을 체결한 후 그 매매계약에 따라 당해 부동산의 소유권이전등기를 명의수탁자 명의로 마친 경우에는, 명의신탁자와 명의수탁자 사이의 명의신탁 약정의 무효에도 불구하고 부동산 실권리자명의 등기에 관한 법률 제 4 조 제 2 항 단서에 의하여 그 명의수탁자는 당해 부동산의 완전한 소유권을 취득하게 되고, 다만 명의신탁자에 대하여 그로부터 제공받은 매수자금 상당액의 부당이득반환의무를 부담하게 되는바, 위와 같은 경우에 명의수탁자가 취득한 부동산은 채무자인 명의수탁자의 일반 채권자들의 공동담보에 제공되는 책임재산이 되고, 명의신탁자는 명의수탁자에 대한 관계에서 금전채권자 중 한 명에 지나지 않으므로, 명의수탁자의 재산이 채무의 전부를 변제하기에 부족한 경우 명의수탁자가 위 부동산을 명의신탁자 또는 그가 지정하는 자에게 양도하는 행위는 특별한 사정이 없는 한 다른 채권자의 이익을 해하는 것으로서 다른 채권자들에 대한 관계에서 사해행위가 된다.

(대법원 2008.9.25. 선고 2007다74874 판결【사해행위취소】[공2008하,1442])

(9) 사해의사 추정, 피고의 악의에 대한 입증책임, 가액배상의 경우 공제 방법

<판시사항>

[1] 채무자가 유일한 재산을 매각하여 소비하기 쉬운 금전으로 바꾸거나 무상으로 이전하여 주는 경우, 사해행위의 성립 여부(적극) 및 사해의사의 추정 여부(적극)와 수익자의 악의에 관한 증명책임

[2] 근저당권이 설정되어 있는 부동산에 대한 사해행위가 취소되어 가액배상을 하여야 할 경우, 취소의 범위와 원상회복의 방법

<판결요지>

[1] 채무자가 자기의 유일한 재산인 부동산을 매각하여 소비하기 쉬운 금전으로 바꾸거나 타인에게 무상으로 이전하여 주는 행위는 특별한 사정이 없는 한 채권자에 대하여 사해행위가 된다고 볼 것이므로 채무자의 사해의 의사는 추정되는 것이고, 이를 매수하거나 이전받은 자가 악의가 없었다는 입증책임은 수익자에게 있다.

(대법원 2001.4.24. 선고 2000다41875 판결【사해행위취소등】[공2001.6.15.(132),1198])

[2] 채무자가 사해행위로써 양도한 부동산에 근저당권이 설정되어 있고 가액배상을 하여야 할 경우 그 부동산 중에서 일반 채권자들의 공동담보에 제공되는 책임재산은 피담보채무액을 공제한 나머지 부분이므로, 사해행위가 취소되는 경우 배상하여야 할 가액은 사해행위 취소시인 사실심 변론종결시를 기준으로 하여 그 부동산의 가액에서 근저당권의 피담보채무액을 공제하는 방식으로 산정하여야 하는 것인데(대법원 1999.9.7. 선고 98다41490 판결 등 참조), 피담보채무액을 공제함에 있어 사실심 변론종결 당시의 피담보채무액이 사해행위 당시의 그것보다 현실적으로 증대되어 남아있는 경우에는 근저당권의 채권최고액의 범위 내에서 이를 모두 공제하여야 할 것이나, 그와 반대로 수익자에 의하여 피담보채무의 일부가 대위변제되어 사실심 변론종결 당시의 피담보채무액이 사해행위 당시의 그것보다 줄어들게 되었다면, 그러한 경우에도 사실심 변론종결 당시의 감소된 피담보채무액만을 공제하는 것은 사해행위 당시 채권자들의 공동담보로 제공되지 아니한 부분까지 회복시키는 결과가 되어 불공평하므로 사해행위 당시의 피담보채무액을 공제하는 방법에 의하여 가액반환의 범위를 확정하여야 한다고 할 것이지만, 채무자를 위하여 변제한 자는 변제자대위의 법리에 따라 채권최고액의 범위 내에서 채권자의 근저당권을 행사할 수 있는 것이어서 위와 같이 공제된 금액에서 대위변제된 금원을 또다시 공제할 것은 아니라고 할 것이다.

(대법원 2005.10.14. 선고 2003다60891 판결【구상금등】[공보불게재])

(10) 사해행위 후 일부 저당권만이 말소된 경우, 사해행위의 취소에 따른 원상회복의 방법

<판결요지>

[1] 사해행위의 목적인 부동산에 수개의 저당권이 설정되어 있다가 사해행위 후 그 중 일부 저당권만이 말소된 경우, 사해행위의 취소에 따른 원상회복은 가액배상의 방법에 의할 수밖에 없을 것이고, 그 경우 배상하여야 할 가액은 그 부동산의 가액에서 말소된 저당권의 피담보채권액과 말소되지 아니한 저당권의 피담보채권액을 모두 공제하여 산정하여야 한다.

[2] 사해행위 후 1, 2순위 근저당권이 말소되고, 3순위 근저당권의 피담보채권 중 일부가 채무자의 재산에 대한 공매절차를 통하여 변제됨으로써 법원이 사해행위취소로 인한 원상회복으로 가액배상을 명하는 경우, 부동산의 시가에서 공제할 3순위 근저당권의 피담보채권액은 공매절차를 통하여 일부 변제된 후가 아닌 사해행위 당시의 피담보채권액이라고 한 사례

(대법원 2007.7.12. 선고 2005다65197 판결【사해행위취소등】[공2007.8.15.(280), 1245])

(11) 사해행위인 계약 전부의 취소와 부동산 자체의 반환을 구하는 청구취지 속에 계약의 일부취소와 가액배상을 구하는 취지도 포함된 것으로 보아 청구취지의 변경 없이 바로 가액배상을 명할 수 있는지 여부(적극)

<판시사항>

[1] 소유권이전등기청구권보전을 위한 가등기가 사해행위로서 이루어진 경우 원상회복의 방법

[2] 저당권이 설정되어 있는 부동산에 관하여 사해행위가 이루어진 후 그 저당권설정등기가 말소된 경우, 사해행위인 계약 전부의 취소와 부동산 자체의 반환을 구하는 청구취지 속에 계약의 일부취소와 가액배상을 구하는 취지도 포함된 것으로 보아 청구취지의 변경 없이 바로 가액배상을 명할 수 있는지 여부(적극)

<판결요지>

[1] 소유권이전등기청구권보전을 위한 가등기가 사해행위로서 이루어진 경우 그 매매예약을 취소하고 원상회복으로서 가등기를 말소하면 족한 것이고, 가등기 후에 저당권이 말소되었다거나 그 피담보채무가 일부 변제된 점 또는 그 가등기가 사실상 담보가등기라는 점 등은 그와 같은 원상회복의 방법에 아무런 영향을 주지 않는다.

[2] 저당권이 설정되어 있는 부동산이 사해행위로 이전된 경우에 그 사해행위는 부동산의 가액에서 저당권의 피담보채권액을 공제한 잔액의 범위 내에서만 성립한다고 보아야 하므로, 사해행위 후 변제 등에 의하여 저당권설정등기가 말소된 경우 그 부동산의 가액에서 저당권의 피담보채무액을 공제한 잔액의 한도에서 사해행위를 취소하고 그 가액의 배상을 구할 수 있을 뿐이고, 특별한 사정이 없는 한 변제자가 누구인지(첨부-채무자든 수익자든)에 따라 그 방법을 달리한다고 볼 수는 없는 것이며, 사해행위인 계약 전부의 취소와 부동산 자체의 반환을 구하는 청구취지 속에는 위와 같이 일부취소를 하여야 할 경우 그 일부취소와 가액배상을 구하는 취지도 포함되어 있다고 볼 수 있으므로 청구취지의 변경이 없더라도 바로 가액반환을 명할 수 있다.

(대법원 2001.6.12. 선고 99다20612 판결【사해행위취소등】[공2001.8.1.(135),1567])

(12) 채권양도의 대항요건을 사해행위 이후에 갖춘 채권양수인의 채권자취소권 행사 가능, 취소채권자의 채권액을 넘어서까지도 취소를 구할 수 있는 경우

[1] 채권자의 채권이 사해행위 이전에 성립되어 있는 이상 그 채권이 양도된 경우에도 그 양수인이 채권자취소권을 행사할 수 있고, 이 경우 채권양도의 대항요건을 사해행위 이후에 갖추었더라도 채권양수인이 채권자취소권을 행사하는 데 아무런 장애사유가 될 수 없다 할 것이다.

[2] 사해행위취소의 범위는 다른 채권자가 배당요구를 할 것이 명백하거나 목적물이 불가분인 경우와 같이 특별한 사정이 있는 경우에는

취소채권자의 채권액을 넘어서까지도 취소를 구할 수 있다(대법원 1997.9.9. 선고 97다10864 판결 참조).

(대법원 2006.6.29. 선고 2004다5822 판결 【양수금및사해행위취소】 [공보불게재])

※ 가액배상의 경우에도 위 판례의 법리가 적용되는지는 논란이다.

(13) 근저당권이 설정된 부동산에 관하여 사해행위가 이루어진 후 근저당권설정등기가 말소된 경우, 사해행위 취소의 범위와 원상회복의 방법 등

<판시사항>

[1] 근저당권이 설정된 부동산에 관하여 사해행위가 이루어진 후 근저당권설정등기가 말소된 경우, 사해행위 취소의 범위와 원상회복의 방법

[2] 채권자가 채권자취소권을 행사하면서 원상회복만을 구하는 경우에도 가액배상을 명할 수 있는지 여부(적극)

[3] 근저당권이 설정되어 있는 부동산에 관하여 사해행위가 이루어진 후 근저당권이 말소되어 사해행위를 취소하고 가액의 배상을 명하는 경우, 그 가액의 산정시기(=사실심 변론종결시) 및 근저당권이 말소된 후 사해행위에 의하여 부동산을 취득한 전득자의 가액배상의 범위

[4] 채권자가 채권자취소권을 행사할 수 있는 채권액에 사해행위 이후 사실심 변론종결시까지 발생한 이자나 지연손해금이 포함되는지 여부(적극)

<판결요지>

[1] 근저당권이 설정되어 있는 부동산을 증여한 행위가 사해행위에 해당하는 경우, 그 부동산이 증여된 후 근저당권설정등기가 말소되었다면, 증여계약을 취소하고 부동산의 소유권 자체를 채무자에게 환원시키는 것은 당초 일반 채권자들의 공동담보로 제공되지 아니한 부분까지 회복시키는 결과가 되어 불공평하므로, 채권자는 그 부동산의 가액에서 근저당권의 피담보채무액을 공제한 잔액의 한도 내에서 증여계약의 일부 취소와 그 가액의 배상을 청구할 수밖에 없

다. ※ 이 경우 실제의 피담보채권액이지 채권최고액이 아님에 주의

[2] 사해행위를 전부 취소하고 원상회복을 구하는 채권자의 주장 속에는 사해행위를 일부 취소하고 가액의 배상을 구하는 취지도 포함되어 있으므로, 채권자가 원상회복만을 구하는 경우에도 법원은 가액의 배상을 명할 수 있다.

[3] 근저당권이 설정되어 있는 부동산에 관하여 사해행위가 이루어진 후 근저당권이 말소되어 그 부동산의 가액에서 근저당권 피담보채무액을 공제한 나머지 금액의 한도에서 사해행위를 취소하고 가액의 배상을 명하는 경우 그 가액의 산정은 사실심 변론종결시를 기준으로 하여야 하고, 기존의 근저당권이 말소된 후 사해행위에 의하여 그 부동산에 관한 권리를 취득한 전득자에 대하여도 사실심 변론종결시의 부동산 가액에서 말소된 근저당권 피담보채무액을 공제한 금액의 한도에서 그가 취득한 이익에 대한 가액 배상을 명할 수 있다.

[4] 채권자가 채권자취소권을 행사할 때에는 원칙적으로 자신의 채권액을 초과하여 취소권을 행사할 수 없고, 이 때 채권자의 채권액에는 사해행위 이후 사실심 변론종결시까지 발생한 이자나 지연손해금이 포함된다.

(대법원 2001.9.4. 선고 2000다66416 판결【사해행위취소】[공2001.10.15.(140),2162])

(14) 공동저당권이 설정되어 있는 수개의 부동산 중 일부가 양도된 경우에 있어서의 그 피담보채권액은 특별한 사정이 없는 한 민법 제368조의 규정 취지에 비추어 공동저당권의 목적으로 된 각 부동산의 가액에 비례하여 공동저당권의 피담보채권액을 안분한 금액

<판시사항>

공동저당권이 설정되어 있는 수개의 부동산 중 일부가 양도된 경우에 양도된 부동산에 대한 피담보채권액이 부동산가액을 초과하는지를 판단함에 있어서 그 피담보채권액의 산정방법

<판결요지>

채무자가 양도한 목적물에 담보권이 설정되어 있는 경우라면 그 목적물

중에서 일반채권자들의 공동담보에 제공되는 책임재산은 피담보채권액을 공제한 나머지 부분만이라 할 것이고 그 피담보채권액이 목적물의 가격을 초과하고 있는 때에는 당해 목적물의 양도는 사해행위에 해당한다고 할 수 없는데, 여기서 공동저당권이 설정되어 있는 수 개의 부동산 중 일부가 양도된 경우에 있어서의 그 피담보채권액은 특별한 사정이 없는 한 민법 제368조의 규정 취지에 비추어 공동저당권의 목적으로 된 각 부동산의 가액에 비례하여 공동저당권의 피담보채권액을 안분한 금액이라고 보아야 한다.

(대법원 2003.11.13. 선고 2003다39989 판결【사해행위취소】[공2003.12.15.(192), 2320])

※ 시가 각 1억, 2억 부동산이 공동저당, 피담보채권액이 5천만원이면, 각 부동산의 피담보채권액은 시가 1억 부동산은 5천만원×1/3이고, 시가 2억 부동산은 5천만원×2/3이다.

(15) 피담보채권액이 목적물의 가격을 초과하고 있는 경우, 그 목적물의 처분이 사행행위에 해당하는지 여부(소극)

<판시사항>

[1] 채무자가 처분한 목적물에 설정된 담보권의 피담보채권액이 목적물의 가격을 초과하고 있는 경우, 그 목적물의 처분이 사해행위에 해당하는지 여부(소극)

[2] 공동저당권이 설정되어 있는 수개의 부동산 중 일부가 양도된 경우에 양도된 부동산에 대한 피담보채권액이 부동산가액을 초과하는지를 판단함에 있어서 그 피담보채권액의 산정 방법

「채무자가 처분한 목적물에 담보권이 설정되어 있는 경우라면 그 목적물 중에서 일반채권자들의 공동담보에 제공되는 책임재산은 피담보채권액을 공제한 나머지 부분만이라 할 것이고 그 피담보채권액이 목적물의 가격을 초과하고 있는 때에는 당해 목적물의 처분은 사해행위에 해당한다고 할 수 없다」(대법원 2006.4.13. 선고 2005다70090 판결 등 참조).

그런데 「공동저당권이 설정되어 있는 수개의 부동산 중 일부가 처분된 경우에 있어서의 그 피담보채권액은 원칙적으로 민법 제368조의 규정 취지

에 비추어 공동저당권의 목적으로 된 각 부동산의 가액에 비례하여 공동저당권의 피담보채권액을 안분한 금액으로 보아야 할 것이(다)(대법원 2003.11. 13. 선고 2003다39989 판결 참조).

(대법원 2008.4.10. 선고 2007다78234 판결【사해행위취소】[공보불게재])

(16) 사해행위취소소송에서 원상회복으로 가액배상을 명하는 경우, 대항력은 있으나 우선변제권은 없는 임차인의 임차보증금도 수익자가 배상할 부동산의 가액에서 공제하여야 하는지 여부(소극)

<판결요지>

부동산에 대한 매매계약이 사해행위임을 이유로 이를 취소함과 아울러 원상회복으로 가액배상을 명하는 경우, 주택임대차보호법 제3조 제1항이 정한 대항력을 갖추었으나 그전에 이미 선순위 근저당권이 마쳐져 있어 부동산이 경락되는 경우 소멸할 운명에 놓인 임차권의 임차보증금반환채권은, 임대차계약서에서 확정일자를 받아 우선변제권을 가지고 있다거나 주택임대차보호법상의 소액임차인에 해당한다는 등의 특별한 사정이 없는 한 수익자가 배상할 부동산의 가액에서 공제할 것은 아니다.

김충권이 1996. 4. 1. 이영옥과 사이에 그 주택 부분에 관하여 임대차계약을 체결한 후 그 해 5월 1일 전입신고를 마치고, 그 주택 부분에서 거주하기 시작함으로써 김충권은 1996. 5. 1. 무렵부터는 이 사건 부동산 중 그 주택 부분에 관하여 주택임대차보호법 제3조 제1항이 정한 임차권의 대항력을 가지게 되었지만, 이 사건 부동산에 관하여는 이미 그에 앞서 세류 1동 새마을금고 명의의 선순위 근저당권이 마쳐져 있어 김충권의 임차권은 이 사건 부동산이 경락되는 경우 선순위의 근저당권보다 뒤에 대항력을 갖춘 것으로서 소멸할 운명에 처하여 이 사건 부동산에 대한 이영옥과 피고간의 매매계약 당시 이 사건 부동산의 가액 중 김충권의 임차보증금에 해당하는 부분도 특별한 사정이 없는 이 사건에서는 일반채권자들의 공동담보로 될 수 있었으므로 사해행위 당시 임대차계약서에 확정일자를 받지 아니하여 우선변제권을 가지고 있지 못하였을 뿐 아니라, 주택임대차보호법상의 소액임차인에 해당하지도 않는 김충권의 임차권에 기한 임차보증금채권은 피고에 대하여 사해행위의 취소로 인한 가액의 배상을 명함에 있어 피고가 배상할 가액에서 공제할 것이 아닌 것이다.

(대법원 2001.6.12. 선고 99다51197,51203 판결【사해행위취소등·전물명도】[공2001.8.1.(135),1572])

(17) 가액배상을 할 경우, 수익자 자신도 채무자에 대한 채권자라는 이유로 채무자에 대하여 가지는 자기의 채권과 상계를 주장할 수 있는지 여부(소극) 등

<판시사항>

[1] 채권자취소의 소에서 수익자가 원상회복으로서 가액배상을 할 경우, 수익자 자신도 채무자에 대한 채권자라는 이유로 채무자에 대하여 가지는 자기의 채권과 상계를 주장할 수 있는지 여부(소극)

[2] 채권자취소의 소에서 수익자가 채무자에게 가액배상금 명목으로 금원을 지급하였다는 점을 들어 채권자에 대하여 가액배상에서의 공제를 주장할 수 있는지 여부(소극)

<판결요지>

[1] 채권자취소권은 채권의 공동담보인 채무자의 책임재산을 보전하기 위하여 채무자와 수익자 사이의 사해행위를 취소하고 채무자의 일반재산으로부터 일탈된 재산을 모든 채권자를 위하여 수익자 또는 전득자로부터 환원시키는 제도로서, 수익자로 하여금 자기의 채무자에 대한 반대채권으로써 상계를 허용하는 것은 사해행위에 의하여 이익을 받은 수익자를 보호하고 다른 채권자의 이익을 무시하는 결과가 되어 위 제도의 취지에 반하므로, 수익자가 채권자취소에 따른 원상회복으로서 가액배상을 할 때에 채무자에 대한 채권자라는 이유로 채무자에 대하여 가지는 자기의 채권과의 상계를 주장할 수는 없다.

[2] 채권자취소권은 채권의 공동담보인 채무자의 책임재산을 보전하기 위하여 채무자의 일반재산으로부터 일탈된 재산을 모든 채권자를 위하여 수익자 또는 전득자로부터 환원시키는 제도로서, 그 행사의 효력은 채권자와 수익자 또는 전득자와의 상대적인 관계에서만 미

치는 것이므로 채권자취소권의 행사로 인하여 채무자가 수익자나 전득자에 대하여 어떠한 권리를 취득하는 것은 아니라고 할 것이고, 따라서 수익자가 채무자에게 가액배상금 명목으로 금원을 지급하였다는 점을 들어 채권자취소권을 행사하는 채권자에 대하여 가액배상에서의 공제를 주장할 수는 없다.

<사실관계>

수익자인 피고가 판결의 가집행을 면하기 위하여 판결 주문에 따라 채무자에게 가액배상금을 지급하였다면 그 범위 내에서 가액배상의 의무를 면할 수 있다고 볼 여지는 있을 것이나, 이 사건 기록에 의하면 제 1 심에서 "피고는 이원희에게 금 61,000,000원을 지급하라"는 판결이 가집행을 할 수 있다는 주문과 함께 선고된 후에 원고가 1999. 4. 29. 원심 제 2 차 변론기일에서 위 금원을 원고에게 지급하라는 내용으로 청구취지를 교환적으로 변경하였음을 알 수 있고, 한편 피고가 이원희에게 금 6,000,000원을 지급하였다는 날은 그 후인 같은 해 6월 16일과 같은 달 23일이므로, 위 금원의 지급은 위 교환적 변경으로 구 청구가 취하의 효력이 발생하고 그에 따라 구 청구를 인용한 제 1 심판결도 실효된 후에 이루어진 것이니, 위 금원을 제 1 심판결의 가집행을 면하기 위하여 지급한 것이라고 볼 여지도 없다

(대법원 2001. 6. 1. 선고 99다63183 판결【구상금등】[공2001.7.15.(134),1498])

(18) 사해행위의 취소에 따른 가액배상의무의 발생 시기(=판결 확정시), 가집행 선고 등

<판시사항>

[1] 채무자가 적극재산인 채권을 특정 채권자로 하여금 강제집행의 형식을 빌려 압류·전부받게 할 목적으로 채무부담행위를 하고 그에 대한 강제집행을 승낙하는 취지의 공정증서를 작성해 주어 채권자가 채권을 압류·전부 받은 경우, 그로 인하여 채무자가 채무초과 상태에 이르거나 그 상태가 심화되었다면 사해행위가 성립하는지 여부(적극)

[2] 사해행위의 취소에 따른 가액배상의무의 발생 시기(=판결 확정시) 및 그 지연손해금에 적용할 이율(=민법의 법정이율)

[3] 다른 채권자가 배당요구를 할 것이 명백하거나 목적물이 불가분인 경우, 사해행위 취소의 범위

<이 유>

가액배상의무는 사해행위의 취소를 명하는 판결이 확정된 때에 비로소 발생하므로 그 판결이 확정된 다음날부터 이행지체 책임을 지게 되고, 따라서 소송촉진 등에 관한 특례법 소정의 이율은 적용되지 않고 민법 소정의 법정 이율이 적용된다 할 것이므로(대법원 2002. 3. 26. 선고 2001다72968 판결 참조)

(대법원 2009.1.15. 선고 2007다61618 판결【사해행위취소등】[공보불게재])

※ 형성판결에 해당하는 취소부분의 청구취지에는 가집행을 붙이지 아니하고, 가액배상을 명하는 청구취지 부분에도 위의 이유로 가집행을 붙일 수 없다.

(19) 이혼소송과 병합하여 재산분할청구를 하여 법원이 이혼과 동시에 재산분할을 명하는 경우, 가집행선고를 붙일 수 있는지 여부(소극)

<판결요지>

민법상의 재산분할청구권은 이혼을 한 당사자의 일방이 다른 일방에 대하여 재산분할을 청구할 수 있는 권리로서 이혼이 성립한 때에 그 법적 효과로서 비로소 발생하는 것이므로, 당사자가 이혼이 성립하기 전에 이혼소송과 병합하여 재산분할의 청구를 하고, 법원이 이혼과 동시에 재산분할을 명하는 판결을 하는 경우에도 이혼판결은 확정되지 아니한 상태이므로, 그 시점에서 가집행을 허용할 수는 없다.

(대법원 1998.11.13. 선고 98므1193 판결【이혼등】[공1998.12.15.(72),2870])

(20) 사해행위취소소송에서 피보전채권을 변경하는 것이 소의 변경에 해당하는지 여부(소극)

<판결요지>

채권자가 사해행위의 취소를 청구하면서 그 보전하고자 하는 채권을 추가하거나 교환하는 것은 그 사해행위취소권을 이유 있게 하는 공격방법에 관한 주장을 변경하는 것일 뿐이지 소송물 또는 청구 자체를 변경하는 것이 아니므로 소의 변경이라 할 수 없다.

(대법원 2003.5.27. 선고 2001다13532 판결 【사해행위취소등】 [공2003.7.1.(181),1420])

(21) 기존 금전채무의 변제에 갈음하여 다른 금전채권을 양도한 경우 사해행위의 성립 여부(한정 소극)

<판결요지>

채권자가 채무의 변제를 구하는 것은 그의 당연한 권리행사로서 다른 채권자가 존재한다는 이유로 이것이 방해받아서는 아니되고 채무자도 채무의 본지에 따라 채무를 이행할 의무를 부담하고 있어 다른 채권자가 있다는 이유로 그 채무이행을 거절하지는 못하므로, 채무자가 채무초과의 상태에서 특정채권자에게 채무의 본지에 따른 변제를 함으로써 다른 채권자의 공동담보가 감소하는 결과가 되는 경우에도 그 변제는 채무자가 특히 일부의 채권자와 통모하여 다른 채권자를 해할 의사를 가지고 변제를 한 경우가 아닌 한 원칙적으로 사해행위가 되는 것은 아니라고 할 것인바, 기존 금전채무의 변제에 갈음하여 다른 금전채권을 양도하는 경우에도 이와 마찬가지이다.

(대법원 2003.6.24. 선고 2003다1205 판결 【사해행위취소】 [공2003.8.1.(183),1583])

(22) 채무자와 다수의 채권자들 중 1인인 수익자 사이의 행위가 사해행위로서 취소된 경우 수익자가 민법 제407조의 채권자취소 및 원상회복의 효력이 미치는 채권자에 포함되는지 여부(적극)

<판결요지>

민법 제406조에 의한 채권자취소와 원상회복은 모든 채권자의 이익을 위하여 그 효력이 있는 것인바, 채무자가 다수의 채권자들 중 1인(수익자)에게 담보를 제공하거나 대물변제를 한 것이 다른 채권자들에 대한 사해행위가 되어 채권자들 중 1인의 사해행위 취소소송 제기에 의하여 그 취소와 원상회복이 확정된 경우에, 사해행위의 상대방인 수익자는 그의 채권이 사해행위 당시에 그대로 존재하고 있었거나 또는 사해행위가 취소되면서 그의 채권이 부활하게 되는 결과 본래의 채권자로서의 지위를 회복하게 되는 것이므로, 다른 채권자들과 함께 민법 제407조에 의하여 그 취소 및 원상회복의 효력을 받게 되는 채권자에 포함된다고 할 것이고, 따라서 취소소송을 제기한 채권자 등이 원상회복된 채무자의 재산에 대한 강제집행을 신청하여

그 절차가 개시되면 수익자인 채권자도 그 집행권원을 갖추어 강제집행절차에서 배당을 요구할 권리가 있다.

(대법원 2003.6.27. 선고 2003다15907 판결【배당이의】[공2003.8.1.(183),1620])

※ 위 판례 관련

① 취소의 상대효(취소의 효과는 원, 피고 간에만 상대적으로 취소되고, 채무자와 수익자 간의 사해행위(법률행위)와 취소의 대상도 아닌 수익자와 전득자 간의 법률행위는 유효하게 존속한다 함이 학설, 판례임)와 관련하여 의문이 있다.

② 그러나 그 수익자나 전득자는 언제나 악의라는 점에 유의하여 고려해 보면, 담보제공이 취소된 경우에는 원래의 채권은 애초부터 변동이 별무하였지만 대물변제는 유상의 요물계약으로서 등기, 등록, 현실의 급부 등으로 일단 유효하게 변제가 완료된 것이므로 취소의 상대효에 의거하고, 가액배상을 한 악의의 수익자에게 상계도 허용치 않는 판례의 다른 태도에 비추어 보아도 원래의 채권이 부활한다는 것은 의문이다.

③ 원물반환, 가액배상한 수익자, 전득자 등은 채무자에게 부당이득반환(자기 재산손실로 채무자의 채무소멸의 이득)청구를 할 수는 있으나(그래도 사해행위 후에 채권을 취득한 자는 회복된 재산에 대하여 배당참가를 못한다), 상대효로 인하여 수익자가 채무자에게 혹은 전득자가 수익자에게 담보책임을 물을 수도 없는 것이다.

④ 대물변제의 채무자는 민법 567조에 의하여 담보책임이 있기는 하나 위 3.항의 논리로 담보책임을 물을 수는 없는 것이며 애초에 사해행위 취소소송이 세기되어 확성되기 전까지는 위 대물변제는 하자 없는 완전하고 적법한 권리자에 의하여 변제가 완료된 것이었다.

⑤ 피고의 선의, 악의라는 주관적 요소 및 소송승패에 따라 이미 완료된 변제의 효력이 부정되고 원 채권의 부활 여부가 불확실하게 지속되는 것도 법이념에 맞지 않다.

⑥ 승소한 원고가 패소한 피고와 같은 지위에서 배당을 받아가므로 형평에 어긋난다. 원고가 들인 시간과 비용이 결국 피고를 위함이기도 했다는 결론은 불합리하다.

(23) 3자간 명의신탁 수탁자의 부동산 처분행위의 사해행위 성립 여부

채무자가 이른바 중간생략등기형 명의신탁 또는 3자간 명의신탁 약정에 따라 명의수탁자로서 부동산에 관하여 그 명의로 소유권이전등기를 마쳤다

면 부동산 실권리자명의 등기에 관한 법률(이하 '법'이라 한다) 제 4 조 제 2 항 본문이 적용되어 채무자 명의의 위 소유권이전등기는 무효이므로 위 부동산은 채무자의 소유가 아니기 때문에 이를 채무자의 일반 채권자들의 공동담보에 공하여지는 책임재산이라고 볼 수 없고, 채무자가 위 부동산에 관하여 제3자와 매매계약을 체결하고 그에게 소유권이전등기를 마쳐주었다 하더라도 그로써 채무자의 책임재산에 감소를 초래한 것이라고 할 수 없으므로 이를 들어 채무자의 일반 채권자들을 해하는 사해행위에 해당한다고 할 수 없다(대법원 2000.3.10. 선고 99다55069 판결; 대법원 2007.12.27. 선고 2005다54104 판결 등 참조).

(대법원 2008.9.25. 선고 2008다41635 판결【사해행위취소】[공보불게재])

(24) 계약명의신탁 수탁자의 부동산 처분행위의 사해행위 성립 여부

부동산 실권리자명의 등기에 관한 법률 제 4 조 제 2 항 단서에 의해 신탁부동산의 소유권을 취득한 이른바 계약명의신탁 약정의 명의수탁자가, 채무초과 상태에서 명의신탁자나 그가 지정하는 사람에게 신탁부동산을 양도하는 행위가 사해행위에 해당하는지 여부(적극)

(대법원 2008.9.25. 선고 2007다74874 판결【사해행위취소】[공2008하,1442])

(25) 사해행위 이후에 채권을 취득한 채권자가 민법 제407조의 사해행위취소와 원상회복의 효력을 받는 채권자에 포함되는지 여부(소극)

<판결요지>

채권자취소권은 채무자가 채권자를 해함을 알면서 자기의 일반재산을 감소시키는 행위를 한 경우에 그 행위를 취소하여 채무자의 재산을 원상회복시킴으로써 모든 채권자를 위하여 채무자의 책임재산을 보전하는 권리이나, 사해행위 이후에 채권을 취득한 채권자는 채권의 취득 당시에 사해행위취소에 의하여 회복되는 재산을 채권자의 공동담보로 파악하지 아니한 자로서 민법 제407조에 정한 사해행위취소와 원상회복의 효력을 받는 채권자에 포함되지 아니한다.

(대법원 2009.6.23. 선고 2009다18502 판결【배당이의】[공2009하,1185])

(26) 연대보증인의 법률행위가 사해행위에 해당하는지 여부를 판단함에

있어 주채무자의 일반적인 자력을 고려하여야 하는지 여부(소극)

<판결요지>

연대보증인의 법률행위가 사해행위에 해당하는지 여부를 판단함에 있어서 주채무에 관하여 주채무자 또는 제3자 소유의 부동산에 대하여 채권자 앞으로 근저당권이 설정되어 있는 등으로 채권자에게 우선변제권이 확보되어 있는 경우가 아닌 이상, 주채무자의 일반적인 자력은 고려할 요소가 아닙니다.

(대법원 2003.7.8. 선고 2003다13246 판결【사해행위취소등】[공2003.8.15.(184),1693])

※ 연대보증인에게는 최고검색의 항변권이 없다.

(27) 채권자취소권 행사에 있어서 제척기간의 기산점인 채권자가 '취소원인을 안 날'의 의미 등

<판시사항>

[1] 채권자취소권 행사에 있어서 제척기간의 기산점인 채권자가 '취소원인을 안 날'의 의미

[2] 수익자가 채무자 소유의 부동산에 관하여 설정된 선순위 담보가등기의 피담보채무를 대위변제한 후 그 부동산에 관하여 매매예약에 기한 소유권이전등기청구권 보전을 위한 가등기를 경료한 경우, 사해행위의 성립과 그 범위

[3] 사해행위인 매매예약에 기해 소유권이전등기청구권 보전의 가등기가 경료된 후 증여세의 법정기일이 위 가등기보다 앞서는 압류등기가 경료된 경우, 압류등기가 매매예약의 사해행위 성립에 영향을 미치는지 여부(소극)

[4] 소유권이전등기청구권보전을 위한 가등기가 사해행위에 해당하는 경우 원상회복 방법

<판결요지>

[1] 채권자취소권 행사에 있어서 제척기간의 기산점인 채권자가 '취소원인을 안 날'이라 함은 채권자가 채권자취소권의 요건을 안 날, 즉 채무자가 채권자를 해함을 알면서 사해행위를 하였다는 사실을 알

게 된 날을 의미한다고 할 것이므로, 단순히 채무자가 재산의 처분행위를 하였다는 사실을 아는 것만으로는 부족하고, 그 법률행위가 채권자를 해하는 행위라는 것, 즉 그에 의하여 채권의 공동담보에 부족이 생기거나 이미 부족상태에 있는 공동담보가 한층 더 부족하게 되어 채권을 완전하게 만족시킬 수 없게 되었으며 나아가 채무자에게 사해의 의사가 있었다는 사실까지 알 것을 요한다.

[2] 사해행위가 성립되려면 채무자가 어떤 법률행위를 함으로써 채무자의 공동담보, 즉 그의 적극재산에서 소극재산을 공제한 금액이 그 법률행위 이전보다 부족하게 되어야 하는 것이므로 수익자가 채무초과상태에 있는 채무자의 부동산에 관하여 설정된 선순위 담보가등기의 피담보채무를 변제하여 그 가등기를 말소하는 대신 동일한 금액을 피담보채무로 하는 새로운 담보가등기를 설정하는 것은 채무자의 공동담보를 부족하게 하는 것이라고 볼 수 없어 사해행위가 성립한다고 할 수 없지만, 선순위 담보가등기를 말소시킨 후 그 부동산에 관하여 매매예약을 하고, 그에 기하여 소유권이전등기청구권 보전의 가등기를 경료한 경우에는 그 부동산의 가액, 즉 시가에서 피담보채무액을 공제한 잔액의 범위 내에서 사해행위가 성립한다.

[3] 납세의무자의 소유가 아닌 재산에 의하여 국세를 징수할 수는 없으므로 국세의 체납처분 등에 의하여 납세의무자의 재산이 압류되기 전에 제 3 자가 그 소유권을 취득하였다면 그 재산에 대하여는 원칙적으로 국세의 우선징수권이 미치지 아니하므로 과세관청의 압류등기 전 제 3 자 명의의 소유권이전등기청구권 보전의 가등기가 경료된 이상 과세관청이 채무자에게 부과한 증여세의 법정기일이 위 가등기보다 앞선다고 하여 위 가등기의 원인인 매매예약이 사해행위에 해당하지 아니한다고 할 수 없다.

[4] 소유권이전등기청구권보전을 위한 가등기가 사해행위로서 이루어진 경우 그 매매예약을 취소하고 원상회복으로서 가등기를 말소하면 족한 것이고, 가등기 후에 저당권이 말소되었다거나 그 피담보채무가 일부 변제된 점 또는 그 가등기가 사실상 담보가등기라는 점 등

은 그와 같은 원상회복의 방법에 아무런 영향을 주지 않는다.

(대법원 2003.7.11. 선고 2003다19435 판결【사해행위취소】[공2003.8.15.(184),1715])

(28) 원고는 채권액을 초과하여 취소권을 행사할 수 없고, 이 때 원고(채권자)의 채권액에는 사해행위 이후 사실심 변론종결시까지 발생한 이자나 지연손해금이 포함된다.

<판결요지>

[1] 채권자가 채권자취소권을 행사할 때에는 원칙적으로 자신의 채권액을 초과하여 취소권을 행사할 수 없고, 이 때 채권자의 채권액에는 사해행위 이후 사실심 변론종결시까지 발생한 이자나 지연손해금이 포함된다.

[2] 채권자가 채무자를 상대로 그 채무의 이행을 구하는 소를 제기하여 승소판결이 확정되면 채권자취소소송의 상대방인 수익자나 전득자는 그와 같이 확정된 채권자의 채권의 존부나 범위에 관하여 다툴 수 없다.

[3] 특별한 사정이 없는 한 형벌에 관한 것이 아닌 법률이나 법률조항에 대한 위헌결정은 확정판결의 효력에 영향을 미치지 아니한다고 할 것이므로 채권자의 채무자에 대한 승소확정판결에서 지급을 명한 원리금액에 구 소송촉진등에관한특례법(2003. 5. 10. 법률 제6868호로 개정되기 이전의 것, 이하 '구 소촉법'이라 한다) 제3조 제1항 본문 등에 따른 연 2할 5푼의 비율에 의한 지연손해금이 포함되어 있는데 위 구 소촉법의 규정에 대하여는 그 후에 헌법재판소의 위헌결정이 선고됨으로써 위 구 소촉법 규정이 위헌임이 확인되었다고 하더라도, 그로 인하여 위 승소확정판결의 효력이 달라지는 것은 아니며 법원이 위 승소확정판결에서 지급을 명한 것과 다른 금액을 채권자의 채권액으로 인정할 수 있는 것도 아니다.

(대법원 2003.7.11. 선고 2003다19572 판결【구상금등】[공2003.8.15.(184),1720])

(29) 사해행위 취소 소송 확정판결의 기판력 등

<판시사항>

[1] 각 채권자가 동시 또는 이시에 채권자취소 및 원상회복소송을 제기한 경우 이들 소송이 중복제소에 해당하는지 여부(소극)

[2] 동일한 사해행위에 관하여 어느 한 채권자가 채권자취소 및 원상회복청구를 하여 승소판결을 받아 그 판결이 확정되면 그 후에 제기된 다른 채권자의 동일한 청구가 권리보호의 이익이 없어지는지 여부(한정소극)

<판결요지>

[1] 채권자취소권의 요건을 갖춘 각 채권자는 고유의 권리로서 채무자의 재산처분 행위를 취소하고 그 원상회복을 구할 수 있는 것이므로 각 채권자가 동시 또는 이시에 채권자취소 및 원상회복소송을 제기한 경우 이들 소송이 중복제소에 해당하는 것이 아니다.

[2] 어느 한 채권자가 동일한 사해행위에 관하여 채권자취소 및 원상회복청구를 하여 승소판결을 받아 그 판결이 확정되었다는 것만으로 그 후에 제기된 다른 채권자의 동일한 청구가 권리보호의 이익이 없어지게 되는 것은 아니고, 그에 기하여 재산이나 가액의 회복을 마친 경우에 비로소 다른 채권자의 채권자취소 및 원상회복청구는 그와 중첩되는 범위 내에서 권리보호의 이익이 없게 된다.

(대법원 2003.7.11. 선고 2003다19558 판결【구상금등】[공2003.8.15.(184),1717])

(30) 매매계약이 채권자취소권의 행사로 취소된 경우 매매대금채권과의 상계에 의하여 소멸된 채권이 부활하는지 여부(적극) 및 취소채권자가 수익자에 대하여 금전채권의 이행을 별도로 구할 수 있는지 여부(소극)

<판결요지>

사해행위인 매매가 취소되는 경우에는 그 취소의 효과로 인하여 당연히 취소채권자로서는 위 매매의 효력이 유효하게 존속함을 전제로 하여 이루어진 상계의 효력, 즉 기존채무 소멸의 효과를 부정할 수 있다고 할 것이므로 별도로 채무자의 상계의 의사표시를 취소할 것도 없이 채무자의 수익자에 대한 기존의 채권이 부활하는 것으로 취급할 수 있다는 것이고, 그로써 취

소채권자는 사해행위 취소의 목적을 달성하게 되는 것으로서 달리 수익자에게 반환을 명할 수익이 남아 있는 것도 아니라 할 것이니, 더 나아가 수익자에 대하여 금전채권의 이행을 별도로 직접 또는 대위의 방법에 의하여 구할 것까지는 없다.

(대법원 2003.8.22. 선고 2001다64073 판결【사해행위취소】[공2003.10.1.(187),1905])

(31) 사해의사를 판단함에 있어 사해행위 당시의 사정을 기준

<판결요지>

채무자의 사해의사를 판단함에 있어 사해행위 당시의 사정을 기준으로 하여야 할 것임은 물론이나, 사해행위라고 주장되는 행위 이후의 채무자의 변제 노력과 채권자의 태도 등도 사해의사의 유무를 판단함에 있어 다른 사정과 더불어 간접사실로 삼을 수도 있다.

(대법원 2003.12.12. 선고 2001다57884 판결【사해행위취소등】[공2004.1.15.(194), 110])

(32) 채무자가 일부의 채권자와 통모하여 다른 채권자를 해할 의사로 변제 내지 채권양도를 하였는지 여부에 대한 증명책임의 소재 및 그 판단 기준 등

<판시사항>

[1] 기존 금전채무의 변제에 갈음하여 다른 금전채권을 양도하는 경우, 사해행위의 성립 여부

[2] 채무자가 일부의 채권자와 통모하여 다른 채권자를 해할 의사로 변제 내지 채권양도를 하였는지 여부에 대한 증명책임의 소재 및 그 판단 기준

<판결요지>

[1] 채권자가 채무의 변제를 구하는 것은 그의 당연한 권리행사로서 다른 채권자가 존재한다는 이유로 이것이 방해받아서는 아니 되고, 채무자도 채무의 본지에 따라 채무를 이행할 의무를 부담하고 있어 다른 채권자가 있다는 이유로 그 채무이행을 거절하지는 못하므로, 채무자가 채무초과의 상태에서 특정채권자에게 채무의 본지에 따른

변제를 함으로써 다른 채권자의 공동담보가 감소하는 결과가 되는 경우에도 그 변제는 채무자가 특히 일부의 채권자와 통모하여 다른 채권자를 해할 의사를 가지고 변제를 한 경우가 아닌 한 원칙적으로 사해행위가 되는 것은 아니며, 이는 기존 금전채무의 변제에 갈음하여 다른 금전채권을 양도하는 경우에도 마찬가지이다.

[2] 채무자가 특히 일부의 채권자와 통모하여 다른 채권자를 해할 의사를 가지고 변제 내지 채권양도를 하였는지 여부는 사해행위임을 주장하는 사람이 입증하여야 할 것인데, 이는 수익자의 채무자에 대한 채권이 실제로 존재하는지 여부, 수익자가 채무자로부터 변제 내지 채권양도를 받은 액수 및 양도받은 채권 중 실제로 추심한 액수, 채무자와 수익자와의 관계, 채무자의 변제능력 및 이에 대한 수익자의 인식, 변제 내지 채권양도 전후의 수익자의 행위, 그 당시의 채무자 및 수익자의 사정 및 변제 내지 채권양도의 경위 등 제반 사정을 종합적으로 참작하여 판단하여야 한다.

(대법원 2004.5.28. 선고 2003다60822 판결【약속어음금】[공2004.7.1.(205),1065])

(33) 사해행위 당시 아직 성립되지 않은 채권이 예외적으로 채권자취소권의 피보전채권이 되기 위한 요건 등

<판시사항>

[1] 채권자취소권의 주관적 요건인 사해의사의 의미

[2] 사해행위 당시 아직 성립되지 않은 채권이 예외적으로 채권자취소권의 피보전채권이 되기 위한 요건

채권자취소권의 주관적 요건인 채무자가 채권자를 해함을 안다는 이른바 채무자의 악의, 즉 사해의사는 채무자의 재산처분 행위에 의하여 그 재산이 감소되어 채권의 공동담보에 부족이 생기거나 이미 부족 상태에 있는 공동담보가 한층 더 부족하게 됨으로써 채권자의 채권을 완전하게 만족시킬 수 없게 된다는 사실을 인식하는 것을 의미하고, 그러한 인식은 일반 채권자에 대한 관계에서 있으면 충분하고 특정의 채권자를 해한다는 인식이 있어야 하는 것은 아니다

채권자취소권에 의하여 보호될 수 있는 채권은 원칙적으로 채무자가 채권자를 해함을 알고 재산권을 목적으로 한 법률행위를 하기 전에 발생된 것이어야 하지만, 그 법률행위 당시에 이미 채권 성립의 기초가 되는 법률관계가 성립되어 있고, 가까운 장래에 그 법률관계에 기하여 채권이 발생하리라는 점에 대한 고도의 개연성이 있으며, 실제로 가까운 장래에 그 개연성이 현실화되어 채권이 발생한 경우에는, 그 채권도 채권자취소권의 피보전채권이 될 수 있다

(대법원 2004.7.9. 선고 2004다12004 판결【사해행위취소등】[공보불게재])

(34) 피고적격, 취소의 상대효, 취소의 대상이 되는 사해행위의 범위

<판시사항>

[1] 사해행위취소 소송의 피고적격

[2] 채권자가 전득자를 상대로 사해행위취소 소송을 제기한 경우, 그 취소의 효과 및 취소의 대상이 되는 사해행위의 범위

<판결요지>

[1] 채권자가 채권자취소권을 행사하려면 사해행위로 인하여 이익을 받은 자나 전득한 자를 상대로 그 법률행위의 취소를 청구하는 소송을 제기하여야 되는 것으로서 채무자를 상대로 그 소송을 제기할 수는 없다.

[2] 채권자가 전득자를 상대로 하여 사해행위의 취소와 함께 책임재산의 회복을 구하는 사해행위취소의 소를 제기한 경우에 그 취소의 효과는 채권자와 전득자 사이의 상대적인 관계에서만 생기는 것이고 채무자 또는 채무자와 수익자 사이의 법률관계에는 미치지 않는 것이므로, 이 경우 취소의 대상이 되는 사해행위는 채무자와 수익자 사이에서 행하여진 법률행위에 국한되고, 수익자와 전득자 사이의 법률행위는 취소의 대상이 되지 않는다.

(대법원 2004.8.30. 선고 2004다21923 판결【사해행위취소】[공2004.10.1.(211),1598])

(35) 재산분할이 사해행위로서 채권자취소권의 대상이 되기 위한 요건 및 그 취소의 범위 등

<판시사항>

[1] 채무자의 무자력 여부를 판단함에 있어서 부동산이나 채권 등이 적극재산으로 산정되기 위한 요건 및 압류금지재산을 적극재산에 포함시킬 수 있는지 여부(소극)

[2] 이혼에 따른 재산분할을 함에 있어 정신적 손해(위자료)를 배상하기 위한 급부로서의 성질까지 포함하여 분할할 수 있는지 여부(적극) 및 위 재산분할이 사해행위로서 채권자취소권의 대상이 되기 위한 요건 및 그 취소의 범위

<판결요지>

[1] 채무자의 재산처분행위가 사해행위가 되기 위해서는 그 행위로 말미암아 채무자의 총재산의 감소가 초래되어 채권의 공동담보에 부족이 생기게 되는 것, 즉 채무자의 소극재산이 적극재산보다 많아져야 하는 것인바, 채무자가 재산처분행위를 할 당시 그의 적극재산 중 부동산과 채권이 있어 그 재산의 합계가 채무액을 초과한다고 하더라도 그 적극재산을 산정함에 있어서는 다른 특별한 사정이 없는 한 실질적으로 재산적 가치가 없어 채권의 공동담보로서의 역할을 할 수 없는 재산은 이를 제외하여야 할 것이고, 그 재산이 채권인 경우에는 그것이 용이하게 변제를 받을 수 있는 확실성이 있는 것인지 여부를 합리적으로 판정하여 그것이 긍정되는 경우에 한하여 적극재산에 포함시켜야 할 것이며, 압류금지재산은 공동담보가 될 수 없으므로 이를 적극재산에 포함시켜서는 아니 된다.

[2] 이혼에 있어서 재산분할은 부부가 혼인 중에 가지고 있었던 실질상의 공동재산을 청산하여 분배함과 동시에 이혼 후에 상대방의 생활유지에 이바지하는 데 있지만, 분할자의 유책행위에 의하여 이혼함으로 인하여 입게 되는 정신적 손해(위자료)를 배상하기 위한 급부로서의 성질까지 포함하여 분할할 수도 있다고 할 것인바, 재산분할의 액수와 방법을 정함에 있어서는 당사자 쌍방의 협력으로 이룩한 재

산의 액수 기타 사정을 참작하여야 하는 것이 민법 제839조의2 제 2항의 규정상 명백하므로 재산분할자가 이미 채무초과의 상태에 있다거나 또는 어떤 재산을 분할한다면 무자력이 되는 경우에도 분할자가 부담하는 채무액 및 그것이 공동재산의 형성에 어느 정도 기여하고 있는지 여부를 포함하여 재산분할의 액수와 방법을 정할 수 있다고 할 것이고, 재산분할자가 당해 재산분할에 의하여 무자력이 되어 일반채권자에 대한 공동담보를 감소시키는 결과가 된다고 하더라도 그러한 재산분할이 민법 제839조의2 제 2 항의 규정 취지에 반하여 상당하다고 할 수 없을 정도로 과대하고, 재산분할을 구실로 이루어진 재산처분이라고 인정할 만한 특별한 사정이 없는 한 사해행위로서 채권자취소권의 대상이 되지 아니하고, 위와 같은 특별한 사정이 있어 사해행위로서 채권자취소권의 대상이 되는 경우에도 취소되는 범위는 그 상당한 부분을 초과하는 부분에 한정된다고 할 것이다.

(대법원 2005.1.28. 선고 2004다58963 판결【대여금등】[공2005.3.15.(222),398])

※ 민법 제839조의3(재산분할청구권 보전을 위한 사해행위취소권) — 2007.12. 21. 신설

(36) 사해행위 취소 소송에서의 권리보호의 이익 등

<판시사항>

[1] 동일한 사해행위에 관하여 어느 한 채권자가 채권자취소 및 원상회복청구를 하여 승소판결을 받아 그 판결이 확정되고 그에 따라 이행이 완료된 경우, 다른 채권자의 채권자취소 및 원상회복청구가 그와 중첩되는 범위 내에서 권리보호의 이익이 없어지는지 여부(적극)

[2] 동일한 사해행위에 관한 취소소송이 중첩된 경우, 선행 소송에서 확정판결로 처분부동산의 감정 평가에 따른 가액반환이 이루어진 이상 후행 소송에서 부동산의 시가를 다시 감정한 결과 위 확정판결에서 인정한 시가보다 평가액이 증가되었다 하더라도, 그 증가된 부분을 위 확정판결에서 인정한 부분과 중첩되지 않는 부분으로 보아

이에 대하여 다시 가액배상을 명할 수는 없다고 한 원심판결을 수긍한 사례

<판결요지>

[1] 채권자취소권의 요건을 갖춘 각 채권자는 고유의 권리로서 채무자의 재산처분행위를 취소하고 그 원상회복을 구할 수 있는 것이지만, 어느 한 채권자가 동일한 사해행위에 관하여 채권자취소 및 원상회복청구를 하여 승소판결을 받아 그 판결이 확정되고 그에 기하여 재산이나 가액의 회복을 마친 경우에는, 다른 채권자의 채권자취소 및 원상회복청구는 그와 중첩되는 범위 내에서 권리보호의 이익이 없게 된다.

[2] 동일한 사해행위에 관한 취소소송이 중첩된 경우, 선행 소송에서 확정판결로 처분부동산의 감정 평가에 따른 가액반환이 이루어진 이상 후행 소송에서 부동산의 시가를 다시 감정한 결과 위 확정판결에서 인정한 시가보다 평가액이 증가되었다 하더라도, 그 증가된 부분을 위 확정판결에서 인정한 부분과 중첩되지 않는 부분으로 보아 이에 대하여 다시 가액배상을 명할 수는 없다고 한 원심판결을 수긍한 사례.

(대법원 2005.3.24. 선고 2004다65367 판결【구상금및사해행위】[공2005.5.1.(225), 640])

(37) 사해행위취소의 대상인 금원지급행위의 법률적 평가가 증여 또는 변제인지에 따라 소송물을 달리하는지 여부(소극) 등

<판시사항>

[1] 사해행위취소의 대상인 금원지급행위의 법률적 평가가 증여 또는 변제인지에 따라 소송물을 달리하는지 여부(소극)

[2] 채무의 본지에 따른 변제를 하는 경우, 사해행위의 성립 여부(한정소극)

[3] 채무자가 일부의 채권자와 통모하여 다른 채권자를 해할 의사로 변제를 하였는지 여부에 대한 증명책임의 소재 및 그 판단 기준

<판결요지>

[1] 채권자가 채무자의 어떤 금원지급행위가 사해행위에 해당된다고 하여 그 취소를 청구하면서 다만 그 금원지급행위의 법률적 평가와 관련하여 증여 또는 변제로 달리 주장하는 것은 그 사해행위취소권을 이유 있게 하는 공격방법에 관한 주장을 달리하는 것일 뿐이지 소송물 또는 청구 자체를 달리하는 것으로 볼 수 없다.

[2] 채권자가 채무의 변제를 구하는 것은 그의 당연한 권리행사로서 다른 채권자가 존재한다는 이유로 이것이 방해받아서는 아니 되고, 채무자도 채무의 본지에 따라 채무를 이행할 의무를 부담하고 있어 다른 채권자가 있다는 이유로 그 채무이행을 거절하지는 못하므로, 채무자가 채무초과의 상태에서 특정채권자에게 채무의 본지에 따른 변제를 함으로써 다른 채권자의 공동담보가 감소하는 결과가 되는 경우에도 그 변제는 채무자가 특히 일부의 채권자와 통모하여 다른 채권자를 해할 의사를 가지고 변제를 한 경우가 아닌 한 원칙적으로 사해행위가 되는 것은 아니다.

[3] 채무자가 특히 일부의 채권자와 통모하여 다른 채권자를 해할 의사를 가지고 변제를 하였는지 여부는 사해행위임을 주장하는 사람이 입증하여야 하며, 이는 수익자의 채무자에 대한 채권이 실제로 존재하는지 여부, 수익자가 채무자로부터 변제를 받은 액수, 채무자와 수익자와의 관계, 채무자의 변제능력 및 이에 대한 수익자의 인식, 변제 전후의 수익자의 행위, 그 당시의 채무자 및 수익자의 사정 및 변제의 경위 등 제반 사정을 종합적으로 참작하여 판단하여야 한다.

(대법원 2005.3.25. 선고 2004다10985,10992 판결【명의신탁해지에기한소유권이전등기;사해행위취소】[공2005.5.1.(225),654])

(38) 소액보증금 최우선변제권 보호대상인 임차권을 설정해 준 행위가 사해행위취소의 대상이 되는지 여부(적극) 등

<판시사항>

[1] 채무자가 채무초과 상태에서 채무자 소유의 유일한 주택에 대하여 주택임대차보호법 제 8 조의 소액보증금 최우선변제권 보호대상인 임차

권을 설정해 준 행위가 사해행위취소의 대상이 되는지 여부(적극)

[2] 주택임대차보호법 제 8 조의 소액보증금 최우선변제권 보호대상인 임차권을 설정해 준 행위가 사해행위인 경우, 수익자인 임차권자의 선의의 판단 기준

<판결요지>

[1] 주택임대차보호법 제 8 조의 소액보증금 최우선변제권은 임차목적 주택에 대하여 저당권에 의하여 담보된 채권, 조세 등에 우선하여 변제받을 수 있는 일종의 법정담보물권을 부여한 것이므로, 채무자가 채무초과상태에서 채무자 소유의 유일한 주택에 대하여 위 법조 소정의 임차권을 설정해 준 행위는 채무초과상태에서의 담보제공행위로서 채무자의 총재산의 감소를 초래하는 행위가 되는 것이고, 따라서 그 임차권설정행위는 사해행위취소의 대상이 된다고 할 것이다.

[2] 주택임대차보호법 제 8 조의 소액보증금 최우선변제권 보호대상인 임차권을 설정해 준 행위가 사해행위인 경우, 채무자의 악의는 추정되는 것이고, 수익자인 임차인의 악의 또한 추정된다고 할 것이나, 다만 위 법조 소정의 요건을 갖춘 임차인에 대하여 선행의 담보권자 등에 우선하여 소액보증금을 회수할 수 있도록 한 입법 취지에 비추어 보면, 위 법조 소정의 임차권을 취득하는 자는 자신의 보증금 회수에 대하여 상당한 신뢰를 갖게 되고, 따라서 임대인의 채무초과상태 여부를 비롯하여 자신의 임대차계약이 사해행위가 되는지에 대하여 통상적인 거래행위 때보다는 주의를 덜 기울이게 될 것이므로, 수익자인 임차인의 선의를 판단함에 있어서는 실제로 보증금이 지급되었는지, 그 보증금의 액수는 적정한지, 등기부상 다수의 권리제한관계가 있어서 임대인의 채무초과상태를 의심할 만한 사정이 있었는데도 굳이 임대차계약을 체결할 사정이 있었는지, 임대인과 친인척관계 등 특별한 관계는 없는지 등을 종합적으로 고려하여 논리와 경험칙을 통하여 합리적으로 판단하여야 한다.

(대법원 2005.5.13. 선고 2003다50771 판결【배당이의】[공2005.6.15.(228),935])

(39) 수익자에 대한 사해행위취소 소송과는 별도로 전득자에 대하여 채권자취소권을 행사하여 원상회복을 구하는 경우, 민법 제406조 제 2 항에서 정한 기간 안에 전득자에 대한 관계에 있어서 채무자와 수익자 사이의 사해행위 취소를 청구해야 하는지 여부(적극) 등

<판시사항>

[1] 채권자가 수익자에 대한 사해행위취소 소송과는 별도로 전득자에 대하여 채권자취소권을 행사하여 원상회복을 구하는 경우, 민법 제406조 제 2 항에서 정한 기간 안에 전득자에 대한 관계에 있어서 채무자와 수익자 사이의 사해행위 취소를 청구해야 하는지 여부(적극)

[2] 민법 제406조 제 2 항의 제척기간의 기산점인 채권자가 '취소원인을 안 날'의 의미

[3] 채권자취소권 행사에 있어 채권자가 취소원인을 알았다고 인정하기 위하여는 채무자에게 사해의사가 있었다는 사실도 알아야 하는지 여부(적극) 및 나아가 수익자나 전득자의 악의까지 알아야 하는지 여부(소극)

<판결요지>

[1] 채권자가 전득자를 상대로 민법 제406조 제 1 항에 의한 채권자취소권을 행사하기 위해서는, 같은 조 제 2 항에서 정한 기간 안에 채무자와 수익자 사이의 사해행위의 취소를 소송상 공격방법의 주장이 아닌 법원에 소를 제기하는 방법으로 청구하여야 하는 것이고, 비록 채권자가 수익자를 상대로 사해행위의 취소를 구하는 소를 이미 제기하여 채무자와 수익자 사이의 법률행위를 취소하는 내용의 판결을 선고받아 확정되었더라도 그 판결의 효력은 그 소송의 피고가 아닌 전득자에게는 미칠 수 없는 것이므로, 채권자가 그 소송과는 별도로 전득자에 대하여 채권자취소권을 행사하여 원상회복을 구하기 위해서는 위에서 본 법리에 따라 민법 제406조 제 2 항에서 정한 기간 안에 전득자에 대한 관계에 있어서 채무자와 수익자 사이의 사해행위를 취소하는 청구를 하지 않으면 아니 된다.

[2] 민법 제406조 제 2 항의 제척기간의 기산점인 채권자가 '취소원인을

안 날'이라 함은 채권자가 채권자취소권의 요건을 안 날, 즉 채무자가 채권자를 해함을 알면서 사해행위를 하였다는 사실을 알게 된 날을 의미한다.

[3] 채권자취소권 행사에 있어 채권자가 취소원인을 알았다고 하기 위하여서는 단순히 채무자가 재산의 처분행위를 하였다는 사실을 아는 것만으로는 부족하고 구체적인 사해행위의 존재를 알고 나아가 채무자에게 사해의 의사가 있었다는 사실까지 알 것을 요하나, 나아가 채권자가 수익자나 전득자의 악의까지 알아야 하는 것은 아니다.

(대법원 2005.6.9. 선고 2004다17535 판결【가등기말소】[공2005.7.15.(230),1115])

※ 3항의 구체적 의미 — 피고의 악의는 추정되므로 피고가 스스로 자신의 선의를 항변으로 주장, 입증하여야 한다.

(40) 채무초과 상태의 채무자가 유일한 재산을 특정 채권자에게 대물변제로 양도한 것이 사해행위가 되는지 여부(적극)

(대법원 2005.11.10. 선고 2004다7873 판결【사해행위취소】[공2005.12.15.(240),1945])

(41) 수익자와 새로운 법률관계를 맺은 것이 아니라 수익자의 채권자로서 이미 가지고 있던 채권확보를 위하여 목적부동산을 압류 또는 가압류한 자에게도 사해행위취소판결의 효력이 미치지 않는다고 한 사례 등

<판시사항>

[1] 사해행위취소의 효력이 미치는 범위

[2] 사해행위취소의 효력이 미치지 아니하는 제3자의 범위를 사해행위를 기초로 목적부동산에 관하여 새롭게 법률행위를 한 그 목적부동산의 전득자 등만으로 한정할 것인지 여부(소극)

[3] 수익자와 새로운 법률관계를 맺은 것이 아니라 수익자의 채권자로서 이미 가지고 있던 채권확보를 위하여 목적부동산을 압류 또는 가압류한 자에게도 사해행위취소판결의 효력이 미치지 않는다고 한 사례

<판결요지>

[1] 사해행위의 취소는 취소소송의 당사자 사이에서 상대적으로 취소의 효력이 있는 것으로 당사자 이외의 제 3 자는 다른 특별한 사정이 없는 이상 취소로 인하여 그 법률관계에 영향을 받지 않는다.

[2] 사해행위의 목적부동산 등을 새로운 법률관계에 의하여 취득한 (첨가-수익자)전득자 등은 민법 제406조 제 1 항 단서에 의하여 보호되므로, 사해행위의 취소에 상대적 효력만을 인정하는 것은 사해행위취소 채권자와 수익자 그리고 제 3 자의 이익을 조정하기 위한 것으로 그 취소의 효력이 미치지 아니하는 제 3 자의 범위를 사해행위를 기초로 목적부동산에 관하여 새롭게 법률행위를 한 그 목적부동산의 전득자 등만으로 한정할 것은 아니다.

[3] 근저당권이 설정되어 있는 채무자의 부동산을 매수한 수익자의 채권을 담보하기 위하여 수익자의 채권자들이 부동산에 대해 압류 등을 하여 부동산에 관한 근저당권에 의한 경매절차에서 배당받은 후 사해행위 취소채권자가 수익자를 상대로 사해행위취소 소송을 제기하여 가액배상의 확정판결을 받은 경우, 수익자의 채권자들이 수익자와 새로운 법률관계를 맺은 것이 아니라 수익자의 채권자로서 이미 가지고 있던 채권확보를 위하여 부동산을 압류 또는 가압류한 자에 불과하더라도 목적부동산의 매각대금에 대하여 사해행위취소 채권자에게 수익자의 채권자들에 우선하여 변제받을 수 있는 권리를 부여하여 사해행위취소판결의 실효성을 확보하여야 할 아무런 근거가 없으므로 수익자의 채권자들에게 사해행위취소판결의 효력이 미친다고는 볼 수 없다고 한 사례

(대법원 2005.11.10. 선고 2004다49532 판결【배당이의】[공2005.12.15.(240),1958])

(42) 전득자를 상대로 한 사해행위취소 소송에서 수익자와 전득자 사이의 전득행위가 다시 채권자를 해하는 행위로서 사해행위의 요건을 갖추어야 하는지 여부(소극) 등

<판시사항>

[1] 전득자를 상대로 한 사해행위취소 소송에서 수익자와 전득자 사이

의 전득행위가 다시 채권자를 해하는 행위로서 사해행위의 요건을 갖추어야 하는지 여부(소극)

[2] 사해행위취소소송에 있어서 수익자의 선의에 대한 증명책임 부담자(=수익자) 및 사해행위 당시 수익자가 선의였음을 인정하기 위한 요건

<판결요지>

[1] 채권자가 사해행위의 취소로서 수익자를 상대로 채무자와의 법률행위의 취소를 구함과 아울러 전득자를 상대로도 전득행위의 취소를 구함에 있어서, 전득자의 악의는 전득행위 당시 그 행위가 채권자를 해한다는 사실, 즉 사해행위의 객관적 요건을 구비하였다는 것에 대한 인식을 의미하므로, 전득자의 악의를 판단함에 있어서는 단지 전득자가 전득행위 당시 채무자와 수익자 사이의 법률행위의 사해성을 인식하였는지 여부만이 문제가 될 뿐이지, 수익자와 전득자 사이의 전득행위가 다시 채권자를 해하는 행위로서 사해행위의 요건을 갖추어야 하는 것은 아니다.

[2] 사해행위취소 소송에 있어서 수익자가 사해행위임을 몰랐다는 사실은 그 수익자 자신에게 입증책임이 있는 것이고, 이 때 그 사해행위 당시 수익자가 선의였음을 인정함에 있어서는 객관적이고도 납득할 만한 증거자료 등에 의하여야 하고, 채무자의 일방적인 진술이나 제3자의 추측에 불과한 진술 등에만 터 잡아 그 사해행위 당시 수익자가 선의였다고 선뜻 단정하여서는 안 된다.

(대법원 2006.7.4. 선고 2004다61280 판결【사해행위취소등】[공2006.9.1.(257),1494])

(43) 사해행위인지가 문제되는 법률행위가 대리인에 의하여 이루어진 때에는 수익자의 사해의사 또는 전득자의 사해행위에 대한 악의의 유무는 대리인을 표준으로 결정하여야 한다.

(대법원 2006.9.8. 선고 2006다22661 판결【구상금등】[공보불게재])

(44) 채무자가 타인의 금전으로 채무를 변제한 경우, 제 3 자로부터 배상청구를 받은 채권자가 채무자에게 구상권을 행사할 수 있는지 여부(소극) 등

<판시사항>

[1] 채무자가 타인의 금전으로 채무를 변제한 경우, 제 3 자로부터 배상청구를 받은 채권자가 채무자에게 구상권을 행사할 수 있는지 여부(소극)

[2] 채무자가 타인의 금전을 횡령하여 채권자에게 변제하였는데, 그 후 채권자가 그 타인에게 횡령금 상당의 손해배상을 하게 된 경우, 채무자의 채무 소멸의 이익과 채권자의 손해배상의무 부담의 손해는 각기 다른 원인으로 발생하였으므로 채무자가 채권자에게 부당이득반환의무를 부담하지 않는다고 본 사례

[3] 채권자취소소송에서 채무자의 무자력 여부를 판단함에 있어 실질적으로 재산적 가치가 없는 재산을 적극재산에서 제외하여야 하는지 여부(적극)

[4] 채권자가 채권자취소소송에서 사해행위에 해당하는 금전 지급 행위를 취소하고 원상회복으로서 그 금전의 지급을 청구하는 경우, 원금 외에 지연배상금의 지급도 청구할 수 있는지 여부(적극) 및 그 기산점(=수익자가 실제로 금전을 지급받은 때)

금전으로 변제한 이상 채무자가 타인 물건을 인도하여 변제한 경우 채권자가 이를 선의로 소비하거나 타인에게 양도하여 변제의 효력이 있더라도 채권자가 제 3 자로부터 배상의 청구를 받은 때에는 채무자에 대하여 구상권을 행사할 수 있다는 민법 제463조, 제465조가 적용될 여지가 없다고 할 것이므로, 원심이 소외 3이 원고의 돈으로 소외 1에 대한 대여금채무를 변제하였다고 하여도 소외 1이 원고로부터 위 손해배상청구를 당하였으므로 소외 3에 대해 구상금채권이 발생하였다는 피고들의 주장을 배척한 것은 정당하고, 거기에 타인 물건의 변제에 관한 법리오해의 위법이 없다.

나아가, 소외 3이 원고의 자금을 횡령하여 소외 1에게 지급함으로써 소외 1에 대한 자신의 개인채무가 소멸되는 이익을 얻고, 소외 1은 위 손해배상소송의 결과 원고에게 위 횡령금 상당의 손해배상을 하게 되는 손해를 입게 되는 결과가 되었다고 하여도 소외 3이 얻은 이익과 소외 1의 손해는 각기 다른 원인으로 발생한 것이어서 양생한 것에 인과관계가 있다고 볼 수

없어 소외 3이 소외 1에 대해 부당이득반환의무를 진다고도 할 수 없으므로, 같은 취지에서 소외 1에게 위 대여금채권액 상당의 부당이득반환채권이 발생한다는 피고들의 주장을 배척한 원심 판단도 정당하고, 거기에 부당이득에 관한 법리오해의 위법도 없다.

(대법원 2006.10.26. 선고 2005다76753 판결【사해행위취소】[공보불게재])

(45) 채권자가 사해행위 취소 및 원상회복으로 원물반환 청구를 하여 승소 판결이 확정된 후에 원물반환의 목적을 달성할 수 없게 된 경우, 다시 제기한 가액배상 청구의 권리보호의 이익 유무(소극)

<판결요지>

사해행위 후 목적물에 관하여 제3자가 저당권이나 지상권 등의 권리를 취득한 경우에는 수익자가 목적물을 저당권 등의 제한이 없는 상태로 회복하여 이전하여 줄 수 있다는 등의 특별한 사정이 없는 한, 채권자는 원상회복 방법으로 수익자를 상대로 가액 상당의 배상을 구할 수도 있고, 채무자 앞으로 직접 소유권이전등기절차를 이행할 것을 구할 수도 있다. 이 경우 원상회복청구권은 사실심 변론종결 당시의 채권자의 선택에 따라 원물반환과 가액배상 중 어느 하나로 확정되며, 채권자가 일단 사해행위 취소 및 원상회복으로서 원물반환 청구를 하여 승소 판결이 확정되었다면, 그 후 어떠한 사유로 원물반환의 목적을 달성할 수 없게 되었다고 하더라도 다시 원상회복청구권을 행사하여 가액배상을 청구할 수는 없으므로 그 청구는 권리보호의 이익이 없어 허용되지 않는다.

(대법원 2006.12.7. 선고 2004다54978 판결【사해행위취소】[공2007.1.15.(266),115])

(46) 채권자가 가등기의 원인행위에 대한 사해행위 취소의 소를 제척기간 내에 제기한 경우, 본등기의 원인행위에 대한 사해행위 취소의 소를 그 원인행위에 대한 제척기간이 경과한 후에 제기하였더라도 본등기의 원인행위에 대한 사해행위 취소의 소가 적법한지 여부(한정 적극)

<판결요지>

가등기의 등기원인인 법률행위와 본등기의 등기원인인 법률행위가 명백히 다른 것이 아닌 한, 가등기 및 본등기의 원인행위에 대한 사해행위 취소

등 청구의 제척기간의 기산일은 가등기의 원인행위가 사해행위임을 안 때라고 할 것인바, 채권자가 가등기의 원인행위가 사해행위임을 안 때부터 1년 내에 가등기의 원인행위에 대하여 취소의 소를 제기하였다면 본등기의 원인행위에 대한 취소 청구는 그 원인행위에 대한 제척기간이 경과한 후 제기하더라도 적법하다.

(대법원 2006.12.21. 선고 2004다24960 판결【사해행위취소등】[공2007.2.1.(267),183])

(47) 가액배상을 명하는 경우, 수익자가 배상하여야 할 부동산의 가액에서 우선변제권 있는 임차보증금 반환채권 금액을 공제하여야 하는지 여부(적극) 등

<판시사항>

[1] 상속재산의 분할협의가 사해행위취소권 행사의 대상이 되는지 여부(적극) 및 채무초과 상태에 있는 채무자가 상속재산의 분할협의를 하면서 자신의 상속분에 관한 권리를 포기함으로써 일반 채권자에 대한 공동담보가 감소된 경우 사해행위 해당 여부(적극)

[2] 사해행위취소 소송에서 원상회복으로 가액배상을 명하는 경우, 수익자가 배상하여야 할 부동산의 가액에서 우선변제권 있는 임차보증금 반환채권 금액을 공제하여야 하는지 여부(적극) 및 이러한 법리는 상속재산 분할협의를 사해행위로 인정하여 취소하는 경우에도 그대로 적용되는지 여부(적극)

<판결요지>

[1] 상속재산의 분할협의는 상속이 개시되어 공동상속인 사이에 잠정적 공유가 된 상속재산에 대하여 그 전부 또는 일부를 각 상속인의 단독소유로 하거나 새로운 공유관계로 이행시킴으로써 상속재산의 귀속을 확정시키는 것으로 그 성질상 재산권을 목적으로 하는 법률행위이므로 사해행위취소권 행사의 대상이 될 수 있고, 한편 채무자가 자기의 유일한 재산인 부동산을 매각하여 소비하기 쉬운 금전으로 바꾸거나 타인에게 무상으로 이전하여 주는 행위는 특별한 사정이 없는 한 채권자에 대하여 사해행위가 되는 것이므로, 이미 채무초과

상태에 있는 채무자가 상속재산의 분할협의를 하면서 자신의 상속분에 관한 권리를 포기함으로써 일반 채권자에 대한 공동담보가 감소한 경우에도 원칙적으로 채권자에 대한 사해행위에 해당한다.

[2] 어느 부동산에 관한 법률행위가 사해행위에 해당하는 경우에는 원칙적으로 그 사해행위를 취소하고 소유권이전등기의 말소 등 부동산 자체의 회복을 명하여야 하는 것이나, 다만 원물반환이 불가능하거나 현저히 곤란한 경우에는 원상회복의무의 이행으로서 사해행위 목적물 가액 상당의 배상을 명하여야 하는 것이고, 이러한 가액배상에 있어서는 일반 채권자들의 공동담보로 되어 있어 사해행위가 성립하는 범위 내의 가액배상을 명하여야 하는 것이므로, 그 부동산에 관하여 주택임대차보호법 제 3 조 제 1 항이 정한 대항력을 갖추고 임대차계약서에 확정일자를 받아 임대차보증금 우선변제권을 가진 임차인 또는 같은 법 제 8 조에 의하여 임대차보증금 중 일정액을 우선하여 변제받을 수 있는 소액임차인이 있는 때에는 수익자가 배상하여야 할 부동산의 가액에서 그 우선변제권 있는 임차보증금 반환채권 금액을 공제하여야 한다. 그리고 이러한 법리는, 주택 소유자의 사망으로 인하여 그 주택에 관한 포괄적 권리의무를 승계한 공동상속인들 사이에 이루어진 상속재산 분할협의가 일부 상속인의 채권자에 대한 사해행위에 해당하는 경우 그 상속인의 상속지분을 취득한 수익자로 하여금 원상회복 의무의 이행으로서 지분 가액 상당의 배상을 명하는 경우에도 그대로 적용된다.

(대법원 2007.7.26. 선고 2007다29119 판결【사해행위취소】[공2007.9.1.(281),1366])

(48) 재산분할이 사해행위취소권의 대상이 되는 경우 취소되는 범위

<판결요지>

이혼시의 재산분할이 민법 제839조의2 제 2 항의 규정 취지에 반하여 상당하다고 할 수 없을 정도로 과대하고, 재산분할을 구실로 이루어진 재산처분이라고 인정할 만한 특별한 사정이 없는 한 사해행위로서 채권자취소권의 대상이 되지 아니하고, 위와 같은 특별한 사정이 있어 사해행위로서 채권자취소권의 대상이 되는 경우에도 취소되는 범위는 그 상당한 부분을 초과하

는 부분에 한정된다고 할 것이며, 이 때 상당한 정도를 벗어나는 과대한 재산분할이라고 볼 만한 특별한 사정이 있다는 점에 관한 입증책임은 채권자에게 있다고 할 것이다(대법원 2000.7.28. 선고 2000다14101 판결; 2000.9.29. 선고 2000다25569 판결 등 참조).

(대법원 2006.6.29. 선고 2005다73105 판결【사해행위취소에의한소유권말소등기】[공보불게재])

(A) 민법 제839조의3 신설 및 법제사법위원회 제안이유

제839조의2 (재산분할청구권)

① 협의상 이혼한 자의 일방은 다른 일방에 대하여 재산분할을 청구할 수 있다.

② 제 1 항의 재산분할에 관하여 협의가 되지 아니하거나 협의할 수 없는 때에는 가정법원은 당사자의 청구에 의하여 당사자 쌍방의 협력으로 이룩한 재산의 액수 기타 사정을 참작하여 분할의 액수와 방법을 정한다.

③ 제 1 항의 재산분할청구권은 이혼한 날부터 2년을 경과한 때에는 소멸한다.

[본조신설 1990.1.13]

제839조의3 (재산분할청구권 보전을 위한 사해행위취소권)

① 부부의 일방이 다른 일방의 재산분할청구권 행사를 해함을 알면서도 재산권을 목적으로 하는 법률행위를 한 때에는 다른 일방은 제406조 제 1 항을 준용하여 그 취소 및 원상회복을 가정법원에 청구할 수 있다.

② 제 1 항의 소는 제406조 제 2 항의 기간 내에 제기하여야 한다.

[본조신설 2007.12.21]

법제사법위원회 제안이유(중 발췌)

재산분할청구권 보전을 위한 사해행위취소권 신설(안 제839조의3 신설)

① 재산분할청구권이 구체적으로 확정되기 전에 재산분할청구권을 피보전권리로 하는 사해행위취소권이 인정되는지 여부에 대하여 다툼이 있었음.

② 부부의 일방이 상대방 배우자의 재산분할청구권 행사를 해함을 알고 사해행위를 한 때에는 상대방 배우자가 그 취소 및 원상회복을 법원에 청구할 수 있도록 재산분할청구권을 보전하기 위한 사해행위취소권을 인정함.

③ 재산 명의자가 아닌 배우자의 부부재산에 대한 잠재적 권리 보호가 강화될 것으로 기대됨.

(49) 특정물에 대한 소유권이전등기청구권을 보전하기 위하여 채권자취소권을 행사할 수 있는지 여부(소극)

<판시사항>

[1] 사해행위 당시 아직 성립되지 아니한 채권이 예외적으로 채권자취소권의 피보전채권이 되기 위한 요건

[2] 양도인이 제 3 자에게 부동산을 이중양도하고 소유권이전등기를 경료해 줌으로써 양수인이 양도인에 대하여 취득하는 손해배상채권이 채권자취소권의 피보전채권에 해당하는지 여부(소극)

[3] 특정물에 대한 소유권이전등기청구권을 보전하기 위하여 채권자취소권을 행사할 수 있는지 여부(소극)

<판결요지>

[1] 채권자취소권에 의하여 보호될 수 있는 채권은 원칙적으로 사해행위라고 볼 수 있는 행위가 행하여지기 전에 발생된 것임을 요하나, 그 사해행위 당시에 이미 채권 성립의 기초가 되는 법률관계가 발생되어 있고, 가까운 장래에 그 법률관계에 기하여 채권이 성립되리라는 점에 대한 고도의 개연성이 있으며, 실제로 가까운 장래에 그 개연성이 현실화되어 채권이 성립된 경우에는, 그 채권도 채권자취소권의 피보전채권이 될 수 있다.

[2] 부동산을 양도받아 소유권이전등기청구권을 가지고 있는 자가 양도인이 제 3 자에게 이를 이중으로 양도하여 소유권이전등기를 경료하여 줌으로써 취득하는 부동산 가액 상당의 손해배상채권은 이중양도행위에 대한 사해행위취소권을 행사할 수 있는 피보전채권에 해

당한다고 할 수 없다.

[3] 채권자취소권을 특정물에 대한 소유권이전등기청구권을 보전하기 위하여 행사하는 것은 허용되지 않으므로, 부동산의 제 1 양수인은 자신의 소유권이전등기청구권 보전을 위하여 양도인과 제 3 자 사이에서 이루어진 이중양도행위에 대하여 채권자취소권을 행사할 수 없다.

(대법원 1999.4.27. 선고 98다56690 판결【소유권이전등기말소등】[공1999.6.1.(83),1041])

(50) 채무자의 법률행위가 통정허위표시인 경우에도 채권자취소권의 대상이 되고, 한편 채권자취소권의 대상으로 된 채무자의 법률행위라도 통정허위표시의 요건을 갖춘 경우에는 무효라고 할 것이다.

(대법원 1998.2.27. 선고 97다50985 판결【과지불매매대금등】[공1998.4.1.(55),899])

※ 채권자 취소권의 대상은 법률행위이면 족하고, 더 나아가 그 유효함을 요하지는 않는다.

(51) 채무자가 이전부터 있는 채무의 변제를 위하여 약속어음을 발행하는 행위의 사해행위 여부(소극)

<판결요지>

채권자취소권의 대상이 되는 채권자를 해하는 행위라 함은 재산권을 목적으로 한 법률행위로서 그로 인하여 채무자의 소극재산이 적극재산을 초과하게 되거나 채무초과상태가 더 나빠지게 하는 행위를 뜻하고, 따라서 채무자가 이전부터 있는 채무의 변제를 위하여 약속어음을 발행하는 행위는 소극재산을 증가시키는 행위가 아니므로 그것만으로는 다른 채권자를 해하는 행위라고 보기 어렵다.

(대법원 2002.8.27. 선고 2002다27903 판결【구상금등】[공2002.10.15.(164),2299])

(52) 관련 형사 판례 — 강제집행면탈죄 성립에 무자력을 요구하는지 여부 및 채권 이중양도 배임죄 성립 여부

<판시사항>

피고인이 허위채무를 부담하고 근저당권설정등기를 경료해 준 부동산외에도 다른 재산을 갖고 있는 경우 강제집행면탈죄의 성부(적극)

<판결요지>

피고인이 강제집행을 면할 목적으로 허위채무를 부담하고 근저당권설정등기를 경료하여 줌으로써 채권자를 해하였다고 인정된다면 설혹 피고인이 그 근저당권이 설정된 부동산외에 약간의 다른 재산이 있더라도 강제집행면탈죄가 성립된다.

(대법원 1990.3.23. 선고 89도2506 판결【사문서위조, 동행사, 공정증서원본불실기재, 동행사(인정된죄명:강제집행면탈)】[공1990.5.15.(872),1012])

<판시사항>

채권의 이중양도에 따른 배임죄로 기소된 사안에서, 유력한 물적 증거인 채권양도계약서가 여러 가지 정황으로 보아 유효하게 성립되었음을 인정하기에 부족하다는 이유로 무죄를 선고한 원심판결을 유지한 사례

<판결요지>

금융기관으로부터 대출을 받을 때 담보로 양도한 채권을 그 후 채무자에 대한 통지나 승낙 등 채권양도에 관한 대항요건을 갖추도록 협력하여 주지 아니하고 임의로 타인에게 양도하였다는 이유로 배임죄로 기소된 사안에서, 유력한 물적 증거인 채권양도계약서가 여러 가지 정황으로 보아 유효하게 성립되었음을 인정하기에 부족하다는 이유로 무죄를 선고한 원심판결을 유지한 사례.

(대전고법 2002.8.23. 선고 2001노745 판결:상고기각 [하집2002-2,611])

4. 채권자대위권 관련 판례

(53) 채권자대위소송에서 채무자가 대위사실을 통지받았거나 알고 있는 경우 그 피보전권리의 처분으로써 채권자에게 대항할 수 있는지 여부(소극) 등

<판시사항>

[1] 채권자대위소송에서 채무자가 대위사실을 통지받았거나 알고 있는 경우 그 피보전권리의 처분으로써 채권자에게 대항할 수 있는지 여

부(소극)

[2] 갑이 을로부터 매수한 부동산을 다시 갑으로부터 매수한 병이 채무자인 갑,을에 대하여 슈차 소유권이전등기절차의 이행을 구하는 소를 제기하여 그 중 을에 대한 채권자대위소송이 상고심에 계속중 갑이 을의 매매잔대금 지급 최고에 응하지 아니하여 을로 하여금 매매계약을 해제할 수 있도록 한 경우, 이는 채무자인 갑이 을에 대한 소유권이전등기청구권을 처분하는 것에 해당하여 갑과 을은 병에게 그 계약해제로써 대항할 수 없다고 한 사례

<판결요지>

[1] 채권자가 채권자대위권에 기하여 채무자의 권리를 행사하고 있는 경우에, 그 사실을 채무자에게 통지하였거나 채무자가 그 사실을 알고 있었던 때에는, 채무자가 그 권리를 처분하여도 이로써 채권자에게 대항하지 못한다.

[2] 갑이 을로부터 매수한 부동산을 다시 갑으로부터 매수한 병이 채무자인 갑, 을에 대하여 순차 소유권이전등기절차의 이행을 구하는 소를 제기하여 그 중 을에 대한 채권자대위소송이 상고심에 계속중 갑이 을의 매매잔대금 지급 최고에 응하지 아니하여 을로 하여금 매매계약을 해제할 수 있도록 한 경우, 이는 채무자가 채권자에 대한 소유권이전등기청구권을 처분하는 것에 해당하여 갑과 을은 병에게 그 계약해제로써 대항할 수 없다고 한 사례.

(대법원 2003.1.10. 선고 2000다27343 판결【채무부존재확인】[공2003.3.1.(173),562])

(54) 채권자대위소송에 있어서 피대위자인 채무자에 대한 특정의 필요성 및 특정 여부의 판단 기준 등

<판시사항>

[1] 채권자대위소송에 있어서 피대위자인 채무자에 대한 특정의 필요성 및 특정 여부의 판단 기준

[2] 소유권이전등기의 말소등기를 구하는 채권자대위소송에 있어서 피대위자인 채무자들을 개인별로 상세히 특정하지 아니한 채 그 상속인들 또는 그 중 한 사람만을 채무자로 특정·제기한 소송이 부적법

하다고 한 원심판결을 파기한 사례

<판결요지>

[1] 채권자대위소송에서 피대위자인 채무자의 특정이 필요한 사항이기는 하나, 이는 피보전채권과 대위행사할 채권의 존부를 판단하고, 판결의 효력이 미칠 주관적 범위와 집행력이 미치는 범위를 정하며 채무자 본인이 제기할 소송이 중복소송에 해당하는지 여부를 판단하기 위하여 요구되는 것이므로, 채무자가 제대로 특정되었는지 여부는, 당해 채권자대위소송의 소송물이 갖는 성격과 채무자 특정의 난이도 및 소송 과정에서 드러난 사안의 특성 등에 비추어, 그 특정한 정도가 위에서 든 목적들을 달성하는 데 충분한지 검토한 후 그 결과에 따라 구체적·개별적으로 결정하면 될 일이지 반드시 모든 경우에 일률적으로 채무자 개개인의 인적 사항을 통상의 소송당사자와 같은 정도로 상세히 특정하여야 하는 것은 아니다.

[2] 소유권이전등기의 말소등기를 구하는 채권자대위소송에 있어서 피대위자인 채무자들을 개인별로 상세히 특정하지 아니한 채 그 상속인들 또는 그 중 한 사람만을 채무자로 특정·제기한 소송이 부적법하다고 한 원심판결을 파기한 사례

(대법원 2004.11.26. 선고 2004다40986 판결【소유권이전말소등기등】[공2005.1.1(217),37])

※ 피고는 제 3 채무자이고 채무자는 소송 당사자가 아니다. 사해행위 취소 소송에서도 동일

(55) 집행채무자의 채권자가 그 집행채권자를 상대로 부당이득금 반환채권을 대위행사하는 경우, 채권자대위권을 행사하는 채권자에게 변제수령의 권한을 인정할 수 있는지 여부(적극) 등

<판시사항>

[1] 전부명령이 확정된 후 그 집행권원인 집행증서의 기초가 된 법률행위 중 전부 또는 일부에 무효사유가 있는 것으로 판명된 경우, 위 무효 부분에 관한 집행채권자의 부당이득반환의무 성립 여부(적극) 및 그 반환 방법

[2] 집행채무자의 채권자가 그 집행채권자를 상대로 부당이득금 반환채권을 대위행사하는 경우, 채권자대위권을 행사하는 채권자에게 변제수령의 권한을 인정할 수 있는지 여부(적극)

[3] 어음행위에 민법 제108조가 적용됨을 전제로, 실제로 어음상의 권리를 취득하게 할 의사는 없이 단지 채권자들에 의한 채권의 추심이나 강제집행을 피하기 위한 약속어음 발행행위가 통정허위표시로서 무효라고 한 원심의 판단을 수긍한 사례

<판결요지>

[1] 채무자 또는 그 대리인의 유효한 작성촉탁과 집행인낙의 의사표시에 터잡아 작성된 공정증서를 집행권원으로 하는 금전채권에 대한 강제집행절차에서, 비록 그 공정증서에 표시된 청구권의 기초가 되는 법률행위에 무효사유가 있다고 하더라도 그 강제집행절차가 청구이의의 소 등을 통하여 적법하게 취소·정지되지 아니한 채 계속 진행되어 채권압류 및 전부명령이 적법하게 확정되었다면, 그 강제집행절차가 반사회적 법률행위의 수단으로 이용되었다는 등의 특별한 사정이 없는 한, 단지 이러한 법률행위의 무효사유를 내세워 확정된 전부명령에 따라 전부채권자에게 피전부채권이 이전되는 효력 자체를 부정할 수는 없고, 다만 위와 같이 전부명령이 확정된 후 그 집행권원인 집행증서의 기초가 된 법률행위 중 전부 또는 일부에 무효사유가 있는 것으로 판명된 경우에는 그 무효 부분에 관하여는 집행채권자가 부당이득을 한 셈이 되므로, 그 집행채권자는 집행채무자에게, 위 전부명령에 따라 전부받은 채권 중 실제로 추심한 금전 부분에 관하여는 그 상당액을 반환하여야 하고, 추심하지 아니한 나머지 부분에 관하여는 그 채권 자체를 양도하는 방법에 의하여 반환하여야 한다.

[2] 집행채무자의 채권자가 그 집행채권자를 상대로 부당이득금 반환채권을 대위행사하는 경우 집행채무자에게 그 반환의무를 이행하도록 청구할 수도 있지만, 직접 대위채권자에게 이행하도록 청구할 수도 있다고 보아야 하는데, 이와 같이 채권자대위권을 행사하는 채권자에게 변제수령의 권한을 인정하더라도 그것이 채권자 평등의 원칙

에 어긋난다거나 제 3 채무자를 이중 변제의 위험에 빠뜨리게 하는 것이라고 할 수 없다.

※ 원칙으로는 채무자에게 반환하는 것임.

[3] 어음행위에 민법 제108조가 적용됨을 전제로, 실제로 어음상의 권리를 취득하게 할 의사는 없이 단지 채권자들에 의한 채권의 추심이나 강제집행을 피하기 위한 약속어음 발행행위가 통정허위표시로서 무효라고 한 원심의 판단을 수긍한 사례.

(대법원 2005.4.15. 선고 2004다70024 판결【채무부존재확인】[공2005.5.15(226), 743])

(56) 채권자가 채권자대위권을 행사하는 방법으로 제3채무자에 대하여 소송을 제기하여 판결을 받은 경우에 그 확정판결의 효력이 미치는 범위

<판결요지>

채권자가 채권자대위권을 행사하는 방법으로 제 3 채무자를 상대로 소송을 제기하고 판결을 받은 경우에는 어떠한 사유로 인하였든 적어도 채무자가 채권자 대위권에 의한 소송이 제기된 사실을 알았을 경우에는 그 판결의 효력은 채무자에게 미친다.(판례변경)

(대법원 74다1664 판결)

(57) 채권자대위권의 행사요건인 채권보전의 필요성을 인정하기 위한 판단 기준 및 물권적 청구권을 피보전권리로 하는 채권자대위권이 인정되는지 여부(적극) 등

<판시사항>

[1] 채권자대위권의 행사요건인 채권보전의 필요성을 인정하기 위한 판단 기준 및 물권적 청구권을 피보전권리로 하는 채권자대위권이 인정되는지 여부(적극)

[2] 임대인의 임대차계약 해지권이 행사상의 일신전속권인지 여부(소극)

[3] 채권자대위권을 행사함에 있어 채권자가 채무자를 상대로 채권자대위권의 피보전채권에 기한 이행청구의 소를 제기하여 승소판결이 확정된 경우, 제 3 채무자가 그 청구권의 존재를 다툴 수 있는지 여

부(소극)

[4] 다른 권리구제수단이 있었다는 사정이 채권자대위권의 행사요건인 채권보전의 필요성을 부정할 사유가 될 수 없다고 한 사례

<판결요지>

[1] 채권자는 채무자에 대한 채권을 보전하기 위하여 채무자를 대위해서 채무자의 권리를 행사할 수 있는바, 채권자가 보전하려는 권리와 대위하여 행사하려는 채무자의 권리가 밀접하게 관련되어 있고 채권자가 채무자의 권리를 대위하여 행사하지 않으면 자기 채권의 완전한 만족을 얻을 수 없게 될 위험이 있어 채무자의 권리를 대위하여 행사하는 것이 자기 채권의 현실적 이행을 유효·적절하게 확보하기 위하여 필요한 경우에는 채권자대위권의 행사가 채무자의 자유로운 재산관리행위에 대한 부당한 간섭이 된다는 등의 특별한 사정이 없는 한 채권자는 채무자의 권리를 대위하여 행사할 수 있어야 하고, 피보전채권이 특정채권이라 하여 반드시 순차매도 또는 임대차에 있어 소유권이전등기청구권이나 인도청구권 등의 보전을 위한 경우에만 한하여 채권자대위권이 인정되는 것은 아니며, 물권적 청구권에 대하여도 채권자대위권에 관한 민법 제404조의 규정과 위와 같은 법리가 적용될 수 있다.

[2] 임대인의 임대차계약 해지권은 오로지 임대인의 의사에 행사의 자유가 맡겨져 있는 행사상의 일신전속권에 해당하는 것으로 볼 수 없다.

[3] 채권자대위권을 행사함에 있어 채권자가 채무자를 상대로 그 보전되는 청구권에 기한 이행청구의 소를 제기하여 승소판결을 선고받고 그 판결이 확정되면 제 3 채무자는 그 청구권의 존재를 다툴 수 없다.

[4] 토지 소유권에 근거하여 그 토지상 건물의 임차인들을 상대로 건물에서의 퇴거를 청구할 수 있었더라도 퇴거청구와 건물의 임대인을 대위하여 임차인들에게 임대차계약의 해지를 통고하고 건물의 인도를 구하는 청구는 그 요건과 효과를 달리하는 것이므로, 위와 같은

퇴거청구를 할 수 있었다는 사정이 채권자대위권의 행사요건인 채권보전의 필요성을 부정할 사유가 될 수 없다고 한 사례

(대법원 2007.5.10. 선고 2006다82700,82717 판결【건물명도등·지상권설정등기절차이행】[공2007.6.15.(276),857])

(58) 채권자가 채무자와 제 3 채무자 사이의 부동산매매계약에 기한 소유권이전등기청구권을 보전하기 위해 채무자를 대위하여 제 3 채무자의 부동산에 대한 처분금지가처분결정을 받은 경우, 채무자가 그러한 채권자대위권 행사 사실을 알게 된 후에 그 매매계약을 합의해제한 것으로 채무자나 제 3 채무자가 채권자에게 대항할 수 있는지 여부(소극)

<판결요지>

채권자가 채권자대위권에 기하여 채무자의 권리를 행사하고 있다는 사실을 채무자가 알게 된 후에는 채무자가 그 권리를 처분하여도 이로써 채권자에게 대항하지 못하는 것인바, 채권자가 채무자와 제 3 채무자 사이에 체결된 부동산매매계약에 기한 소유권이전등기청구권을 보전하기 위해 채무자를 대위하여 제 3 채무자의 부동산에 대한 처분금지가처분을 신청하여 가처분결정을 받은 경우에는 피보전권리인 소유권이전등기청구권을 행사한 것과 같이 볼 수 있으므로, 채무자가 그러한 채권자대위권 행사 사실을 알게 된 후에 그 매매계약을 합의해제함으로써 채권자대위권의 객체인 부동산 소유권이전등기청구권을 소멸시켰다 하더라도 이로써 채권자에게 대항할 수 없고, 그 결과 제 3 채무자 또한 그 계약해제로써 채권자에게 대항할 수 없다.

(대법원 2007.6.28. 선고 2006다85921 판결【가처분이의】[공2007.8.1.(279),1162])

(59) 채권자대위소송에 있어서 대위에 의하여 보전될 채권자의 채무자에 대한 권리가 인정되지 아니할 경우에는 채권자가 스스로 원고가 되어 채무자의 제 3 채무자에 대한 권리를 행사할 당사자적격이 없게 되므로 그 대위소송은 부적법하여 각하할 수밖에 없다(대법원 2004. 2. 13. 선고 2003다46475 판결 등 참조).

(대법원 2005.9.29. 선고 2005다27188 판결【소유권이전등기】[공보불게재])

[표] 채권자취소권과 채권자대위권의 비교

구 분	채권자대위권	채권자취소권	비 고
원고	채권자	채권자	
피고	제 3 채무자	수익자 혹은 전득자	모두 악의이면 양자
피보전채권 적격 등	모든 채권 (특히 등기청구권) 부존재-소각하	특정물채권은 안됨 (재산분할청구권 가능) 부존재-청구기각	사해행위 이전 성립해 있을 것이 원칙
변제기 도래 여부	변제기 도래하여야 함	변제기 무관 (책임재산 보전)	
채무자 무자력 요건인지 여부	판례-금전채권보전에서는 요건으로 하나 특정물채권보전인 경우에는 불요(금전채권 경우에도 무자력 요구 않는 예외사례 증가하고 있음)	무자력 요건임 (사실심변론 종결시까지 무자력 유지 필요함)	
소송참가	채무자는 보조참가, 독립당사자 참가 가능		
행사방법	재판상, 재판외 행사	반드시 재판상 행사	
소송물	피대위채권의 이행, 확인	형성의 소 + 이행의 소 (취소 + 원상회복 반환)	수익자-전득자 간의 법률행위는 취소대상이 아님
소송상 채무자의 지위	소외인	소외인	
행사범위	피보전채권 범위 내	피보전채권 + 알파 (다른 채권자의 배당요구가 명백할 경우)	
대상 규범통제 현상	채무자의 권리불행사	채무자의 적극 사해행위	
기판력 (주관적 범위)	판례-채무자 인지설	채무자-수익자, 수익자-전득자 간에는 미치지 않음 (판례-취소의 상대적 효력)	
이행상대방	채무자수령을 원칙	채무자에게 반환	
유사제도	사무관리, 추심, 전부명령	파산법의 부인권 (일탈재산 원상회복)	
피고의 피보전채권 시효소멸 항변 가능 여부	불가능	가능	

(60) 채권자대위소송의 제3채무자가 채무자의 채권자에 대한 소멸시효 항변을 원용할 수 있는지 여부(원칙적 소극) 등

<판시사항>

[1] 채권자대위소송의 제3채무자가 채무자의 채권자에 대한 소멸시효 항변을 원용할 수 있는지 여부(원칙적 소극)

[2] 채권자가 채권자대위소송을 제기하는 한편 채무자를 상대로 피보전채권의 이행청구소송을 제기하였는데, 채무자가 그 소송절차에서 소멸시효 완성의 항변을 원용한 경우, 이러한 사유가 현출된 채권자대위소송에서 피보전채권의 소멸시효 완성 여부를 심리·판단하여야 하는지 여부(적극)

(대법원 2008.1.31. 선고 2007다64471 판결【부동산소유권이전등기절차이행】)

(61) 채권자는 자기의 채무자에 대한 부동산의 소유권이전등기청구권 등 특정채권을 보전하기 위하여 채무자가 방치하고 있는 그 부동산에 관한 특정권리를 대위하여 행사할 수 있고 그 경우에는 채무자의 무자력을 요건으로 하지 아니하는 것이다.

(대법원 1992.10.27. 선고 91다483 판결【소유권이전등기】[공1992.12.15.(934),3233])

5. 부동산실권리자명의등기에관한법률(부동산실명법), 명의신탁

가. 부동산실명법상 명의신탁약정은 무효이고 그에 따른 물권변동도 무효이나, 예외로 매도인 선의의 계약명의신탁의 경우에는 물권변동이 유효하다.

나. 명의신탁의 구분

① 양자간 등기명의신탁 ⇒ 신탁자-수탁자

② 3자간(중간생략형) 등기명의신탁 ⇒ 신탁자-매도인-수탁자

③ 계약명의신탁 ⇒ 수탁자-매도인

다. 관련 중요 판례

(62) 부동산 실권리자명의 등기에 관한 법률 시행 후에 이른바 계약명의신탁약정을 한 경우, 명의수탁자가 명의신탁자에게 반환하여야 할 부당이득의 대상(=매수자금) 등

<판시사항>

[1] 명의신탁 목적물을 신탁자의 자금으로 취득해야만 명의신탁관계가 성립하는지 여부(소극)

[2] 민사재판에서 관련 형사판결이 갖는 증명력

[3] 부동산 실권리자명의 등기에 관한 법률 시행 후에 이른바 계약명의신탁약정을 한 경우, 명의수탁자가 명의신탁자에게 반환하여야 할 부당이득의 대상(=매수자금)

명의신탁 관계는 당사자 사이의 내부관계에서는 신탁자가 소유권을 보유하되 외부관계에서는 수탁자가 완전한 소유자로서 행세하기로 약정함으로써 성립하는 것이지(대법원 1995.5.26. 선고 95다7666 판결 참조) 명의신탁 목적물이 반드시 신탁자의 자금으로 취득되어야만 성립하는 것은 아니라고 할 것이다. 한편, 민사재판에 있어서는 형사재판의 사실인정에 구속을 받는 것은 아니라고 하더라도 동일한 사실관계에 관하여 이미 확정된 형사판결이 유죄로 인정한 사실은 유력한 증거 자료가 되므로 민사재판에서 제출된 다른 증거들에 비추어 형사재판의 사실 판단을 채용하기 어렵다고 인정되는 특별한 사정이 없는 한 이와 반대되는 사실은 인정할 수 없다고 할 것이다(대법원 1997.9.30. 선고 97다24276 판결 참조).

부동산 실권리자명의 등기에 관한 법률 제 4 조 제 1 항, 제 2 항에 의하면, 명의신탁자와 명의수탁자가 이른바 계약명의신탁 약정을 맺고 명의수탁자가 당사자가 되어 명의신탁약정이 있다는 사실을 알지 못하는 소유자와의 사이에 부동산에 관한 매매계약을 체결한 후 그 매매계약에 따라 당해 부동산의 소유권이전등기를 수탁자 명의로 마친 경우에는 명의신탁자와 명의수탁자 사이의 명의신탁약정의 무효에도 불구하고 그 명의수탁자는 당해 부동산의 완전한 소유권을 취득하게 되고, 다만 명의수탁자는 명의신탁자에 대하여 부당이득반환의무를 부담하게 될 뿐이라 할 것인데, 그 계약명의신탁약정이 부동산실명법 시행 후에 이루어진 경우에는 명의신탁자는 애초부터 당해 부동산의 소유권을 취득할 수 없었으므로 위 명의신탁약정의 무효로 인하여 명의신탁자가 입은 손해는 당해 부동산 자체가 아니라 명의수탁자에게 제공한 매수자금이라 할 것이고, 따라서 명의수탁자는 당해 부동산 자체가 아니라 명의신탁자로부터 제공받은 매수자금만을 부당이득한다고 할 것이다(대법원 2005. 1. 28. 선고 2002다66922 판결 참조).

(대법원 2008.2.14. 선고 2007다69148,69155 판결 【소유권이전등기】 [공보불게재])

(63) 부동산실권리자명의등기에관한법률 시행 전에 이른바 계약명의신탁에 따라 명의신탁 약정이 있다는 사실을 알지 못하는 소유자로부터 명의수탁자 앞으로 소유권이전등기가 경료되고 같은 법 소정의 유예기간이 경과하여 명의수탁자가 당해 부동산의 완전한 소유권을 취득한 경우, 명의수탁자가 명의신탁자에게 반환하여야 할 부당이득의 대상(=당해 부동산 자체)

<판결요지>

부동산실권리자명의등기에관한법률 제4조 제1항, 제2항의 규정에 의하면, 명의신탁자와 명의수탁자가 명의신탁 약정을 맺고, 이에 따라 명의수탁자가 당사자가 되어 명의신탁 약정이 있다는 사실을 알지 못하는 소유자와의 사이에 부동산에 관한 매매계약을 체결한 후 그 매매계약에 기하여 당해 부동산의 소유권이전등기를 수탁자 명의로 마친 경우에는 명의신탁자와 명의수탁자 사이의 명의신탁 약정의 무효에도 불구하고 그 소유권이전등기에 의한 당해 부동산에 관한 물권변동 자체는 유효한 것으로 취급되어 명의수탁자는 당해 부동산의 완전한 소유권을 취득하게 되고, 부동산실권리자명의등기에관한법률 시행 전에 위와 같은 명의신탁 약정과 그에 기한 물권변동이 이루어진 다음 부동산실권리자명의등기에관한법률 제11조에서 정한 유예기간 내에 실명등기 등을 하지 않고 그 기간을 경과한 때에도 같은 법 제12조 제1항에 의하여 제4조의 적용을 받게 되어 위 법리가 그대로 적용되는 것인바, 이 경우 명의수탁자는 명의신탁 약정에 따라 명의신탁자가 제공한 비용을 매매대금으로 지급하고 당해 부동산에 관한 소유명의를 취득한 것이고, 위 유예기간이 경과하기 전까지는 명의신탁자는 언제라도 명의신탁 약정을 해지하고 당해 부동산에 관한 소유권을 취득할 수 있었던 것이므로, 명의수탁자는 부동산실권리자명의등기에관한법률 시행에 따라 당해 부동산에 관한 완전한 소유권을 취득함으로써 당해 부동산 자체를 부당이득하였다고 보아야 할 것이고, 부동산실권리자명의등기에관한법률 제3조 및 제4조가 명의신탁자에게 소유권이 귀속되는 것을 막는 취지의 규정은 아니므로 명의수탁자는 명의신탁자에게 자신이 취득한 당해 부동산을 부당이득으로 반환할 의무가 있다.

(대법원 2002.12.26. 선고 2000다21123 판결【소유권이전등기】[집50(2)민,409;공2003.2.15.(172),452])

(64) 부동산 실권리자명의 등기에 관한 법률 시행 전에 계약명의신탁을 한 명의신탁자가 같은 법 제11조에서 정한 유예기간 내에 그 명의로 당해 부동산을 등기이전하는 데 법률상 장애가 있었던 경우, 명의수탁자가 명의신탁자에게 반환하여야 할 부당이득의 대상(=매수자금) ※ 위 판례의 예외적 경우

<판결요지>

부동산 실권리자명의 등기에 관한 법률 시행 전에 명의신탁자와 명의수탁자가 이른바 계약명의신탁약정을 맺고 명의수탁자가 당사자가 되어 명의신탁약정이 있다는 사실을 알지 못하는 소유자와 부동산에 관한 매매계약을 체결한 후 그 매매계약에 따라 당해 부동산의 소유권이전등기를 수탁자 명의로 마쳤으나 위 법률 제11조에서 정한 유예기간이 경과하기까지 명의신탁자가 그 명의로 당해 부동산을 등기이전하는 데 법률상 장애가 있었던 경우에는, 명의신탁자는 당해 부동산의 소유권을 취득할 수 없었으므로, 위 명의신탁약정의 무효로 인하여 명의신탁자가 입은 손해는 당해 부동산 자체가 아니라 명의수탁자에게 제공한 매수자금이고, 따라서 명의수탁자는 당해 부동산 자체가 아니라 명의신탁자로부터 제공받은 매수자금을 부당이득하였다고 할 것이다.

(대법원 2008.5.15. 선고 2007다74690 판결【전부금】[공2008상,852])

(65) 명의신탁 관련 중요 형사 판례

<판시사항>

이른바 중간생략등기형 명의신탁에 있어서 수탁자가 부동산을 임의로 처분한 경우 횡령죄의 성립 여부(적극) 및 수탁자의 상속인이 명의신탁된 부동산을 임의로 처분한 경우에도 신탁자에 대한 횡령죄가 성립하는지 여부(적극)

부동산을 그 소유자로부터 매수한 자가 그의 명의로 소유권이전등기를

하지 아니하고 제 3 자와 맺은 명의신탁약정에 따라 매도인으로부터 바로 제 3 자에게 중간생략의 소유권이전등기를 경료한 경우, 그 제 3 자가 그와 같은 명의신탁 약정에 따라 그 명의로 신탁된 부동산을 임의로 처분하였다면 신탁자에 대한 횡령죄가 성립하고(대법원 2001.11.27. 선고 2000도3463 판결 참조), 그 제 3 자가 사망함에 따라 제 3 자의 상속인이 된 자는 제 3 자의 지위를 포괄승계하여 명의신탁된 부동산을 유효하게 처분할 수 있는 보관자로서의 지위를 취득하는 것이므로, 그 제 3 자의 상속인이 명의신탁된 부동산을 임의로 처분한 경우에도 신탁자에 대한 횡령죄가 성립한다.

(대법원 2007.6.28. 선고 2006다48632 판결【부당이득금반환】[공보불게재])

<판시사항>

부동산실권리자명의등기에관한법률 시행 전에 부동산 소유자로부터 명의신탁받은 자가 같은 법이 정한 유예기간 이내에 실명등기를 하지 않은 상태에서 임의로 처분한 경우, 횡령죄의 성립 여부(적극)

(대법원 2000.2.22. 선고 99도5227 판결【횡령】[공2000.4.15.(104),884])

(66) 유일한 재산인 부동산을 처에게 증여한 행위가, 처가 취득 대가를 부담하여 남편에게 명의신탁한 재산의 반환으로 인정되어 사해행위에 해당하지 않는다고 본 사례

<판시사항>

[1] 부부의 일방이 혼인 중 단독 명의로 취득한 재산이 다른 일방의 명의신탁 재산으로 인정되는 경우

[2] 부동산의 명의수탁자가 신탁행위에 기한 반환의무의 이행으로서 신탁부동산의 소유권이전등기를 경료하는 행위가 사해행위에 해당하는지 여부(소극)

[3] 유일한 재산인 부동산을 처에게 증여한 행위가, 처가 취득 대가를 부담하여 남편에게 명의신탁한 재산의 반환으로 인정되어 사해행위에 해당하지 않는다고 본 사례

부부의 일방이 혼인 중 그의 단독 명의로 취득한 재산은 그 명의자의 특유재산으로 추정되는 것이고, 그 재산의 취득에 있어 다른 일방의 협력이

있었다거나 내조의 공이 있었다는 것만으로는 그 추정이 번복되지 아니하는 것이지만, 다른 일방이 실제로 당해 재산의 대가를 부담하여 취득하였음을 증명한 경우에는 그 추정이 번복되고, 그 대가를 부담한 다른 일방이 실질적인 소유자로서 편의상 명의자에게 이를 명의신탁한 것으로 인정할 수 있다(대법원 1995.2.3. 선고 94다42778 판결, 2000.12.12. 선고 2000다45723 판결 등 참조). 한편, 부동산의 명의수탁자가 신탁행위에 기한 반환의무의 이행으로서 신탁부동산의 소유권이전등기를 경료하는 행위는 기존채무의 이행으로서 사해행위를 구성하지 아니한다.

(대법원 2007.4.26. 선고 2006다79704 판결【사해행위취소등】[공보불게재])

6. 기타 소장 작성 관련 중요 판례, 개념 정리

(67) 당사자 간에 약정이자 또는 약정지연이자의 정함이 있는 경우라 할지라도 소송상 청구하는 경우 당사자의 일방은 소송촉진등에관한특례법 제3조 제1항의 규정에 따라 소장 등이 송달된 날 다음날부터는 대통령령으로 정하는 이율인 연 2할 5푼의 비율에 의한 지연손해금의 지급을 구할 수 있다.

(대법원 2002.10.11. 선고 2002다39807 판결【대여금】[공2002.12.1.(167),2718])

※ 소송촉진등에관한특례법 제3조 제1항 본문의 규정에 의한 법정이율은 연 2할로 한다.

부칙 〈제17981호,2003.5.29〉

이 영은 2003년 6월 1일부터 시행한다.

(소송촉진등에관한특례법 제3조 제1항 본문의법정이율에관한규정 제17981호 2003.05.29 전문개정)

(68) 소의 주관적 예비적 병합

<판시사항>

[1] 민사소송법 제70조에 정한 예비적·선택적 공동소송의 요건

[2] 당사자능력이 있는 단체의 대표자 또는 구성원 개인뿐 아니라 그가 소속된 단체를 공동피고로 하여 그 대표자 또는 구성원의 지위에

관한 확인소송이 제기된 경우가 민사소송법 제70조 제 1 항 소정의 각 청구가 서로 법률상 양립할 수 없는 관계에 해당하는지 여부(적극)

[3] 아파트 입주자대표회의 구성원 개인을 피고로 삼아 제기한 동대표 지위 부존재확인의 소의 계속중에 아파트 입주자대표회의를 피고로 추가하는 주관적 · 예비적 추가가 허용된다고 한 사례

<결정요지>

[1] 민사소송법 제70조 제 1 항에 있어서 '법률상 양립할 수 없다'는 것은, 동일한 사실관계에 대한 법률적인 평가를 달리하여 두 청구 중 어느 한 쪽에 대한 법률효과가 인정되면 다른 쪽에 대한 법률효과가 부정됨으로써 두 청구가 모두 인용될 수는 없는 관계에 있는 경우나, 당사자들 사이의 사실관계 여하에 의하여 또는 청구원인을 구성하는 택일적 사실인정에 의하여 어느 일방의 법률효과를 긍정하거나 부정하고 이로써 다른 일방의 법률효과를 부정하거나 긍정하는 반대의 결과가 되는 경우로서, 두 청구들 사이에서 한 쪽 청구에 대한 판단 이유가 다른 쪽 청구에 대한 판단 이유에 영향을 주어 각 청구에 대한 판단 과정이 필연적으로 상호 결합되어 있는 관계를 의미하며, 실체법적으로 서로 양립할 수 없는 경우뿐 아니라 소송법상으로 서로 양립할 수 없는 경우를 포함하는 것으로 봄이 상당하다.

[2] 법인 또는 비법인 등 당사자능력이 있는 단체의 대표자 또는 구성원의 지위에 관한 확인소송에서 그 대표자 또는 구성원 개인뿐 아니라 그가 소속된 단체를 공동피고로 하여 소가 제기된 경우에 있어서는, 누가 피고적격을 가지는지에 관한 법률적 평가에 따라 어느 한 쪽에 대한 청구는 부적법하고 다른 쪽의 청구만이 적법하게 될 수 있으므로 이는 민사소송법 제70조 제 1 항 소정의 예비적 · 선택적 공동소송의 요건인 각 청구가 서로 법률상 양립할 수 없는 관계에 해당한다.

[3] 아파트 입주자대표회의 구성원 개인을 피고로 삼아 제기한 동대표 지위 부존재확인의 소의 계속중에 아파트 입주자대표회의를 피고로 추가하는 주관적 · 예비적 추가가 허용된다고 한 사례

(대법원 2007.6.26. 자 2007마515 결정 【피고추가불허결정에대한재항고】 [공2007.8.1.(279),1133])

➡ 추심명령과 전부명령의 차이점

- 금전채권인 채무명의(집행권원)에 기초하여 금전채권이라는 재산에 대한 강제집행이라는 점에 있어서는 같다.
- 추심명령은 채무자가 제 3 채무자에 대하여 가지는 채권을 대위절차를 요하지 않고 채권자가 직접 이를 청구하는 권리를 채권자에게 부여하는 집행법원의 명령을 말하며,
- 전부명령은 채무자가 제 3 채무자에 대하여 가지는 채권을 지급에 갈음하여 압류 채권자에게 이전하게 하는 재판을 말한다.

① 채권이라는 권리의 이전

추심명령은 제 3 채무자에 대한 채권은 여전히 채무자의 권리로 남아있지만, 전부명령은 제 3 채무자에 대한 채권은 채권자의 권리가 되고 채무자는 채권관계에서 해방된다.

② 제 3 채무자가 무자력일 경우

추심명령은 채권자는 채무자의 다른 재산에 강제집행을 할 수 있지만, 전부명령은 채권자는 제 3 채무자의 채권액 한도에서 채무자에 대한 권리를 상실한다.

③ 제 3 채무자의 다른 채권자

추심명령은 채권자가 추심을 완료할 때까지는 다른 채권자는 자기 채권을 주장하면서 압류나 배당요구를 할 수 있지만, 전부명령은 제 3 채무자의 채권이 채권양도와 마찬가지로 채권자에게 이전되므로 다른 채권자는 압류나 배당요구를 할 수 없다. 따라서 채권자는 제 3 채무자의 재력을 확인하여 재력이 있는 경우에는 채권압류와 전부명령신청을 하는 것이 유리하며, 제 3 채무자의 재력이 없다면 추심명령으로 추심을 해보고 채권변제가 되지 않으면 다시 채무자의 다른 재산에 강제집행을 할 수 있다.

④ 제 3 채무자가 불이행하는 경우 제 3 채무자를 피고로 전부금, 추심금 청구의 소를 제기한다.

➡ 요건사실, 청구원인 사실, 입증책임 등

① 요건사실(주요사실)은 (사회적, 역사적 사실 중) 법률효과를 발생시키는 실체법상의 구성요건 해당(구체적) 사실이다. 법원의 심판 대상은 변론에서 주장한 주요사실만을 대상으로 한다.

※ 당사자가 변론에서 주장한 주요사실만이 심판의 대상이 되는 것으로서 여기서 주요 사실이라 함은 법률효과를 발생시키는 실체법상의 구성요건 해당사실을 말한다.

(대법원 1983.12.13. 선고 83다카1489 전원합의체 판결【매매대금반환】[집31(6)민,80;공1984.2.1.(721) 168])

② 요건사실은 정신작용을 요소로 하는 '용태'와 그렇지 아니한 '사건'으로 분류할 수 있다. 매매계약을 예로 들면, 청약, 승낙 의사표시는 외부적 용태이고, 계약해제사실의 지, 부지는 내부적 용태이며, 권리의 시효소멸은 사건이다.

③ 입증책임은 주장책임과 같고, 주장책임은 변론주의를 투과한 입증책임을 이르는 말이다. 각 당사자는 법률효과가 자기에게 유리한 규정의 요건사실에 대하여 주장, 입증책임을 진다.(통설 — 법률요건 분류설)

④ 실체법상의 법률효과 규정 분류

1) 원고주장 — 권리발생사실(청구원인사실)

2) 피고항변 — 권리장애사실(무효, 취소, 해제)
권리행사저지사실(기한, 동시이행항변권)
권리소멸사실(변제, 시효소멸, 상계)

3) 원고재항변 — 항변 요건사실의 법률효과를 다시 장애, 저지, 멸각시키는 사실

※ 위 각 사실에 대한 주장, 입증책임은 본증(법관으로 하여금 요증사실의 존재를 확신케 할 만한 정도의 입증)이다.

※ 판례 특이점
공서양속위반은 권리장애 사실로서 당사자에게 주장, 입증책임이 있으나, 신의칙위반, 권리남용, 과실상계(채무불이행과 불법행위로 인한 손해배상의 경우 — 396조, 763조)는 당사자의 주장, 입증을 필요로 하지

않고 법원이 직권 판단한다.

⑤ 입증책임의 전환 — 법률상 추정

1) 법률상 추정 — 법률상 사실추정은 민법 30조 동시사망의 추정, 198조 점유계속의 추정 등이 있고, 법률상 권리추정에는 민법 209조 점유자의 권리적법추정, 262조 공유지분의 균등추정, 판례가 인정하는 등기의 추정력 등이 있다. 입증책임의 전환이 일어나고, 법률상 추정의 복멸을 위해서는 반대사실의 증명이 필요하며, 이는 본증(법관 확신)으로서 반증이 아니다.

2) 사실상 추정(일응의 추정) — 요건사실의 존재를 간접사실로부터 경험칙에 의하여 추인하는 입증기술이며 주장, 입증책임의 전환이 일어나지 않는다. 사실상 추정의 복멸은 간접반증에 의한다.

※ 간접반증 — 요건사실 추정의 전제사실과 양립되는 별개의 간접사실을 증명하여 추정을 방해하는 입증으로서, 법관의 확신을 요하며 주요사실에 대한 반증이자 간접사실에 대한 본증이다.

⑥ 본증과 반증

1) 본증 — 자기에게 증명책임 있는 사실의 증명을 위한 제출 증거 — 법관의 요증사실 존재 확신 필요

2) 반증 — 상대방의 증명책임 있는 사실을 부정하기 위한 제출 증거 — 법관의 요증사실이 존재 의심(zweifel)으로 족함

⑦ 반 증

1) 직접반증 — 전제사실을 직접 부정하기 위한 증명활동

2) 간접반증 — 요건사실 추정의 전제사실과 양립되는 별개의 간접사실을 증명하여 일응의 추정을 방해('특단의 사정'의 입증은 전형적 사태진행의 예외적 사실의 입증을 의미한다)

➡ 가집행 선고

① 필요성 — 원고 신속한 권리실현, 피고 상소남용 억제, 제 1 심 집중심리

② 재산권 청구에 관한 이행판결에는 가집행선고를 붙이고, 확인판결, 형성판결, 등기절차 이행판결, 사해행위 취소판결에는 가집행선고를 붙이지

않는다.

③ 그 이유는, 판결에 의한 이행의무를 강제집행절차에 의하여 실현할 수 있는 통상의 집행력(좁은 의미의 집행력)은 이행판결에 인정되고, 확인, 형성판결에서는 그 의미가 거의 없으며, 등기절차 이행판결은 민사집행법 263조에 의하여, 사해행위 취소청구의 가액배상 판결은 그 이행기가 취소판결 확정 후이므로(대법원 2000다3583 판결) 그러하다.

④ 실무상 당사자가 변론종결 전에 가집행면제선고(가집행해방선고) 신청례는 드물다. 오히려 가집행선고 후 피고가 강제집행정지 신청을 내는 경우가 많다.

예) 가집행(본집행과 동일) – 피고의 변제-집행정지 신청 – 2개월 경과 – 집행속행 – 청구이의의 소 제기(잠정처분 신청 – 속행정지)

제 3 장 신탁법 제 7 조, 채권양도금지특약 등 관련 소송사건

—제 3 편 모의시험 관련 연구

(69) 소송행위를 하게 하는 것을 주목적으로 채권양도 등이 이루어진 경우 신탁법 제 7 조가 유추 적용되므로 무효

<판결요지>

소송행위를 하게 하는 것을 주목적으로 채권양도 등이 이루어진 경우, 그 채권양도가 신탁법상의 신탁에 해당하지 않는다고 하여도 신탁법 제 7 조가 유추적용되므로 무효라고 할 것이고, 소송행위를 하게 하는 것이 주목적인지의 여부는 채권양도계약이 체결된 경위와 방식, 양도계약이 이루어진 후 제소에 이르기까지의 시간적 간격, 양도인과 양수인간의 신분관계 등 제반 상황에 비추어 판단하여야 한다.

(대법원 2004.3.25. 선고 2003다20909,20916 판결【양수금】[공2004.5.1.(201),693])

(69-1) 장래 채권의 양도 요건

<판결요지>

장래의 채권도 양도 당시 기본적 채권관계가 어느 정도 확정되어 있어 그 권리의 특정이 가능하고 가까운 장래에 발생할 것임이 상당 정도 기대되는 경우에는 이를 양도할 수 있다.

(대법원 1996.7.30. 선고 95다7932 판결【물품대금등】[공1996.9.15.(18),2621])

➡ 하도급거래 공정화에 관한 법률

제14조(하도급대금의 직접 지급)

① 발주자는 다음 각 호의 어느 하나에 해당하는 사유가 발생한 때에는 수급사업자가 제조 · 수리 · 시공 또는 용역수행을 한 부분에 상당하는 하도급대금을 그 수급사업자에게 직접 지급하여야 한다.

1. 원사업자의 지급정지 · 파산, 그 밖에 이와 유사한 사유가 있거나 사업에 관한 허가 · 인가 · 면허 · 등록 등이 취소되어 원사업자가 하도급대금을 지급할 수 없게 된 경우로서 수급사업자가 하도급대금의 직접 지급을 요청한 때
2. 발주자가 하도급대금을 직접 수급사업자에게 지급하기로 발주자 · 원사업자 및 수급사업자 간에 합의한 때
3. 원사업자가 제13조 제 1 항 또는 제 3 항에 따라 지급하여야 하는 하도급대금의 2회분 이상을 해당 수급사업자에게 지급하지 아니한 경우로서 수급사업자가 하도급대금의 직접 지급을 요청한 때
4. 원사업자가 제13조의2 제 1 항에 따른 하도급대금 지급보증 의무를 이행하지 아니한 경우로서 수급사업자가 하도급대금의 직접 지급을 요청한 때

② 제 1 항에 따른 사유가 발생한 경우 원사업자에 대한 발주자의 대금 지급채무와 수급사업자에 대한 원사업자의 하도급대금 지급채무는 그 범위에서 소멸한 것으로 본다.

③ 원사업자가 발주자에게 해당 하도급 계약과 관련된 수급사업자의 임금, 자재대금 등의 지급 지체 사실을 입증할 수 있는 서류를 첨부하여 해당 하도급대금의 직접 지급 중지를 요청한 경우, 발주자는 제 1 항에도 불구하고 그 하도급대금을 직접 지급하지 아니할 수 있다.

④ 제 1 항에 따라 발주자가 해당 수급사업자에게 하도급대금을 직접 지급할 때에 발주자가 원사업자에게 이미 지급한 하도급금액은 빼고 지급한다.

⑤ 제 1 항에 따라 수급사업자가 발주자로부터 하도급대금을 직접 받기 위하여 기성부분의 확인 등이 필요한 경우 원사업자는 지체 없이 이

에 필요한 조치를 이행하여야 한다.

⑥ 제 1 항에 따라 하도급대금을 직접 지급하는 경우의 지급 방법 및 절차 등에 관하여 필요한 사항은 대통령령으로 정한다.

(하도급거래 공정화에 관한 법률 제10303호 2010.05.17 타법개정)

(70) 발주자가 수급인 등에 대하여 공사대금지급채무를 부담하지 않고 있음에도 이를 부담하고 있는 것으로 잘못 알고 위 규정들에 의하여 하도급대금을 직접 하수급인 등에게 지급한 경우, 하수급인의 법률상 원인 존부 여하

<판결요지>

발주자가 수급인 등에 대하여 공사대금지급채무를 부담하지 않고 있음에도 이를 부담하고 있는 것으로 잘못 알고 위 규정들에 의하여 하도급대금을 직접 하수급인 등에게 지급하였다고 하더라도, 하수급인 등이 발주자로부터 하도급대금을 지급받은 것은 수급인 등과의 하도급계약에 의한 것이어서 이를 법률상 원인 없이 하도급대금을 수령한 것이라고 볼 수 없으므로 발주자는 수급인 등에 대하여 부당이득반환청구를 할 수 있을 뿐 하수급인 등을 상대로 부당이득반환청구를 할 수는 없다.

(대법원 2008.6.26. 선고 2006다63884 판결 【부당이득금반환】 [공보불게재])

(71) 하도급공사를 시행하기도 전에 발주자 · 원사업사 및 수급사업자의 3자 간 직접 지불 합의가 먼저 이루어진 경우 그 합의 속에 아직 시공하지도 않은 부분에 상당하는 하도급대금의 직접 지급요청 의사표시가 미리 포함되어 있다고 볼 수 없다.

<판결요지>

[1] 구 하도급거래 공정화에 관한 법률(2007. 7. 19. 법률 제8359호로 개정되기 전의 것) 제14조 제 1 항의 문언상 발주자 · 원사업자 및 수급사업자의 3자 간에 하도급대금의 직접 지불이 합의된 경우라도 수급사업자가 하도급계약에 따른 공사를 시행하고 발주자에게 그 시공한 분에 상당하는 하도급대금의 직접 지급을 요청한 때에 비로소 수급사업자의 발주자에 대한 직접 지급청구권이 발생함과 아울러 발주

자의 원사업자에 대한 대금지급채무가 하도급대금의 범위 안에서 소멸하는 것으로 해석하여야 하므로, 이와 달리 수급사업자의 하도급공사 시행 및 발주자에 대한 시공한 분에 상당한 하도급대금의 직접 지급요청이 있기도 전에 3자 간 직불합의만으로 즉시 발주자의 원사업자에 대한 대금지급채무가 하도급대금의 범위 안에서 소멸한다고 볼 수는 없다.

[2] 수급사업자가 하도급공사를 시행하기도 전에 발주자·원사업자 및 수급사업자의 3자 간 직접 지불 합의가 먼저 이루어진 경우 그 합의 속에 아직 시공하지도 않은 부분에 상당하는 하도급대금의 직접 지급요청 의사표시가 미리 포함되어 있다고 볼 수 없다.

(대법원 2007.11.29. 선고 2007다50717 판결【공사대금】[공2007하,2028])

(72) 기존 채무의 변제조로 약속어음 또는 당좌수표를 교부한 경우, 당사자가 기존채무를 소멸시키기로 하는 특약을 하지 않는 한 위 교부만에 의하여는 기존채무가 소멸하지 아니하고, 위 약속어음 또는 당좌수표가 결제되었을 때 비로소 기존채무가 소멸한다.

(대법원 1998.12.9. 선고 98도3282 판결)

(73) 채권자취소권의 대상이 되는 채권자를 해하는 행위라 함은 재산권을 목적으로 한 법률행위로서 그로 인하여 채무자의 소극재산이 적극재산을 초과하게 되거나 채무초과상태가 더 나빠지게 하는 행위를 뜻하고, 따라서 채무자가 이전부터 있는 채무의 변제를 위하여 약속어음을 발행하는 행위는 소극재산을 증가시키는 행위가 아니므로 그것만으로는 다른 채권자를 해하는 행위라고 보기 어렵다.

(대법원 2002.8.27. 선고 2002다27903 판결【구상금등】[공2002.10.15.(164),2299])

(74) 어음상의 주채무자가 원인관계상의 채무자와 동일하지 아니한 때에는 제 3 자인 어음상의 주채무자에 의한 지급이 예정되어 있으므로 이는 '지급을 위하여' 교부된 것으로 추정되지만, '지급에 갈음하여' 교부된 것으로 볼 만한 특별한 사정이 있는 경우에는 그러한 추정은 깨진다.

<판시사항>

[1] 기존 채무의 이행에 관하여 채무자가 채권자에게 어음을 교부하였는데 그 어음상의 주채무자가 원인관계상의 채무자와 동일하지 않은 경우, 그 어음이 기존 원인채무의 '지급을 위하여' 교부된 것으로 추정되는지 여부(원칙적 적극)

[2] 식품 제조 공장에 관한 매매계약에서 매수인이 매도인에게 제 3 자가 발행한 약속어음을 교부한 것이 매매대금의 '지급에 갈음하여' 이루어진 것이라고 볼 여지가 많음에도, 이를 매매대금의 '지급을 위하여' 이루어진 것이라고 보아 위 어음 교부로 매매대금 채무가 소멸하지 않았다고 판단한 원심판결을 파기한 사례

<판결요지>

[1] 기존 채무의 이행에 관하여 채무자가 채권자에게 어음을 교부할 때의 당사자의 의사는 기존 원인채무의 '지급에 갈음하여', 즉 기존 원인채무를 소멸시키고 새로운 어음채무만을 존속시키려고 하는 경우와, 기존 원인채무를 존속시키면서 그에 대한 지급방법으로서 이른바 '지급을 위하여' 교부하는 경우 및 단지 기존 채무의 지급 담보의 목적으로 이루어지는 이른바 '담보를 위하여' 교부하는 경우로 나누어 볼 수 있는데, 어음상의 주채무자가 원인관계상의 채무자와 동일하지 아니한 때에는 제 3 자인 어음상의 주채무자에 의한 지급이 예정되어 있으므로 이는 '지급을 위하여' 교부된 것으로 추정되지만, '지급에 갈음하여' 교부된 것으로 볼 만한 특별한 사정이 있는 경우에는 그러한 추정은 깨진다.

[2] 식품 제조 공장에 관한 매매계약에서 매수인이 매도인에게 제3자가 발행한 약속어음을 교부한 것이 매매대금의 '지급에 갈음하여' 이루어진 것이라고 볼 여지가 많음에도, 이를 매매대금의 '지급을 위하여' 이루어진 것이라고 보아 위 어음 교부로 매매대금 채무가 소멸하지 않았다고 판단한 원심판결을 파기한 사례

(대법원 2010.12.23. 선고 2010다44019 판결【매매대금】[공2011상,216])

(75) 채권 이중양도 배임죄 성립 여부

<판결요지>

금융기관으로부터 대출을 받을 때 담보로 양도한 채권을 그 후 채무자에 대한 통지나 승낙 등 채권양도에 관한 대항요건을 갖추도록 협력하여 주지 아니하고 임의로 타인에게 양도하였다는 이유로 배임죄로 기소된 사안에서, 유력한 물적 증거인 채권양도계약서가 여러 가지 정황으로 보아 유효하게 성립되었음을 인정하기에 부족하다는 이유로 무죄를 선고한 원심판결을 유지한 사례.

(대전고법 2002.8.23. 선고 2001노745 판결)

(76) 독립당사자참가 중 사해방지참가를 하기 위한 요건 등

<판시사항>

[1] 독립당사자참가 중 사해방지참가를 하기 위한 요건

[2] 사해방지참가신청이 그 요건을 갖추지 못하여 부적법하다고 한 사례

<판결요지>

[1] 독립당사자참가 중 사해방지참가를 하기 위하여는 본소의 원고와 피고가 당해 소송을 통하여 제3자를 해할 의사를 갖고 있다고 객관적으로 인정되고 그 소송의 결과 제3자의 권리 또는 법률상의 지위가 침해될 우려가 있다고 인정되어야 한다.

[2] 사해방지참가의 취지 및 이유가 원고가 소유권이전등기를 구하는 건물은 이미 철거되어 존재하지 아니하고 같은 지상의 현존건물은 참가인이 신축하여 원시취득한 것인데 원고와 피고가 통모하여 위 현존건물에 관하여 원고 명의로 소유권보존등기를 마친 다음 부당한 이익을 얻으려 하므로 원고와 피고에 대하여 위 현존건물이 참가인의 소유라는 확인을 구한다는 것인 경우, 그 참가신청이 사해방지참가의 요건을 갖추지 못하여 부적법하다고 판단한 사례

(대법원 2003.6.13. 선고 2002다694,700 판결【소유권이전등기 · 독립당사자참가소】[공2003.7.15.(182),1524])

(77) 채권양수인과 동일 채권에 대하여 가압류명령을 집행한 자 사이의 우열결정기준 등

<판시사항>

가. 채권양수인과 동일 채권에 대하여 가압류명령을 집행한 자 사이의 우열결정기준

나. 채권양도 통지와 가압류결정 정본이 채무자에게 동시에 도달된 경우 채권양수인 또는 가압류채권자의 이행청구 가부 및 양자 사이의 정산의무 유무

다. 채권양도 통지와 가압류결정 정본을 동시에 송달받은 채무자의 변제공탁 가부

라. 채권양도 통지와 가압류결정 정본이 같은 날 도달된 경우 동시 도달 추정 여부

<판결요지>

가. 채권이 이중으로 양도된 경우의 양수인 상호간의 우열은 통지 또는 승낙에 붙여진 확정일자의 선후에 의하여 결정할 것이 아니라, 채권양도에 대한 채무자의 인식, 즉 확정일자 있는 양도통지가 채무자에게 도달한 일시 또는 확정일자 있는 승낙의 일시의 선후에 의하여 결정하여야 할 것이고, 이러한 법리는 채권양수인과 동일 채권에 대하여 가압류명령을 집행한 자 사이의 우열을 결정하는 경우에 있어서도 마찬가지이므로, 확정일자 있는 채권양도 통지와 가압류결정 정본의 제 3 채무자(채권양도의 경우는 채무자)에 대한 도달의 선후에 의하여 그 우열을 결정하여야 한다.

나. 채권양도 통지, 가압류 또는 압류명령 등이 제 3 채무자에 동시에 송달되어 그들 상호간에 우열이 없는 경우에도 그 채권양수인, 가압류 또는 압류채권자는 모두 제 3 채무자에 대하여 완전한 대항력을 갖추었다고 할 것이므로, 그 전액에 대하여 채권양수금, 압류전부금 또는 추심금의 이행청구를 하고 적법하게 이를 변제받을 수 있고, 제 3 채무자로서는 이들 중 누구에게라도 그 채무 전액을 변제하면 다른 채권자에 대한 관계에서도 유효하게 면책되는 것이며, 만약 양

수채권액과 가압류 또는 압류된 채권액의 합계액이 제 3 채무자에 대한 채권액을 초과할 때에는 그들 상호간에는 법률상의 지위가 대등하므로 공평의 원칙상 각 채권액에 안분하여 이를 내부적으로 다시 정산할 의무가 있다.

다. 채권양도의 통지와 가압류 또는 압류명령이 제 3 채무자에게 동시에 송달되었다고 인정되어 채무자가 채권양수인 및 추심명령이나 전부명령을 얻은 가압류 또는 압류채권자 중 한 사람이 제기한 급부소송에서 전액 패소한 이후에도 다른 채권자가 그 송달의 선후에 관하여 다시 문제를 제기하는 경우 기판력의 이론상 제3채무자는 이중지급의 위험이 있을 수 있으므로, 동시에 송달된 경우에도 제3채무자는 송달의 선후가 불명한 경우에 준하여 채권자를 알 수 없다는 이유로 변제공탁을 함으로써 법률관계의 불안으로부터 벗어날 수 있다.

라. 채권양도 통지와 채권가압류결정 정본이 같은 날 도달되었는데 그 선후관계에 대하여 달리 입증이 없으면 동시에 도달된 것으로 추정한다.

(대법원 1994.4.26. 선고 93다24223 전원합의체 판결【양수금】[집42(1)민,303;공1994.6.1.(969),1459])

(78) 채권양도금지특약으로 대항할 수 있는 제 3 자의 범위(=악의 또는 중과실 있는 제 3 자) 및 제 3 자의 악의 또는 중과실에 대한 입증책임의 소재(=채권양도금지특약으로 채권양수인에게 대항하려는 자)

<판결요지>

채무자는 제 3 자가 채권자로부터 채권을 양수한 경우 채권양도금지 특약의 존재를 알고 있는 양수인이나 그 특약의 존재를 알지 못함에 중대한 과실이 있는 양수인에게 그 특약으로써 대항할 수 있고(대법원 1996.6.28. 선고 96다18281 판결 참조), 여기서 말하는 중과실이란 통상인에게 요구되는 정도의 상당한 주의를 하지 않더라도 약간의 주의를 한다면 손쉽게 그 특약의 존재를 알 수 있음에도 불구하고 그러한 주의조차 기울이지 아니하여 특약의 존재를 알지 못한 것을 말하며, 제 3 자의 악의 내지 중과실은 채권양도 금지

의 특약으로 양수인에게 대항하려는 자가 이를 주장·입증하여야 한다(대법원 1999.12.28. 선고 99다8834 판결 참조).

(대법원 2003.1.24. 선고 2000다5336,5343 판결【채무부존재확인·양수금】[공2003.3.15.(174),677])

(79) 채권 양수인이 양도금지 특약의 존재를 알지 못한 데 대한 중과실이 있는 경우, 채권양도의 효력(소극)

<판결요지>

민법 제449조 제 2 항이 채권양도 금지의 특약은 선의의 제3자에게 대항할 수 없다고만 규정하고 있어서 그 문언상 제 3 자의 과실의 유무를 문제삼고 있지는 아니하지만, 제 3 자의 중대한 과실은 악의와 같이 취급되어야 하므로, 양도금지 특약의 존재를 알지 못하고 채권을 양수한 경우에 있어서 그 알지 못함에 중대한 과실이 있는 때에는 악의의 양수인과 같이 양도에 의한 채권을 취득할 수 없다고 해석하는 것이 상당하다.

(대법원 1996.6.28. 선고 96다18281 판결【양수금】[집44(1)민,665;공1996.8.15.(16),2364])

(80) 배임행위에 제 3 자가 적극 가담한 경우, 제 3 자에 대한 양도행위의 효력(무효) 등

<판시사항>

[1] 주권발행 전 주식의 양도인이 회사에 대한 양도통지 전에 제 3 자에게 주식을 이중으로 양도한 후 확정일자 있는 양도통지를 하는 등 대항요건을 갖추어 주어 양수인이 그 제 3 자에게 대항할 수 없게 되었고, 이러한 배임행위에 제 3 자가 적극 가담한 경우, 제3자에 대한 양도행위의 효력(무효)

[2] 주주명부에 기재된 명의상 주주의 지위 및 주권발행 전 주식의 이중양수인들 사이의 우열관계를 결정하는 기준

[3] 확정일자 없는 증서에 의한 양도통지나 승낙 후에 그 증서의 사본에 확정일자를 갖춘 경우, 확정일자 이후에는 제 3 자에 대한 대항력을 취득하는지 여부(적극)

<판결요지>

[1] 주권발행 전 주식의 양도는 당사자의 의사표시만으로 효력이 발생하고, 주권발행 전 주식을 양수한 사람은 특별한 사정이 없는 한 양도인의 협력을 받을 필요 없이 단독으로 자신이 주식을 양수한 사실을 증명함으로써 회사에 대하여 그 명의개서를 청구할 수 있지만, 회사 이외의 제 3 자에 대하여 양도 사실을 대항하기 위하여는 지명채권의 양도에 준하여 확정일자 있는 증서에 의한 양도통지 또는 승낙을 갖추어야 한다는 점을 고려할 때, 양도인은 회사에 그와 같은 양도통지를 함으로써 양수인으로 하여금 제 3 자에 대한 대항요건을 갖출 수 있도록 해 줄 의무를 부담한다. 따라서 양도인이 그러한 채권양도의 통지를 하기 전에 제 3 자에게 이중으로 양도하고 회사에게 확정일자 있는 양도통지를 하는 등 대항요건을 갖추어 줌으로써 양수인이 그 제 3 자에게 대항할 수 없게 되었고, 이러한 양도인의 배임행위에 제 3 자가 적극 가담한 경우라면, 제 3 자에 대한 양도행위는 사회질서에 반하는 법률행위로서 무효이다.

[2] 주주명부에 기재된 명의상의 주주는 회사에 대한 관계에 자신의 실질적 권리를 증명하지 않아도 주주의 권리를 행사할 수 있는 자격수여적 효력을 인정받을 뿐이지 주주명부의 기재에 의하여 창설적 효력을 인정받는 것은 아니므로, 실질상 주식을 취득하지 못한 사람이 명의개서를 받았다고 하여 주주의 권리를 행사할 수 있는 것이 아니다. 따라서 주권발행 전 주식의 이중양도가 문제되는 경우, 그 이중양수인 중 일부에 대하여 이미 명의개서가 경료되었는지 여부를 불문하고 누가 우선순위자로서 권리취득자인지를 가려야 하고, 이 때 이중양수인 상호간의 우열은 지명채권 이중양도의 경우에 준하여 확정일자 있는 양도통지가 회사에 도달한 일시 또는 확정일자 있는 승낙의 일시의 선후에 의하여 결정하는 것이 원칙이다.

[3] 양도통지가 확정일자 없는 증서에 의하여 이루어짐으로써 제 3 자에 대한 대항력을 갖추지 못하였더라도 확정일자 없는 증서에 의한 양도통지나 승낙 후에 그 증서에 확정일자를 얻은 경우 그 일자 이후

에는 제 3 자에 대한 대항력을 취득하는 것인바, 확정일자 제도의 취지에 비추어 볼 때 원본이 아닌 사본에 확정일자를 갖추었다 하더라도 대항력의 판단에 있어서는 아무런 차이가 없다.

(대법원 2006.9.14. 선고 2005다45537 판결【주주명부명의개서이행】[공2006.10.15.(260),1726])

(81) 지명채권양도의 제 3 자에 대한 대항요건을 규정한 민법 제450조 제 2 항의 적용범위 및 양도된 채권이 이미 변제 등으로 소멸한 후 그 채권에 관한 채권압류 및 추심명령이 송달된 경우, 그 채권압류 및 추심명령의 효력(=무효)

<판결요지>

민법 제450조 제 2 항 소정의 지명채권양도의 제 3 자에 대한 대항요건은 양도된 채권이 존속하는 동안에 그 채권에 관하여 양수인의 지위와 양립할 수 없는 법률상의 지위를 취득한 제 3 자가 있는 경우에 적용되는 것이므로, 양도된 채권이 이미 변제 등으로 소멸한 경우에는 그 후에 그 채권에 관한 채권압류 및 추심명령이 송달되더라도 그 채권압류 및 추심명령은 존재하지 아니하는 채권에 대한 것으로서 무효이고, 위와 같은 대항요건의 문제는 발생될 여지가 없다.

(대법원 2003.10.24. 선고 2003다37426 판결【추심금】[공2003.12.1.(191),2254])

➡ 채권양도가 사해행위에 해당하는 경우 — 주문례 및 중요 판례

(81-1) 사해행위의 취소에 따른 원상회복에서 사해행위의 목적물이 동산이고 현물반환이 가능한 경우, 채권자가 직접 자기에게 그 목적물의 인도를 청구할 수 있는지 여부(적극)

<판결요지>

민법 제406조에 의한 사해행위의 취소에 따른 원상회복은 원칙적으로 그 목적물 자체의 반환에 의하여야 하는바, 이 때 사해행위의 목적물이 동산이고 그 현물반환이 가능한 경우에는 취소채권자는 직접 자기에게 그 목적물의 인도를 청구할 수 있다.

(대법원 1999.8.24. 선고 99다23468,23475 판결【명의개서등 · 사해행위취소등】[공

1999.10.1.(91),1950])

(81-2) 취소채권자로서는 수익자나 전득자에 대하여 직접 자신에게 금전이나 동산을 지급할 것을 청구할 수 있다 할 것

<판결요지>

사해행위에 해당하는 채권양도가 채권자에 의하여 취소되기 전에 이미 채권양수인인 수익자 등이 제 3 채무자로부터 그 채권을 변제받는 등으로 양도채권이 소멸된 경우에는, 채권자는 원상회복의 방법으로 수익자 등을 상대로 그 채권양도의 취소와 함께 변제로 수령한 금전의 지급을 가액배상의 방법으로 청구할 수 있으며(대법원 2002.10.25. 선고 2002다42711 판결 참조), 또한, 취소채권자로서는 수익자나 전득자에 대하여 직접 자신에게 금전이나 동산을 지급할 것을 청구할 수 있다 할 것이다(대법원 1999.8.24. 선고 99다23468, 23475 판결 등 참조).

(대법원 2003.11.28. 선고 2003다50061 판결【대여금등】[공보불게재])

(81-3) 수익자가 사해행위로 취득한 근저당권에 기해 경매절차에서 배당에 참가하여 배당표는 확정되었으나 아직 배당금이 현실적으로 지급되지 않은 경우, 채권자취소권의 행사에 따른 원상회복의 방법

<판결요지>

수익자가 경매절차에서 채무자와의 사해행위로 취득한 근저당권에 기하여 배당에 참가하여 배당표는 확정되었으나 채권자의 배당금 지급금지가처분으로 인하여 배당금을 현실적으로 지급받지 못한 경우, 채권자취소권의 행사에 따른 원상회복의 방법은 수익자에게 바로 배당금의 지급을 명할 것이 아니라 수익자가 취득한 배당금지급청구권을 채무자에게 반환하는 방법으로 이루어져야 하고, 이는 결국 배당금지급채권의 양도와 그 채권양도의 통지를 배당금지급채권의 채무자에게 하여 줄 것을 청구하는 형태가 될 것이다.

(대법원 1997.10.10. 선고 97다8687 판결【구상금등】[공1997.11.15.(46),3420])

(81-4) 채권자취소권의 행사에 따른 원상회복의 방법 등

<판시사항>

[1] 채무초과의 상태에 빠져 있는 채무자가 허위의 약속어음을 발행하여 가공의 어음채무를 부담하는 행위의 사해행위성을 인정한 원심의 판단을 수긍한 사례

[2] 채권자취소권에 있어서의 피보전채권을 산정하는 기준시점과 그 범위

[3] 사해행위인 약속어음 발행행위 및 그에 터잡은 추심명령 또는 전부명령에 기한 배당금 또는 배당금지급채권이 수익자에게 귀속한 경우, 채권자취소권의 행사에 따른 원상회복의 방법

[4] 채권자가 채권자취소권을 행사할 때에는 원칙적으로 자신의 채권액을 초과하여 취소권을 행사할 수 없다는 이유로 취소채권자의 채권액의 범위를 넘어 약속어음 발행행위 전부를 사해행위로 취소한 원심판결을 위법하다고 보아 파기자판한 사례

<판결요지>

[1] 이미 채무초과의 상태에 빠져 있는 채무자가 허위의 약속어음을 발행하여 가공의 어음채무를 부담함으로써 소극재산을 증가시키는 행위를 한 것은 다른 채권자들에 대한 관계에서 사해행위가 된다는 원심의 판단을 수긍한 사례

[2] 채권자가 채권자취소권을 행사할 때에는 원칙적으로 자신의 채권액을 초과하여 취소권을 행사할 수 없고, 이 때 채권자의 채권액에는 사해행위 이후 사실심 변론종결시까지 발생한 이자나 지연손해금이 포함된다.

[3] 수익자가 사해행위인 약속어음 발행행위 및 그에 터잡은 추심명령 또는 전부명령에 기하여 배당에 참가하여 배당표는 확정되었으나 배당금을 현실적으로 지급받지 못함으로써 취득한 채무자의 제3채무자에 대한 피압류채권이 아직 소멸되지 아니한 경우에는 채권자취소권의 행사에 따른 원상회복의 방법은 수익자에게 바로 배당금의 지급을 명할 것이 아니라 수익자가 취득한 배당금지급청구권을 채무자에게 반환하는 방법으로 이루어져야 하고, 이는 결국 배당금

지급채권의 양도와 그 채권양도의 통지를 배당금지급채권의 채무자에게 하여 줄 것을 청구하는 형태가 될 것이며, 사해행위가 채권자에 의하여 취소되기 전에 이미 수익자 또는 전득자가 배당금을 지급받았거나 변제 등의 방법으로 피압류채권이 소멸된 경우에는, 채권자는 원상회복방법으로 수익자 또는 전득자를 상대로 배당 또는 변제로 수령한 금전의 지급을 가액배상의 방법으로 청구할 수 있다.

[4] 채권자가 채권자취소권을 행사할 때에는 원칙적으로 자신의 채권액을 초과하여 취소권을 행사할 수 없다는 이유로 취소채권자의 채권액의 범위를 넘어 약속어음 발행행위 전부를 사해행위로 취소한 원심판결을 위법하다고 보아 파기자판한 사례

(대법원 2002.10.25. 선고 2002다42711 판결【사해행위취소】[공2002.12.15.(168), 2862])

(81-5) 고의의 불법행위로 인한 손해배상채권의 양도가 사해행위에 해당하는 경우 그 손해배상채권의 채무자가 채권양도인에 대한 별도의 채권자 지위에서 채권양수인에게 채권자취소권을 행사하여 채권양도의 취소를 구함과 아울러 원상회복 방법으로 직접 자신 앞으로 가액배상의 지급을 구할 수 있는지 여부(적극)

<판결요지>

고의의 불법행위로 인한 손해배상채권의 채무자는 그 채권을 수동채권으로 한 상계로 채권자에게 대항하지 못하고(민법 제496조), 그 결과 채권이 양도된 경우에 양수인에게도 상계로 대항할 수 없게 되나(민법 제451조 제2항 참조), 채권양도가 사해행위에 해당하는 경우 불법행위로 인한 손해배상채권의 채무자가 채권양도인에 대한 별도의 채권자 지위에서 채권양수인에게 채권자취소권을 행사하여 채권양도의 취소를 구함과 아울러 취소에 따른 원상회복 방법으로 직접 자신 앞으로 가액배상의 지급을 구하는 것 자체는 민법 제496조에 반하지 않으므로 허용된다.

(대법원 2011.6.10. 선고 2011다8980,8997 판결【사해행위취소등 · 주식매수대금】[공2011하,1384])

(81-6) 채권양도가 사해행위로 취소되기 전에 채권양수인인 수익자가 제 3 채무자로부터 이미 그 채권을 일부 변제받아 양도채권이 일부 소멸한 경우, 사해행위취소로 인한 원상회복의 방법

<판결요지>

채권양도가 사해행위로 취소되기 전에 채권양수인인 수익자가 제3채무자로부터 이미 그 채권을 일부 변제받아 양도채권이 일부 소멸한 경우에는 사해행위취소로 인한 원상회복은 그 채권양도계약의 취소와 함께 취소채권자가 직접 양수인에게 그 수령한 금전의 반환을 구하는 것과 나머지 양수금채권을 채무자에게 양도하고 제 3 채무자에게 그 채권양도 통지를 하게 하는 방법으로 이루어져야 한다.

【주 문】

1. 피고와 소외 1 사이의 별지 목록 기재 임대차보증금반환채권에 관한 2005.3.9.자 채권양도양수계약은 이를 취소한다.
2. 피고는 원고에게 금 10,000,000원 및 이에 대하여 이 판결 확정일 다음날부터 다 갚는 날까지 연 5%의 비율에 의한 돈을 지급하라.
3. 피고는 소외 1에게 별지 목록 기재 채권 중 금 10,000,000원의 채권을 양도하고, 소외 2 주식회사에게 채권양도사실을 통지하라.
4. 원고의 나머지 청구를 기각한다.
5. 소송비용은 피고의 부담으로 한다.

(대구지법 2007.3.9. 선고 2006가단81001 판결:확정【사해행위취소등】[각공2007.7.10.(47),1347])

(81-7) 채권양도가 사해행위임을 이유로 취소를 하면서 채권양수인인 피고에 대하여 제 3 채무자에게 채권양도가 취소되었다는 취지의 통지를 할 것을 명한 사례

<판결요지>

채권양도가 사해행위임을 이유로 취소를 하면서 채권양수인인 피고에 대하여 제 3 채무자에게 채권양도가 취소되었다는 취지의 통지를 할 것을 명한 사례

【주 문】

1. 피고들과 주식회사 밀다식품 사이에, 별지 1. 채권목록 채무자란 기재 각 채무자에 대한 주식회사 밀다식품의 같은 목록 채무액란 기재 각 채권에 관하여 1997.12.16. 체결한 채권양도양수계약을 취소한다.
2. 피고들은 별지 1. 채권목록 채무자란 기재 각 채무자에게, 위 1.항의 채권을 양도한 행위는 사해행위로서 취소되었다는 취지의 통지를 하라.
3. 원고의 나머지 청구를 기각한다.
4. 소송비용은 피고들의 부담으로 한다.

(부산지법 1998.12.23. 선고 98가합7011 판결:확정【사해행위취소】[하집1998-2, 67])

(81-8) 채권양도행위가 사해행위인 경우의 주문례 및 사해행위 취소의 범위

<판결요지>

임차인이 임대인에 대한 임대보증금반환채권을 전차인 갑에 대한 전대보증금반환채무의 변제에 갈음하여 양도한 행위가 전차인 을에 대하여 사해행위가 되는 경우, 을의 전대보증금반환채권액이 임차인이 갑에게 양도한 임대보증금반환채권액에 미달하더라도 위 양도계약 전부를 취소한 사례

【주 문】

1. 피고와 소외 1(주소 : 서울 강남구 신사동 (이하 생략)) 사이의 별지 목록 기재 채권에 관한 1996.1.13.자 채권양도양수계약은 이를 취소한다.
2. 피고는 소외 2(주소 : 서울 성북구 돈암동 (상세주소 생략))에게 별지 목록 기재 채권에 관한 제 1 항 기재 채권양도양수계약이 취소되었다는 취지의 통지를 하라.
3. 소송비용은 피고의 부담으로 한다.

(서울지법 동부지원 1997.12.5. 선고 97가합1516 판결 : 확정【채권양도통지】[하집1997-2, 37])

제4장 물품대금 등 청구 소송

1. 매매대금에 대한 지연손해금을 함께 청구하는 경우의 요건사실

① 매매계약의 체결

② 대금지급기한의 도래

③ 목적물의 인도

2. 중요 판례, 동시이행항변권 등

(82) 가압류의 집행보전의 효력이 존속하는 동안 가압류에 의한 시효중단의 효력이 계속되는지 여부(적극) 등

<판시사항>

[1] 가압류의 집행보전의 효력이 존속하는 동안 가압류에 의한 시효중단의 효력이 계속되는지 여부(적극)

[2] 가압류의 피보전채권에 관하여 본안의 승소판결이 확정된 경우, 가압류에 의한 시효중단의 효력이 소멸되는지 여부(소극)

<판결요지>

[1] 민법 제168조에서 가압류를 시효중단사유로 정하고 있는 것은 가압류에 의하여 채권자가 권리를 행사하였다고 할 수 있기 때문인데 가압류에 의한 집행보전의 효력이 존속하는 동안은 가압류채권자에 의한 권리행사가 계속되고 있다고 보아야 할 것이므로 가압류에 의한 시효중단의 효력은 가압류의 집행보전의 효력이 존속하는 동안

은 계속된다.

[2] 민법 제168조에서 가압류와 재판상의 청구를 별도의 시효중단사유로 규정하고 있는데 비추어 보면, 가압류의 피보전채권에 관하여 본안의 승소판결이 확정되었다고 하더라도 가압류에 의한 시효중단의 효력이 이에 흡수되어 소멸된다고 할 수 없다.

(대법원 2000.4.25. 선고 2000다11102 판결【가압류결정취소】[집48(1)민,149;공2000.6.15.(108),1290])

(83) 채권가압류 후에 채무자가 제3채무자를 상대로 그 이행의 소를 제기할 수 있는지 여부(적극) 등

<판시사항>

[1] 채권양도를 받았으나 확정일자 있는 양도통지나 승낙에 의한 대항요건을 갖추지 아니하는 사이에 양도된 채권이 가압류된 경우, 그 채권양도의 효력

[2] 채권가압류 후에 채무자가 제3채무자를 상대로 그 이행의 소를 제기할 수 있는지 여부(적극)

[3] 채권가압류결정의 채권자가 본안소송에서 승소하는 등으로 채무명의를 취득하는 경우, 그 가압류에 의하여 권리가 제한된 상태의 채권을 양수받는 양수인에 대한 채권양도의 효력(무효)

<판결요지>

[1] 채권양도는 구 채권자인 양도인과 신 채권자인 양수인 사이에 채권을 그 동일성을 유지하면서 전자로부터 후자에게로 이전시킬 것을 목적으로 하는 계약을 말한다 할 것이고, 채권양도에 의하여 채권은 그 동일성을 잃지 않고 양도인으로부터 양수인에게 이전된다 할 것이며, 가압류된 채권도 이를 양도하는데 아무런 제한이 없다 할 것이나, 다만 가압류된 채권을 양수받은 양수인은 그러한 가압류에 의하여 권리가 제한된 상태의 채권을 양수받는다고 보아야 할 것이고, 이는 채권을 양도받았으나 확정일자 있는 양도통지나 승낙에 의한 대항요건을 갖추지 아니하는 사이에 양도된 채권이 가압류된 경우에도 동일하다.

[2] 일반적으로 채권에 대한 가압류가 있더라도 이는 채무자가 제 3 채무자로부터 현실로 급부를 추심하는 것만을 금지하는 것일 뿐 채무자는 제 3 채무자를 상대로 그 이행을 구하는 소송을 제기할 수 있고 법원은 가압류가 되어 있음을 이유로 이를 배척할 수는 없는 것이 원칙이다. 왜냐하면 채무자로서는 제 3 채무자에 대한 그의 채권이 가압류되어 있다 하더라도 채무명의를 취득할 필요가 있고 또는 시효를 중단할 필요도 있는 경우도 있을 것이며 또한 소송 계속 중에 가압류가 행하여진 경우에 이를 이유로 청구가 배척된다면 장차 가압류가 취소된 후 다시 소를 제기하여야 하는 불편함이 있는 데 반하여 제 3 채무자로서는 이행을 명하는 판결이 있더라도 집행단계에서 이를 저지하면 될 것이기 때문이다.

※ 제 3 채무자는 청구 이의의 소로써 저지한다.

[3] 채권가압류의 처분금지의 효력은 본안소송에서 가압류채권자가 승소하여 채무명의를 얻는 등으로 피보전권리의 존재가 확정되는 것을 조건으로 하여 발생하는 것이므로 채권가압류결정의 채권자가 본안소송에서 승소하는 등으로 채무명의를 취득하는 경우에는 가압류에 의하여 권리가 제한된 상태의 채권을 양수받는 양수인에 대한 채권양도는 무효가 된다.

<사실관계>

이 사건에 관하여 보건대, 피고가 박임석의 원고에 대한 보증금채권의 일부를 양도받았으나 확정일자 있는 양도통지 또는 승낙에 의한 대항요건을 갖추지 아니하는 사이에 인동금고 등이 위 보증금채권 전부를 가압류하였으므로 피고는 위 가압류에 의하여 제한받은 상태의 채권을 양도받게 되었다 할 것이고, 이는 피고가 원고를 상대로 위 양수금의 지급을 명하는 판결을 받았다고 하여 달리 볼 수 없다 할 것이며, 그 후 인동금고가 박임석에 대한 채무명의에 기하여 가압류를 본압류로 전이하는 압류 및 추심명령을 받았고, 나아가 원고가 채권가압류의 중복 등을 이유로 하는 집행공탁을 한 결과 그 공탁금이 가압류채권자들에게 배당되기까지 하였으므로 이로써 피고에 대한 채권양도는 확정적으로 효력을 잃게 되었다 할 것이고, 따라서

원고는 이를 이유로 피고에 대하여 위 확정판결에 의한 강제집행의 배제를 구할 수 있다고 할 것이다.

(대법원 2002.4.26. 선고 2001다59033 판결【청구이의】[공2002.6.15.(156),1256])

(84) 매수인이 선이행하여야 할 중도금지급을 하지 아니한 채 잔대금지급일을 경과한 경우 매수인의 대금지급채무와 매도인의 소유권이전등기의무와의 관계

<판결요지>

매수인이 선이행하여야 할 중도금지급을 하지 아니한 채 잔대금지급일을 경과한 경우에는 매수인의 중도금 및 이에 대한 지급일 다음날부터 잔대금지급일까지의 지연손해금과 잔대금의 지급채무는 매도인의 소유권이전등기의무와 특별한 사정이 없는 한 동시이행관계에 있다.

(대법원 1991.3.27. 선고 90다19930 판결【소유권이전등기】[공1991.5.15,(896),1271])

➡ 동시이행의 항변권

1) 민법 제536조(동시이행의 항변권)

① 쌍무계약의 당사자일방은 상대방이 그 채무이행을 제공할 때 까지 자기의 채무이행을 거절할 수 있다. 그러나 상대방의 채무가 변제기에 있지 아니하는 때에는 그러하지 아니하다.

② 당사자일방이 상대방에게 먼저 이행하여야 할 경우에 상대방의 이행이 곤란할 현저한 사유가 있는 때에는 전항 본문과 같다.

2) 동시이행항변권의 효력과 이행지체 책임

① 존재효과설 — 이 항변권의 존재 자체만으로도 이행지체책임의 발생을 막는 효력이 있다는 설(통설, 판례)

② 행사효과설 — 이 항변권을 행사할 때까지는 지체책임을 지고, 행사를 하면 지체의 효과가 소급적으로 소멸한다는 설

(84-1) 이행이 지체된 매매대금의 이자 상당액의 손해배상청구 가능 여부

<판결요지>

특정물의 매매에 있어서 매수인의 대금지급 채무가 이행지체에 빠졌다 하더라도 그 목적물이 매수인에게 인도될 때 까지는 매도인은 그 목적물에서 생기는 과실을 수취할 수 있는 한편 그 목적물의 관리 보존의 비용도 자기가 부담하여야 하는 것이고, 그 반면 매수인은 매매대금의 이자를 지급할 필요가 없는 것이므로 매도인은 매수인의 대금지급의무 이행의 지체를 이유로 하여 그 목적물의 인도가 이루어지기 이전의 기간 동안의 목적물의 관리 보존의 비용의 상환이나 매매대금의 이자 상당액의 손해배상청구를 할 수 없다.

(대법원 1981.5.26. 선고 80다211 판결【계약중도금】[집29(2)민,4;공1981.7.15.(660), 13969])

※ 쌍무계약에 있어서 동시이행항변권의 이행지체를 저지하는 효력이다.

(85) 쌍무계약의 당사자 일방이 한 번 현실의 제공을 하였으나 상대방이 수령을 지체한 경우, 상대방은 동시이행의 항변권을 상실하는지 여부 및 이행의제공이 중지된 이후에 이행지체를 이유로 손해배상을 청구할 수 있는지 여부

<판결요지>

쌍무계약의 당사자 일방이 먼저 한 번 현실의 제공을 하고, 상대방을 수령지체에 빠지게 하였다고 하더라도 그 이행의 제공이 계속되지 않는 경우는 과거에 이행의 제공이 있었다는 사실만으로 상대방이 가지는 동시이행의 항변권이 소멸하는 것은 아니므로, 일시적으로 당사자 일방의 의무의 이행 제공이 있었으나 곧 그 이행의 제공이 중지되어 더 이상 그 제공이 계속되지 아니하는 기간 동안에는 상대방의 의무가 이행지체 상태에 빠졌다고 할 수는 없다고 할 것이고, 따라서 그 이행의 제공이 중지된 이후에 상대방의 의무가 이행지체되었음을 전제로 하는 손해배상청구도 할 수 없는 것이다.

(대법원 1995.3.14. 선고 94다26646 판결【손해배상(기)】[공1995.4.15.(990),1602])

(85-1) 채무불이행으로 인한 손해배상책임이 인정되나 손해액에 관한 입증이 불충분한 경우, 법원이 취하여야 할 조치 등

<판시사항>

[1] 계약 해제에 따른 원상회복의무의 내용

[2] 채무불이행으로 인한 손해배상책임이 인정되나 손해액에 관한 입증이 불충분한 경우, 법원이 취하여야 할 조치

[3] 손해배상청구소송에서 장래 얻을 수 있었을 이익에 관한 증명의 정도

<판결요지>

[1] 계약이 해제되면 그 효력이 소급적으로 소멸함에 따라 그 계약상 의무에 기하여 이행된 급부는 원상회복을 위하여 부당이득으로 반환되어야 하는 것이다.

[2] 채무불이행으로 인한 손해배상책임이 인정된다면 손해액에 관한 입증이 불충분하다 하더라도 법원은 그 이유만으로 손해배상청구를 배척할 것이 아니라 그 손해액에 관하여 적극적으로 석명권을 행사하고 입증을 촉구하여 이를 밝혀야 하는 것이다

[3] 장래 얻을 수 있었을 이익에 관한 입증에 있어서는 그 증명도를 과거사실에 대한 입증에 있어서의 증명도보다 경감하여 채권자가 현실적으로 얻을 수 있을 구체적이고 확실한 이익의 증명이 아니라 합리성과 객관성을 잃지 않는 범위 내에서의 상당한 개연성이 있는 이익의 증명으로써 충분하다고 보아야 할 것이다.

(대법원 2008.2.14. 선고 2006다37892 판결【손해배상(기)】[공보불게재])

(85-2) 계약해제로 인한 원상회복의무의 범위

<판결요지>

계약해제의 효과로서의 원상회복의무를 규정한 민법 제548조 제 1 항 본문은 부당이득에 관한 특별 규정의 성격을 가진 것이라 할 것이어서, 그 이익 반환의 범위는 이익의 현존 여부나 선의, 악의에 불문하고 특단의 사유가 없는 한 받은 이익의 전부라고 할 것이다.

(대법원 1998.12.23. 선고 98다43175 판결【공사계약보증금등반환】[공1999.2.1.(75),228])

제 5 장 근저당권설정등기말소, 부동산 인도 등 청구 소송 —변제충당, 변제공탁

1. 근저당권설정계약에 기한 근저당등기말소 청구 — 요건사실

① 원, 피고 간의 근저당권설정계약 체결

② 피고의 근저당권설정등기 경료

③ 근저당권의 소멸

※ 소송물 — 채권적 말소등기청구권

2. 소유권에 기한 근저당등기말소 청구 — 요건사실

① 원고 소유

② 피고의 근저당권설정등기 경료

③ 근저당권의 소멸

※ 소송물 — 물권적 말소등기청구권(소유권에 기한 방해배제청구)

➡ 예고등기

① 예고등기는 등기원인의 무효 또는 취소에 의한 등기의 말소 또는 회복의 소가 제기된 경우에 이를 제 3 자에게 경고하기 위하여 수소법원의 촉탁으로 행하여지는 등기이다.

② 예고등기는 가등기와 함께 예비등기에 속한다. 예고등기는 제 3 자에게 경고를 줄 목적으로 행하여지므로 특정등기에 대한 소송제기의

사실을 공시하여 경고적 효력을 가질 뿐이고, 처분제한 등의 물권변동의 효력이나 등기원인의 무효 또는 취소의 사유가 존재한다는 추정의 효력을 갖지 않는다. 그리고 예고등기는 당사자의 이해관계가 얽혀 있지 않으므로 등기권리자·등기의무자가 인정될 여지가 없다.

③ 예고등기가 성립하려면 등기원인의 무효 또는 취소에 의한 등기의 말소 또는 회복의 소가 제기되어야 하며, 그 무효 또는 취소를 가지고 선의의 제3자에게 대항할 수 있는 경우이어야 한다(부동산등기법 4). 여기에서 등기의 말소 또는 회복은 등기부의 갑구·을구 사항란의 등기를 말하고, 표제부 표시란의 등기는 해당되지 않으며, 회복은 말소회복등기만을 의미하고 멸실회복등기는 포함하지 않는다. 그리고 무효 또는 취소를 가지고 선의의 제3자에게 대항할 수 있는 경우란 대부분의 원인에 의한 무효와 행위무능력에 의한 취소의 경우를 말하며, 진의 아닌 의사표시와 통정허위표시의 무효, 착오에 의한 의사표시와 사기·강박에 의한 의사표시의 취소 등의 경우에는 그 규정에 의하여 제3자의 보호가 이루어지므로 별도로 제3자의 보호를 위한 예고등기가 필요없다.

④ 예고등기는 등기원인의 무효 또는 취소에 의한 등기의 말소 또는 회복을 구하는 소를 수리한 수소법원이 직권으로 지체없이 소장의 등본 또는 초본을 첨부하여 등기소에 촉탁하여서 이루어진다(부동산등기법 39). 예고등기의 말소는 그 소가 원고의 불이익으로 끝나는 경우에는 수소법원이 예고등기의 말소를 등기소에 촉탁하고(동법 170), 그 소가 원고의 이익으로 끝나는 경우에는 원고승소의 판결 등에 의한 말소 또는 회복의 등기가 행하여진 때에 등기관이 예고등기를 직권으로 말소하여서 이루어진다(동법 170의 2).

➡ 등기절차의 이행을 명하는 판결과 가집행 선고

등기절차의 이행을 명하는 판결은 재산권에 관한 의사의 진술을 명하는 판결에 해당하고, 민사집행법 제263조에 의거하여 그 판결이 확정되어야만 의사의 진술이 있는 것으로 간주하기 때문에 가집행의 선고를 붙일 수 없다.

3. 중요 판례 등

(86) 확인의 소의 대상

<판결요지>

확인의 소에 있어서 오로지 당사자 사이의 권리관계만이 확인의 대상이 될 수 있는 것은 아니고, 당사자 일방과 제 3 자 사이의 권리관계 또는 제3자 사이의 권리관계에 관하여도 그에 관하여 당사자 사이에 다툼이 있어서 당사자 일방의 권리관계에 불안이나 위험이 초래되고 있고, 다른 일방에 대한 관계에서 그 법률관계를 확정시키는 것이 당사자의 권리관계에 대한 불안이나 위험을 제거할 수 있는 유효·적절한 수단이 되는 경우에는 당사자 일방과 제 3 자 사이의 권리관계 또는 제 3 자 사이의 권리관계에 관하여도 확인의 이익이 있다(대법원 1997. 6. 10. 선고 96다25449, 25456 판결 등 참조).

(대법원 2008.2.15. 선고 2006다77272 판결 【분양계약체결금지】 [공보불게재])

(86-1) 근저당권설정자가 피담보채무 부존재 확인과 함께 근저당권설정등기의 말소를 구하는 경우, 피담보채무 부존재 확인을 구할 소의 이익이 있는지 여부(소극) 등

<판시사항>

[1] 피담보채무의 소멸 또는 근저당권설정등기의 원인무효를 이유로 근저당권 이전의 부기등기에 대하여 말소를 구할 소의 이익이 있는지 여부(소극) 및 근저당권 이전의 부기등기가 경료된 경우, 근저당권설정등기 말소청구의 상대방(=양수인)

[2] 근저당권설정자가 피담보채무 부존재 확인과 함께 근저당권설정등기의 말소를 구하는 경우, 피담보채무 부존재 확인을 구할 소의 이익이 있는지 여부(소극)

<판결요지>

[1] 근저당권 이전의 부기등기는 기존의 주등기인 근저당권설정등기에 종속되어 주등기와 일체를 이루는 것이어서, 피담보채무가 소멸된 경우 또는 근저당권설정등기가 당초 원인무효인 경우 주등기인 근

저당권설정등기의 말소만 구하면 되고 그 부기등기는 별도로 말소를 구하지 않더라도 주등기의 말소에 따라 직권으로 말소되는 것이며, 근저당권 양도의 부기등기는 기존의 근저당권설정등기에 의한 권리의 승계를 등기부상 명시하는 것뿐으로, 그 등기에 의하여 새로운 권리가 생기는 것이 아닌 만큼 근저당권설정등기의 말소등기청구는 양수인만을 상대로 하면 족하고 양도인은 그 말소등기청구에 있어서 피고 적격이 없으며, 근저당권의 이전이 전부명령 확정에 따라 이루어졌다고 하여 이와 달리 보아야 하는 것은 아니다.

[2] 확인의 소는 원고의 권리 또는 법률상 지위에 현존하는 불안 · 위험이 있고 확인판결을 받는 것이 그 분쟁을 근본적으로 해결하는 가장 유효 · 적절한 수단일 때 허용되는바, 근저당권설정자가 근저당권설정계약에 기한 피담보채무가 존재하지 아니함의 확인을 구함과 함께 그 근저당권설정등기의 말소를 구하는 경우에 근저당권설정자로서는 피담보채무가 존재하지 않음을 이유로 근저당권설정등기의 말소를 구하는 것이 분쟁을 유효 · 적절하게 해결하는 직접적인 수단이 될 것이므로 별도로 근저당권설정계약에 기한 피담보채무가 존재하지 아니함의 확인을 구하는 것은 확인의 이익이 있다고 할 수 없다.

(대법원 2000.4.11. 선고 2000다5640 판결【채무부존재확인등】[공2000.6.1.(107), 1188])

(87) 등기의무자(등기명의인이거나 그 포괄승계인)가 아닌 자나 등기에 관한 이해관계 있는 제 3 자가 아닌 자를 상대로 한 등기의 말소절차이행을 구하는 소는 당사자적격이 없는 자를 상대로 한 부적법한 소라고 할 것이다(당원1979.7.24. 선고 79다345 판결; 1974.6.25. 선고 73다211 판결 등 참조)

(대법원 1992.7.28. 선고 92다10173,92다10180(병합) 판결【부동산소유권이전등기말소등】[공1992.10.1.(929),2637])

(88) 등기의무자가 아니면 회복등기 청구의 피고 적격이 없다.

<판결요지>

가. 부동산에 관한 등기는 법률에 다른 규정이 없는 한 등기권리자와 등기의무자의 신청에 의하는 것인바, 위 등기의무자라 함은 등기부상의 형식상 신청하는 그 등기에 의하여 권리를 상실하거나 기타 불이익을 받은 자(등기명의인이거나 그 포괄승계인)를 말한다.

나. 피고들이 확정판결의 집행으로 원고들의 소유권이전등기를 말소하였는데 동 판결이 취소된 경우 피고들은 원고들의 위 말소된 소유권이전등기를 복구하여 줄 추상적인 의무는 있으나 그렇다고 바로 위 말소된 등기의 회복등기를 할 의무가 있는 것은 아니고 등기의무자가 아니면 회복등기 청구의 피고 적격이 없다.

(대법원 1979.7.24. 선고 79다345 판결【소유권보존등기말소등】[집27(2)민,185;공1979.10.15.(618),12145])

(89) 비용, 이자, 원본에 대한 변제충당(민법 제479조) 등

<판결요지>

[1] 비용, 이자, 원본에 대한 변제충당에 있어서는 민법 제479조에 그 충당 순서가 법정되어 있고 지정 변제충당에 관한 같은 법 제476조는 준용되지 않으므로 당사자 사이에 특별한 합의가 없는 한 비용, 이자, 원본의 순서로 충당하여야 할 것이고, 채무자는 물론 채권자라고 할지라도 위 법정 순서와 다르게 일방적으로 충당의 순서를 지정할 수는 없다고 할 것이지만, 당사자의 일방적인 지정에 대하여 상대방이 지체없이 이의를 제기하지 아니함으로써 묵시적인 합의가 되었다고 보여지는 경우에는 그 법정충당의 순서와는 달리 충당의 순서를 인정할 수 있는 것이다.

[2] 당사자 사이에 민법 제479조의 변제충당순서와는 다른 순서로 충당하기로 하는 묵시적 합의가 있었다고 볼 여지가 있다고 한 사례

[3] 채권자에 대한 변제자의 공탁금액이 채무의 총액에 비하여 아주 근소하게 부족한 경우에는 당해 변제공탁은 신의칙상 유효한 것이라고 보아야 한다.

(대법원 2002.5.10. 선고 2002다12871,12888 판결【근저당권말소·물품대금】[공2002.7.1.(157),1379])

※ 변제충당의 우선 순서

① 합의충당(명문규정 없지만 판례에 의거)

② 비용, 이자, 원본 충당(민법 479조)(비용, 이자, 원본 각 서로 간에는 477조 준용)

③ 지정충당(민법 476조)

④ 법정충당(민법 477조)

(90) 변제충당에 관한 민법 제476조 내지 제479조의 규정은 임의규정

<결정요지>

변제충당에 관한 민법 제476조 내지 제479조의 규정은 임의규정이므로 변제자와 변제받는 자 사이에 위 규정과 다른 약정이 있다면 그 약정에 따라 변제충당의 효력이 발생하고, 위 규정과 다른 약정이 없는 경우에 변제의 제공이 그 채무 전부를 소멸하게 하지 못하는 때에는 민법 제476조의 지정변제충당에 의하여 변제충당의 효력이 발생하고 보충적으로 민법 제477조의 법정변제충당의 순서에 따라 변제충당의 효력이 발생한다(대법원 1987.3.24. 선고 84다카1324 판결 등 참조).

(대법원 2010.3.10. 자 2009마1942 결정【경매개시결정에대한이의결정에대한이의】[공보불게재])

(91) 소멸시효 완성의 효력은 소멸시효가 완성된 원금 부분으로부터 그 완성 전에 발생한 이자 또는 지연손해금에는 미치나, 변제로 소멸한 원금 부분으로부터 그 변제 전에 발생한 이자 또는 지연손해금에는 미치지 않는다 등

<판결요지>

[1] 이자 또는 지연손해금은 주된 채권인 원본의 존재를 전제로 그에 대응하여 일정한 비율로 발생하는 종된 권리인데, 하나의 금전채권의 원금 중 일부가 변제된 후 나머지 원금에 대하여 소멸시효가 완성된 경우, 가분채권인 금전채권의 성질상 변제로 소멸한 원금 부분

과 소멸시효 완성으로 소멸한 원금 부분을 구분하는 것이 가능하고, 이 경우 원금에 종속된 권리인 이자 또는 지연손해금 역시 변제로 소멸한 원금 부분에서 발생한 것과 시효완성으로 소멸된 원금 부분에서 발생한 것으로 구분하는 것이 가능하므로, 소멸시효 완성의 효력은 소멸시효가 완성된 원금 부분으로부터 그 완성 전에 발생한 이자 또는 지연손해금에는 미치나, 변제로 소멸한 원금 부분으로부터 그 변제 전에 발생한 이자 또는 지연손해금에는 미치지 않는다.

[2] 은행이 영업행위로서 한 대출금에 대한 변제기 이후의 지연손해금은 그 원본채권과 마찬가지로 상행위로 인한 채권으로서 5년의 소멸시효를 규정한 상법 제64조가 적용된다.

(대법원 2008.3.14. 선고 2006다2940 판결【양수금】[공2008상,580])

(92) 일부 공탁의 변제 효력

채무자가 공탁원인이 있어서 공탁에 의하여 그 채무를 면하려면 채무액 전부를 공탁하여야 할 것이고, 일부의 공탁은 그 채무를 변제함에 있어서 일부의 제공이 유효한 제공이라고 시인될 수 있는 특별한 사정이 있는 경우를 제외하고는 채권자가 이를 수락하지 아니하는 한 그에 상응하는 효력을 발생할 수 없다고 할 것이다(대법원 1977.9.13. 선고 76다1866 판결 등 참조).

(대법원 2008.7.10. 선고 2008다10051 판결【청구이의】[공보불게재])

(93) 검사 작성의 피의자신문조서가운데 채무면제의 의사가 표시되어 있는 경우의 효력 등

<판결요지>

[1] 민법상 채무면제는 채권을 무상으로 소멸시키는 채권자의 채무자에 대한 단독행위이고 다만 계약에 의하여도 동일한 법률효과를 발생시킬 수 있는 것인 반면, 검사 작성의 피의자신문조서는 검사가 피의자를 신문하여 그 진술을 기재한 조서로서 그 작성형식은 원칙적으로 검사의 신문에 대하여 피의자가 응답하는 형태를 취하므로, 비록 당해 신문과정에서 다른 피의자나 참고인과 대질이 이루어진 경우라고 할지라도 피의자 진술은 어디까지나 검사를 상대로 이루어

지는 것이므로 그 진술기재 가운데 채무면제의 의사가 표시되어 있다고 하더라도 그 부분이 곧바로 채무면제의 처분문서에 해당한다고 보기 어렵다.

[2] 변제공탁이 유효하려면 채무 전부에 대한 변제의 제공 및 채무 전액에 대한 공탁이 있어야 하고, 채무 전액이 아닌 일부에 대한 공탁은 그 부족액이 아주 근소하다는 등의 특별한 사정이 있는 경우를 제외하고는 채권자가 이를 수락하지 않는 한 그 공탁 부분에 관하여서도 채무소멸의 효과가 발생하지 않는바, 근저당권의 피담보채무에 관하여 전액이 아닌 일부에 대하여 공탁한 이상 그 피담보채무가 계속적인 금전거래에서 발생하는 다수의 채무의 집합체라고 하더라도 공탁금액에 상응하는 범위에서 채무소멸의 효과가 발생하는 것은 아니다.

[3] 계약상의 이자로서 이자제한법 소정의 제한이율을 초과하는 부분은 무효이고 이러한 제한초과의 이자에 대하여 준소비대차계약 또는 경개계약을 체결하더라도 그 초과 부분에 대하여는 효력이 생기지 아니한다.

(대법원 1998.10.13. 선고 98다17046 판결【근저당권설정등기말소】[공1998.11.15.(70),2662])

(94) 채무금액에 다툼이 있는 채권에 관하여 채무자가 채무전액의 변제임을 공탁원인중에 밝히고 공탁한 경우 채권자가 그 공탁금을 수령할 때 채권의 일부로서 수령한다는등 별단의 유보의사표시를 하지 않은 이상 그 수령이 채권의 전액에 대한 변제공탁의 효력을 인정한 것으로 해석함이 상당하다.

(대법원 1983.6.28. 선고 83다카88,89 판결【소유권이전가등기의본등기】[공1983.8.15.(710),1136])

(95) 조건부 변제공탁의 효력

<판결요지>

[1] 변제공탁에 있어서 채권자에게 반대급부 기타 조건의 이행의무가

없음에도 불구하고 채무자가 이를 조건으로 공탁한 때에는 채권자가 이를 수락하지 않는 한 그 변제공탁은 무효이다.

[2] 공탁서의 기재 내용으로 보아 채권자가 공탁물을 수령함에 있어 반대급부로서 이행할 조건을 기재한 것이 아니라, 단지 채권자가 공탁물을 수령한 후 변제자에게 이행하여야 할 의무의 내용을 미리 환기시키면서 그 협조를 구하는 내용에 불과하므로, 조건부 변제공탁이 아니라고 본 사례

[3] 변제공탁이 적법한 경우에는 채권자가 공탁물 출급청구를 하였는지의 여부와는 관계없이 그 공탁을 한 때에 변제의 효력이 발생한다.

(대법원 2002.12.6. 선고 2001다2846 판결【근저당권이전등기절차이행】[공2003.2.1.(171),302])

(96) 보증채무에 대한 소멸시효가 중단되었다고 하더라도 이로써 주채무에 대한 소멸시효가 중단되는 것은 아니고, 주채무가 소멸시효 완성으로 소멸된 경우에는 보증채무도 그 채무 자체의 시효중단에 불구하고 부종성에 따라 당연히 소멸된다.

(대법원 2002.5.14. 선고 2000다62476 판결【대여금】[공2002.7.1.(157),1389])

※ 민법 제433조(보증인과 주채무자 항변권)

① 보증인은 주채무자의 항변으로 채권자에게 대항할 수 있다.

② 주채무자의 항변포기는 보증인에게 효력이 없다.

(97) 주채무가 시효로 소멸한 때에는 보증인도 그 시효소멸을 원용할 수 있으며, 주채무자가 시효의 이익을 포기하더라도 보증인에게는 그 효력이 없다.

(대법원 1991.1.29. 선고 89다카1114 판결【물품대금】[집39(1)민,83;공1991.3.15.(892),852])

※ 민법 제496조(불법행위채권을 수동채권으로 하는 상계의 금지)

채무가 고의의 불법행위로 인한 것인 때에는 그 채무자는 상계로 채권자에게 대항하지 못한다.

— 즉 자동채권으로 하는 상계는 가능하다.

(98) ① 가압류된 채권도 이를 양도하는 데 아무런 제한이 없다. ② 채권에 대한 가압류가 있더라도 이는 채무자가 제3채무자로부터 현실로 급부를 추심하는 것만을 금지하는 것일 뿐 채무자는 제3채무자를 상대로 그 이행을 구하는 소송을 제기할 수 있고 법원은 가압류가 되어 있음을 이유로 이를 배척할 수는 없다.

<판결요지>

[1] 채권양도는 구 채권자인 양도인과 신 채권자인 양수인 사이에 채권을 그 동일성을 유지하면서 전자로부터 후자에게로 이전시킬 것을 목적으로 하는 계약을 말한다 할 것이고, 채권양도에 의하여 채권은 그 동일성을 잃지 않고 양도인으로부터 양수인에게 이전된다 할 것이며, 가압류된 채권도 이를 양도하는 데 아무런 제한이 없다 할 것이나, 다만 가압류된 채권을 양수받은 양수인은 그러한 가압류에 의하여 권리가 제한된 상태의 채권을 양수받는다고 보아야 할 것이고, 이는 채권을 양도받았으나 확정일자 있는 양도통지나 승낙에 의한 대항요건을 갖추지 아니하는 사이에 양도된 채권이 가압류된 경우에도 동일하다.

[2] 일반적으로 채권에 대한 가압류가 있더라도 이는 채무자가 제3채무자로부터 현실로 급부를 추심하는 것만을 금지하는 것일 뿐 채무자는 제3채무자를 상대로 그 이행을 구하는 소송을 제기할 수 있고 법원은 가압류가 되어 있음을 이유로 이를 배척할 수는 없는 것이 원칙이다. 왜냐하면 채무자로서는 제3채무자에 대한 그의 채권이 가압류되어 있다 하더라도 채무명의를 취득할 필요가 있고 또는 시효를 중단할 필요도 있는 경우도 있을 것이며 또한 소송 계속 중에 가압류가 행하여진 경우에 이를 이유로 청구가 배척된다면 장차 가압류가 취소된 후 다시 소를 제기하여야 하는 불편함이 있는 데 반하여 제3채무자로서는 이행을 명하는 판결이 있더라도 집행단계에서 이를 저지하면 될 것이기 때문이다.

[3] 채권가압류의 처분금지의 효력은 본안소송에서 가압류채권자가 승소하여 채무명의를 얻는 등으로 피보전권리의 존재가 확정되는 것

을 조건으로 하여 발생하는 것이므로 채권가압류결정의 채권자가 본안소송에서 승소하는 등으로 채무명의를 취득하는 경우에는 가압류에 의하여 권리가 제한된 상태의 채권을 양수받는 양수인에 대한 채권양도는 무효가 된다.

(대법원 2002.4.26. 선고 2001다59033 판결【청구이의】[공2002.6.15.(156),1256])

(99) 소유권이전등기를 명하는 판결은, 소유권이전등기청구권에 대한 가압류의 해제를 조건으로 하지 않는 한 법원은 이를 인용하여서는 안 되는 것이다.

※ 위 판례와 비교할 것.

<판결요지>

소유권이전등기청구권에 대한 압류나 가압류는 채권에 대한 것이지 등기청구권의 목적물인 부동산에 대한 것이 아니고, 채무자와 제 3 채무자에게 그 결정을 송달하는 외에 현행법상 등기부에 이를 공시하는 방법이 없는 것으로서, 당해 채권자와 채무자 및 제 3 채무자 사이에만 효력이 있을 뿐 압류나 가압류와 관계가 없는 제 3 자에 대하여는 압류나 가압류의 처분금지적 효력을 주장할 수 없게 되므로, 소유권이전등기청구권의 압류나 가압류는 청구권의 목적물인 부동산 자체의 처분을 금지하는 대물적 효력은 없고, 또한 채권에 대한 가압류가 있더라도 이는 채무자가 제 3 채무자로부터 현실로 급부를 추심하는 것만을 금지하는 것이므로 채무자는 제 3 채무자를 상대로 그 이행을 구하는 소송을 제기할 수 있고 법원은 가압류가 되어 있음을 이유로 이를 배척할 수는 없는 것이지만, 소유권이전등기를 명하는 판결은 의사의 진술을 명하는 판결로서 이것이 확정되면 채무자는 일방적으로 이전등기를 신청할 수 있고 제 3 채무자는 이를 저지할 방법이 없게 되므로 위와 같이 볼 수는 없고 이와 같은 경우에는 가압류의 해제를 조건으로 하지 않는 한 법원은 이를 인용하여서는 안되는 것이며, 가처분이 있는 경우도 이와 마찬가지로 그 가처분의 해제를 조건으로 하여야만 소유권이전등기절차의 이행을 명할 수 있다.

(대법원 1999.2.9. 선고 98다42615 판결【소유권이전등기】[공1999.3.15.(78),471])

(100) 소유권이전등기청구권이 가압류된 경우, 제 3 채무자는 채무자 또는 그를 대위한 자로부터 제기된 소유권이전등기 청구소송에 응소하여 가압류된 사실을 주장·입증할 의무를 지는지 여부(적극) 등

<판시사항>

소유권이전등기청구권이 가압류된 경우, 제 3 채무자는 채무자 또는 그를 대위한 자로부터 제기된 소유권이전등기 청구소송에 응소하여 가압류된 사실을 주장·입증할 의무를 지는지 여부(적극) 및 제 3 채무자가 고의 또는 과실로 응소하지 아니하여 의제자백 판결이 선고·확정됨으로써 채권자가 손해를 입었다면 제 3 채무자는 불법행위로 인한 손해배상책임을 지는지 여부(적극)

<판결요지>

소유권이전등기청구권에 대한 가압류가 있으면 그 변제금지의 효력에 의하여 제 3 채무자는 채무자에게 임의로 이전등기를 이행하여서는 아니되는 것이나, 그와 같은 가압류는 채권에 대한 것이지 등기청구권의 목적물인 부동산에 대한 것이 아니고, 채무자와 제 3 채무자에게 결정을 송달하는 외에 현행법상 등기부에 이를 공시하는 방법이 없는 것으로서 당해 채권자와 채무자 및 제 3 채무자 사이에만 효력을 가지며, 제 3 자에 대하여는 가압류의 변제금지의 효력을 주장할 수 없으므로 소유권이전등기청구권의 가압류는 청구권의 목적물인 부동산 자체의 처분을 금지하는 대물적 효력은 없다 할 것이고, 제 3 채무자나 채무자로부터 이전등기를 경료한 제 3 자에 대하여는 취득한 등기가 원인무효라고 주장하여 말소를 청구할 수는 없는 것이므로, 제 3 채무자가 가압류결정을 무시하고 이전등기를 이행하고 채무자가 다시 제 3 자에게 이전등기를 경료하여 준 결과 채권자에게 손해를 입힌 때에는 불법행위를 구성하고 그에 따른 배상책임을 지게 된다고 할 것인데, 소유권이전등기를 명하는 판결은 의사의 진술을 명하는 판결로서 이것이 확정되면 채무자는 일방적으로 이전등기를 신청할 수 있고 제 3 채무자는 이를 저지할 방법이 없으므로, 소유권이전등기청구권이 가압류된 경우에는 변제금지의 효력이 미치고 있는 제 3 채무자로서는 일반채권이 가압류된 경우와는 달리 채무자 또는 그 채무자를 대위한 자로부터 제기된 소유권이전등기 청구소송

에 응소하여 그 소유권이전등기청구권이 가압류된 사실을 주장하고 자신이 송달받은 가압류결정을 제출하는 방법으로 입증하여야 할 의무가 있다고 할 것이고, 만일 제3채무자가 고의 또는 과실로 위 소유권이전등기 청구소송에 응소하지 아니한 결과 의제자백에 의한 판결이 선고되어 확정됨에 따라 채무자에게 소유권이전등기가 경료되고 다시 제3자에게 처분된 결과 채권자가 손해를 입었다면, 이러한 경우는 제3채무자가 채무자에게 임의로 소유권이전등기를 경료하여 준 것과 마찬가지로 불법행위를 구성한다고 보아야 한다.

(대법원 1999.6.11. 선고 98다22963 판결【손해배상(기)】[공1999.7.15.(86),1364])

(101) 피담보채무의 변제를 조건으로 한 저당권설정등기 말소청구의 심리 과정에서 변제액이 채무 전액을 소멸시키기에 부족한 것으로 밝혀진 경우, 법원이 취할 조치

<판결요지>

채무자가 피담보채무 전액을 변제하였다고 하거나 피담보채무의 일부가 남아 있음을 시인하면서 그 변제를 조건으로 저당권설정등기의 말소등기절차 이행을 청구하였지만 피담보채무의 범위에 관한 견해 차이로 그 채무 전액을 소멸시키지 못하였거나 변제하겠다는 금액만으로는 소멸시키기에 부족한 경우에, 그 청구 중에는 확정된 잔존채무의 변제를 조건으로 그 등기의 말소를 구한다는 취지까지 포함되어 있는 것으로 해석하여야 하고, 이러한 경우에는 장래 이행의 소로서 그 저당권설정등기의 말소를 미리 청구할 필요가 있다고 보아야 한다.

(대법원 1996.2.23. 선고 95다9310 판결【근저당권설정등기말소】[공1996.4.15.(8),1051])

(101-1) 부동산 매수인이 부동산을 인도받아 스스로 계속 점유하는 경우, 소유권이전등기청구권의 소멸시효 진행 여부(소극) 등

<판시사항>

[1] 부동산 매수인이 부동산을 인도받아 스스로 계속 점유하는 경우, 소유권이전등기청구권의 소멸시효 진행 여부(소극)

[2] 부동산 매수인이 부동산을 인도받아 사용·수익하다가 제 3 자에게 그 부동산을 처분하고 점유를 승계하여 준 경우, 소유권이전등기청구권의 소멸시효 진행 여부(소극)

<판결요지>

[1] 시효제도는 일정 기간 계속된 사회질서를 유지하고 시간의 경과로 인하여 곤란해지는 증거보전으로부터의 구제를 꾀하며 자기 권리를 행사하지 않고 소위 권리 위에 잠자는 자는 법적 보호에서 이를 제외하기 위하여 규정된 제도라 할 것인바, 부동산에 관하여 인도, 등기 등의 어느 한 쪽만에 대하여서라도 권리를 행사하는 자는 전체적으로 보아 그 부동산에 관하여 권리 위에 잠자는 자라고 할 수 없다 할 것이므로, 매수인이 목적 부동산을 인도받아 계속 점유하는 경우에는 그 소유권이전등기청구권의 소멸시효가 진행하지 않는다.

[2] **[다수의견]** 부동산의 매수인이 그 부동산을 인도받은 이상 이를 사용·수익하다가 그 부동산에 대한 보다 적극적인 권리 행사의 일환으로 다른 사람에게 그 부동산을 처분하고 그 점유를 승계하여 준 경우에도 그 이전등기청구권의 행사 여부에 관하여 그가 그 부동산을 스스로 계속 사용·수익만 하고 있는 경우와 특별히 다를 바 없으므로 위 두 어느 경우에나 이전등기청구권의 소멸시효는 진행되지 않는다고 보아야 한다.

[반대의견] 부동산의 매수인이 매매목적물을 인도받아 이를 사용·수익하고 있는 동안에는 그 소유권이전등기청구권의 소멸시효가 진행하지 않는다고 보아야 할 것이나, 매수인이 목적물의 점유를 상실하여 더 이상 사용·수익하고 있는 상태가 아니라면, 매도인에 대한 관계에서 권리의 주장 내지 행사가 계속되고 있다고 볼 만한 사정이 없고, 비록 매수인이 그 부동산을 다른 사람에게 처분하고 인도하여 준 경우라고 하더라도 그 처분은 타인의 권리를 전매한 것에 불과할 뿐이고 그 소유권을 처분 내지 행사하였다고 볼 수는 없으며, 그 인도 또한 매수인이 새로운 매매계약에 따른 자신의 의무를 이행한 것에 지나지 아니할 뿐만 아니라 오히려 그 점유를 이전함

으로써 목적물에 대한 사용·수익의 상태에서 벗어나게 된 것이어서 위 처분 내지 인도를 가리켜 매도인에 대한 관계에서 권리 행사라고 볼 수도 없는 것이므로, 점유의 상실원인이 무엇이든지 간에 점유 상실 시점으로부터 그 이전등기청구권의 소멸시효가 진행한다고 봄이 상당하다.

[보충의견] 부동산의 매수인의 매도인에 대한 소유권이전등기청구와 인도청구는 일반적으로 그 자체가 채권이라고 이해되고 있으나 그 법률적 성질은 소유권을 이전받을 매수인의 채권에 기한 채권적 권리 행사인 것으로서 매수인이 이전등기청구를 하거나 또는 인도청구를 하는 것은 모두 매수채권을 행사하였다는 점에서 동일하고, 또한 매수인이 부동산을 인도받음으로써 인도에 관한 채권행사는 일단 완료된 것이고 그 이후 이를 점유·사용하는 것은 매수채권 행사 자체가 계속되는 것이 아니고 그 권리 행사 결과의 상태가 유지되는 것뿐이므로 목적물을 매수인 본인이 점유·사용하든지 또는 제3자에 양도하여 점유·사용하게 하든지 매수인의 인도청구권 행사의 결과에 따른 상태는 마찬가지로 유지되고 있어 권리 행사의 상태가 관건이 되는 시효 적용에서 이를 구별할 필요가 없다.

(대법원 1999.3.18. 선고 98다32175 전원합의체 판결【토지소유권이전등기】[집47(1)민,101;공1999.5.1.(81),718])

(101-2) 근저당권 설정 후 부동산 소유권이 이전된 경우 근저당권설정자인 종전의 소유자도 피담보채무의 소멸을 이유로 근저당권설정등기의 말소를 청구할 수 있는지 여부

<판결요지>

근저당권이 설정된 후에 그 부동산의 소유권이 제3자에게 이전된 경우에는 현재의 소유자가 자신의 소유권에 기하여 피담보채무의 소멸을 원인으로 그 근저당권설정등기의 말소를 청구할 수 있음은 물론이지만, 근저당권설정자인 종전의 소유자도 근저당권설정계약의 당사자로서 근저당권소멸에 따른 원상회복으로 근저당권자에게 근저당권설정등기의 말소를 구할 수 있는 계약상 권리가 있으므로 이러한 계약상 권리에 터잡아 근저당권자에게

피담보채무의 소멸을 이유로 하여 그 근저당권설정등기의 말소를 청구할 수 있다고 봄이 상당하고, 목적물의 소유권을 상실하였다는 이유만으로 그러한 권리를 행사할 수 없다고 볼 것은 아니다.

(대법원 1994.1.25. 선고 93다16338 판결【근저당권말소】[공1994.3.15.(964),798])

(101-3) 소유권에 기한 방해배제청구권의 행사로서 말소등기청구를 한 전소의 확정판결의 기판력이 계약해제에 따른 원상회복으로 말소등기청구를 하는 후소에 미치지 않는다고 한 사례

<판결요지>

소유권에 기한 방해배제청구권의 행사로서 말소등기청구를 한 전소의 확정판결의 기판력이 계약해제에 따른 원상회복으로 말소등기청구를 하는 후소에 미치지 않는다고 한 사례

<이 유>

원고들은 이 사건 후소에서, 전소에 있어서와 같이 소유권에 기한 방해배제청구권의 행사로서 원고 장성수는 직접, 원고 정동준은 위 원고를 대위하여 위 이인형 명의의 이 사건 각 등기의 말소등기청구를 하는 것이 아니라, 위 약정의 계약당사자로서 그 계약해제에 따른 계약상의 권리에 기하여 원상회복으로 담보물의 반환을 받기 위하여 직접 가등기 및 근저당등기의 말소등기청구를 하고 있는 것이라 할 것이므로, 원고 장성수로서는 전소와 청구원인을 달리하는 것이고 원고 정동준으로서는 청구원인 및 당사자를 전소와 달리 하는 것이라고 할 것이어서 전소의 위 확정판결의 기판력이 이 사건 후소에 미칠 수 없는 것이라 할 것이다.

(대법원 1993.9.14. 선고 92다1353 판결【근저당권설정등기말소】[공1993.11.1.(955),2743])

제 6 장 소유권이전등기말소 등 청구 소송

1. 소유권에 기한 소유권이전등기말소 청구 — 요건사실

① 원고 소유

② 피고의 소유권이전등기 경료

③ 등기의 원인무효

2. 진정명의회복을 원인으로 한 소유권이전등기 청구 — 요건사실

① 원고 소유

② 피고의 소유권이전등기 경료

③ 등기의 원인부효

(102) 진정명의회복을 원인으로 한 소유권이전등기청구권과 무효등기의 말소청구권

<판결요지>

진정한 등기명의의 회복을 위한 소유권이전등기청구는 이미 자기 앞으로 소유권을 표상하는 등기가 되어 있었거나 법률에 의하여 소유권을 취득한 자가 진정한 등기명의를 회복하기 위한 방법으로 현재의 등기명의인을 상대로 그 등기의 말소를 구하는 것에 갈음하여 허용되는 것인데, 말소등기에 갈음하여 허용되는 진정명의회복을 원인으로 한 소유권이전등기청구권과 무효등기의 말소청구권은 어느 것이나 진정한 소유자의 등기명의를 회복하

기 위한 것으로서 실질적으로 그 목적이 동일하고 두 청구권 모두 소유권에 기한 방해배제청구권으로서 그 법적 근거와 성질이 동일하므로 그 소송물은 실질상 동일한 것으로 보아야 한다.

(대법원 2003.3.28. 선고 2000다24856 판결【토지소유권이전등기】[공2003.5.15.(178),1052])

3. 시효취득을 원인으로 한 소유권이전등기 청구 — 요건사실

① 20년간 점유(민법 197조 — 자주, 평온, 공연은 추정한다)

(103) 소유권의 시효취득에 준용되는 시효중단 사유인 민법 제168조, 제170조에 규정된 재판상의 청구의 의미

<판결요지>

소유권의 시효취득에 준용되는 시효중단 사유인 민법 제168조, 제170조에 규정된 재판상의 청구라 함은, 시효취득의 대상인 목적물의 인도 내지는 소유권존부 확인이나 소유권에 관한 등기청구 소송은 말할 것도 없고, 소유권 침해의 경우에 그 소유권을 기초로 하는 방해배제 및 손해배상 혹은 부당이득반환 청구 소송도 이에 포함된다.

(대법원 1995.10.13. 선고 95다33047 판결【소유권이전등기】[공1995.12.1.(1005),3777])

(103-1) 상속에 의한 점유승계시 점유태양의 승계 여부(적극) 등

<판시사항>

[1] 상속에 의한 점유승계시 점유태양의 승계 여부(적극)

[2] 타주점유자가 그 명의로 소유권보존등기를 경료한 것만으로 자주점유로 전환되는지 여부(소극)

<판결요지>

[1] 상속에 의하여 점유권을 취득한 경우에는 상속인은 새로운 권원에 의하여 자기 고유의 점유를 개시하지 않는 한 피상속인의 점유를 떠나 자기만의 점유를 주장할 수 없고, 또 선대의 점유가 타주점유인 경우 선대로부터 상속에 의하여 점유를 승계한 자의 점유도 상속 전과 그 성질 내지 태양을 달리 하는 것이 아니어서, 특별한 사

정이 없는 한 그 점유가 자주점유로는 될 수 없고, 그 점유가 자주점유가 되기 위하여는 점유자가 소유자에 대하여 소유의 의사가 있는 것을 표시하거나 새로운 권원에 의하여 다시 소유의 의사로써 점유를 시작하여야만 한다(피상속인이 점유하여 관리·경작하던 토지를 상속받은 자가 매수 사실 없이 소유권보존등기를 하고 이를 점유해 온 사안에서, 그 토지에 대하여 종중 앞으로 소유권이전등록이 마쳐진 점, 피상속인을 수호인으로 한 위토인허가 된 경위, 피상속인이 그 토지를 경작하여 그 소출로 제수를 마련하여 시제를 모셔온 점 등에 비추어 피상속인의 점유를 타주점유로 볼 여지가 있는데도, 이에 대하여 더 심리함이 없이 피상속인의 점유 및 이를 승계한 상속인의 점유를 자주점유라고 단정한 원심판결을 채증법칙 위배를 이유로 파기한 사례).

[2] 타주점유자가 그 명의로 소유권보존등기를 경료한 것만으로는 소유자에 대하여 소유의 의사를 표시하여 자주점유로 전환되었다고 볼 수 없다.

(대법원 1997.5.30. 선고 97다2344 판결【토지소유권보존등기말소】[공1997.7.15.(38),2014])

(104) 변제자가 주채무자인 경우, 보증인이 있는 채무와 보증인이 없는 채무 사이에 변제이익의 점에서 차이가 없다

<판결요지>

변제자가 주채무자인 경우, 보증인이 있는 채무와 보증인이 없는 채무 사이에 변제이익의 점에서 차이가 없다고 보아야 하므로, 보증기간 중의 채무와 보증기간 종료 후의 채무 사이에서는 변제이익의 점에서 차이가 없고, 따라서 주채무자가 변제한 금원은 이행기가 먼저 도래한 채무부터 법정변제충당하여야 한다.

(대법원 1999.8.24. 선고 99다26481 판결【보증채무부존재확인】[공1999.10.1.(91),1957])

(105) 주채무자 혹은 그 이외의 자가 변제자인 각 경우의 변제이익

<판결요지>

[1] 주채무자 이외의 자가 변제자인 경우에는, 변제자가 발행 또는 배서

한 어음에 의하여 담보되는 채무가 다른 채무보다 변제이익이 많다고 보아야 한다.

[2] 주채무자가 변제자인 경우에는, 담보로 제 3 자가 발행 또는 배서한 약속어음이 교부된 채무와 다른 채무 사이에 변제이익의 점에서 차이가 없다고 보아야 할 것이나, 담보로 주채무자 자신이 발행 또는 배서한 어음이 교부된 채무는 다른 채무보다 변제이익이 많은 것으로 보아야 한다.

[3] 법정변제충당의 순위를 정함에 있어서 변제의 유예가 있는 채무에 대하여는 유예기까지 변제기가 도래하지 않은 것과 같게 보아야 한다.

(대법원 1999.8.24. 선고 99다22281,22298 판결【약속어음금】[공1999.10.1.(91),1945])

(106) 특별한 사정이 없는 한 변제자가 타인의 채무에 대한 보증인으로서 부담하는 보증채무(연대보증채무도 포함)는 변제자 자신의 채무에 비하여 변제자에게 그 변제의 이익이 적다고 보아야 한다.

(대법원 2002.7.12. 선고 99다68652 판결【대여금】[공2002.9.1.(161),1915])

(107) 채권자에 대한 변제자의 공탁금액이 채무의 총액에 비하여 아주 근소하게 부족한 경우에는 당해 변제공탁은 신의칙상 유효한 것이라고 보아야 한다. 등

<판결요지>

[1] 비용, 이자, 원본에 대한 변제충당에 있어서는 민법 제479조에 그 충당 순서가 법정되어 있고 지정 변제충당에 관한 같은 법 제476조는 준용되지 않으므로 당사자 사이에 특별한 합의가 없는 한 비용, 이자, 원본의 순서로 충당하여야 할 것이고, 채무자는 물론 채권자라고 할지라도 위 법정 순서와 다르게 일방적으로 충당의 순서를 지정할 수는 없다고 할 것이지만, 당사자의 일방적인 지정에 대하여 상대방이 지체없이 이의를 제기하지 아니함으로써 묵시적인 합의가 되었다고 보여지는 경우에는 그 법정충당의 순서와는 달리 충당의 순서를 인정할 수 있는 것이다.

[2] 당사자 사이에 민법 제479조의 변제충당순서와는 다른 순서로 충당하기로 하는 묵시적 합의가 있었다고 볼 여지가 있다고 한 사례.

[3] 채권자에 대한 변제자의 공탁금액이 채무의 총액에 비하여 아주 근소하게 부족한 경우에는 당해 변제공탁은 신의칙상 유효한 것이라고 보아야 한다.

(대법원 2002.5.10. 선고 2002다12871,12888 판결【근저당권말소 · 물품대금】[공2002.7.1.(157),1379])

제 7 장 소유권이전등기말소, 계약금반환 등 청구 소송 —계약해제로 인한 원상회복, 동시이행항변, 상계항변

1. 소유권에 기한 부동산 인도, 건물 철거, 퇴거 청구 — 요건사실

1) 인도청구

① 원고 목적물 소유

② 피고 목적물 점유

2) 건물 철거 및 퇴거 청구

① 원고 토지 소유

② 피고 지상건물 소유(건물 철거)

③ 피고의 제 3 자 소유 건물 점유(건물 퇴거)

2. 부당이득반환 청구권 — 요건사실

① 피고의 수익

② 원고의 손해

③ 인과관계의 존재(1, 2항의 인정으로 사실상 추정)

④ 법률상 원인 흠결

⑤ 이득액

※ 판례에 의하면, 소위 침해부당이득에 있어서 법률상 원인 흠결 요건에 대하여 수익자인 피고가 법률상 원인 있음을 항변으로 주장, 입증하여야 한다는 입장이다.

3. 중요 판례

(108) 합의해제에 따른 매도인의 원상회복 청구권이 소멸시효의 대상이 되는 여부(소극)

<판결요지>

매매계약이 합의해제된 경우에도 매수인에게 이전되었던 소유권은 당연히 매도인에게 복귀하는 것이므로 합의해제에 따른 매도인의 원상회복청구권은 소유권에 기한 물권적 청구권이라고 할 것이고 이는 소멸시효의 대상이 되지 아니한다.

(대법원 1982.7.27. 선고 80다2968 판결【토지소유권이전등기말소등기】[공1982.10.1.(689),810])

※ 판례는 계약해제의 효과로서, 직접효과설 중 물권적 효과설을 취한다.

(109) 이행최고 기간 내에 이행을 하지 아니하면 계약이 당연히 해제된 것으로 한다는 의사표시의 의미 등

<판시사항>

가. '일정한 기간내' 또는 '일정한 일시'를 정하여 상대방의 의무의 이행청구를 최고하는 경우에 있어서 반대의무의 이행제공시기

나. 이행최고 기간 내에 이행을 하지 아니하면 계약이 당연히 해제된 것으로 한다는 의사표시의 의미

<판결요지>

가. 동시이행관계에 있는 의무자 일방이 상대방의 이행지체를 이유로 한 해제권을 취득하기 위하여는 그 이행청구에 표시된 이행기가 일정한 기간 내로 정하여진 경우라면 이행청구한 자가 원칙으로 그 기간 중 이행제공을 계속해야 하지만, 일정한 일시 등과 같이 기일로 정하여진 경우에는 그 기일에 이행제공이 있으면 족한 것이어서 상대방의 이행제공 없이 위 기간이나 기일이 도과됨으로써 해제권이 발생한다.

나. 소정의 기일 내에 이행을 하지 아니하면 계약은 당연히 해제된 것으로 한다는 이행청구는 그 이행청구와 동시에 기간 또는 기일 내

에 이행이 없는 것을 정지조건으로 하여 미리 해제의 의사표시를 한 것으로 볼 것이다.

(대법원 1981.4.14. 선고 80다2381 판결【소유권이전등기】[집29(1)민,163;공1981.6.1.(657),13899])

(110) 채무불이행의 귀책사유에 관한 입증책임

<판결요지>

일반적으로 채무불이행으로 인한 손해배상청구에 있어서 그 불이행의 귀책사유에 관한 입증책임은 채무자에게 있으므로, 동업계약에 따라 서로 업무를 분담하여 동 업체를 운영하여 오다가 동업자중 1인이 그 맡은 업무를 수행하지 아니하기 때문에 부득이 제3자를 고용하여 그 업무를 대행케 함으로써 손해가 발생한 경우에 있어서 동업계약에 따른 업무수행의무불이행의 귀책사유에 관한 입증책임은 업무를 수행하지 않은 그 의무자에게 있다고 보아야 한다.

<참조조문>

민법 제390조, 민사소송법 제187조

(출처: 대법원 1985.3.26. 선고 84다카1864 판결【이익금】[집33(1)민,126;공1985.5.15.(752),620])

※ 즉 피고인 채무자가 항변으로서 자신의 귀책사유 없음을 주장, 입증하여야 한다.

민법 제390조(채무불이행과 손해배상)

채무자가 채무의 내용에 좇은 이행을 하지 아니한 때에는 채권자는 손해배상을 청구할 수 있다. 그러나 채무자의 고의나 과실없이 이행할 수 없게 된 때에는 그러하지 아니하다.

제397조(금전채무불이행에 대한 특칙)

① 금전채무불이행의 손해배상액은 법정이율에 의한다. 그러나 법령의 제한에 위반하지 아니한 약정이율이 있으면 그 이율에 의한다.

② 전항의 손해배상에 관하여는 채권자는 손해의 증명을 요하지 아니하고 채무자는 과실없음을 항변하지 못한다.

(111) 가압류가 있다 하여도 그 채권의 이행기가 도래한 때에는 제3채무자는 그 지체책임을 면할 수 없다고 할 것

<판결요지>

채권의 가압류는 제 3 채무자에 대하여 채무자에게 지급하는 것을 금지하는 데 그칠 뿐 채무 그 자체를 면하게 하는 것이 아니고, 가압류가 있다 하여도 그 채권의 이행기가 도래한 때에는 제 3 채무자는 그 지체책임을 면할 수 없다고 할 것이므로(대법원 1981.9.22. 선고 81다253 판결, 1994.12.13. 선고 93다951 판결 등 참조), 당사자 사이에 채권의 지체에 관한 약정이 있는 경우에는 그 약정에 따른 지체책임을 부담한다고 할 것이다.

(대법원 2004.7.9. 선고 2004다16181 판결【약정금】[공보불게재])

※ 제 3 채무자는 공탁을 함으로써 이중변제 위험을 피하고 이행지체 책임도 면한다. 민집 291, 248 1항.

(112) 권리행사가 권리의 남용에 해당한다고 할 수 있는 요건

<판결요지>

권리행사가 권리의 남용에 해당한다고 할 수 있으려면, 주관적으로 그 권리행사의 목적이 오직 상대방에게 고통을 주고 손해를 입히려는데 있을 뿐, 행사하는 사람에게 아무런 이익이 없을 경우이어야 하고, 객관적으로는 그 권리행사가 사회질서에 위반된다고 볼 수 있어야 하는 것이며, 이와 같은 경우에 해당하지 않는 한 비록 그 권리의 행사에 의하여 권리행사자가 얻는 이익보다 상대방이 입을 손해가 현저히 크다 하여도 그러한 사정만으로는 권리남용이라 할 수 없는 것이다.

(대법원 1986.7.22. 선고 85다카2307 판결【건물철거등】[공1986.9.15.(784),1099])

(113) 타인 소유의 토지 위에 권한 없이 건물을 소유하고 있는 자는 그 자체로써 특별한 사정이 없는 한 법률상 원인 없이 타인의 재산으로 인하여 토지의 차임에 상당하는 이익을 얻고 이로 인하여 타인에게 동액 상당의 손해를 주고 있다고 보아야 한다.

(대법원 1998.5.8. 선고 98다2389 판결【건물명도】[공1998.6.15.(60),1593])

(114) 민법 제548조 제 1 항 본문은 부당이득에 관한 특별 규정

<판결요지>

계약해제의 효과로서의 원상회복의무를 규정한 민법 제548조 제 1 항 본문은 부당이득에 관한 특별 규정의 성격을 가진 것이라 할 것이어서, 그 이익 반환의 범위는 이익의 현존 여부나 선의, 악의에 불문하고 특단의 사유가 없는 한 받은 이익의 전부라고 할 것이다.

(대법원 1998.12.23. 선고 98다43175 판결【공사계약보증금등반환】[공1999.2.1.(75),228])

(115) 법정해제의 경우 원상회복으로서 반환하여야 할 금전에 부가하는 법정이자의 법적 성질

<판결요지>

법정해제의 경우 당사자 일방이 그 수령한 금전을 반환함에 있어 그 받은 때로부터 법정이자를 부가함을 요하는 것은 민법 제548조 제 2 항이 규정하는 바로서, 이는 원상회복의 범위에 속하는 것이며 일종의 부당이득반환의 성질을 가지는 것이고 반환의무의 이행지체로 인한 것이 아니므로, 부동산 매매계약이 해제된 경우 매도인의 매매대금 반환의무와 매수인의 소유권이전등기 말소등기절차 이행의무가 동시이행의 관계에 있는지 여부와는 관계없이 매도인이 반환하여야 할 매매대금에 대하여는 그 받은 날로부터 민법이 정한 법정이율인 연 5푼의 비율에 의한 법정이자를 부가하여 지급하여야 한다.

<참조조문>

민법 제536조 , 제548조 제 2 항

(대법원 1996.4.12. 선고 95다28892 판결【매매대금반환】[공1996.6.1.(11),1504])

※ 계약해제의 경우에는 민법 제201조 제 1 항(선의점유자 과실취득)이 적용 안 된다. — 민법 548조 2항의 금전 + 이자 반환의 법해석상의 형평성에 비추어 그러하다.

(116) 쌍무계약이 취소된 경우 선의의 매도인은 대금의 운용이익 내지 법정이자를 반환할 필요가 있는지 여부(소극) 등

<판시사항>

가. 쌍무계약이 무효로 되어 각 당사자가 서로 취득한 것을 반환하여야 하는 경우 동시이행에 관한 민법 제536조가 준용되는지 여부(적극)

나. 쌍무계약이 취소된 경우 선의의 매도인은 대금의 운용이익 내지 법정이자를 반환할 필요가 있는지 여부(소극)

<판결요지>

가. 동시이행의 항변권을 규정한 민법 제536조가 민법 제549조에 의하여 계약해제의 경우 각 당사자의 원상회복의무에 준용되고 있는 점을 생각할 때 쌍무계약이 무효로 되어 각 당사자가 서로 취득한 것을 반환하여야 하는 경우에도 동시이행관계가 있다고 보아 민법 제536조를 준용함이 옳다고 해석되는바, 이는 공평의 관념상 계약이 무효인 때의 원상회복의무이행과 계약해제 때의 그것을 구별하여야 할 이유가 없으며 계약무효의 경우라 하여 어느 일방의 당사자에게만 먼저 반환의무이행이 강제된다면 공평과 신의칙에 위배되기 때문이다.

나. 쌍무계약이 취소된 경우 선의의 매수인에게 민법 제201조가 적용되어 과실취득권이 인정되는 이상 선의의 매도인에게도 민법 제587조의 유추적용에 의하여 대금의 운용이익 내지 법정이자의 반환을 부정함이 형평에 맞다.

(대법원 1993.5.14. 선고 92다45025 판결【토지소유권이전등기말소】[공1993.7.15.(948),1698])

※ 계약해제와 계약취소의 경우가 다름에 주의 — 그 이유는 아마도 위 기재한 548조 2항의 해석상 불가피한 것이다.

(117) 항변권이 붙어 있는 채권을 자동채권으로 하여 다른 채무(수동채권)와의 상계를 허용한다면 상계자 일방의 의사표시에 의하여 상대방의 항변권 행사의 기회를 상실시키는 결과가 되므로 그러한 상계는 허용될 수 없다.

(대법원 2001.11.13. 선고 2001다55222,55239 판결【정리채권확정】[공2002.1.1.(145),49])

※ 수동채권에만, 혹은 자동채권, 수동채권 모두에 동시이행 항변권 부착된 경우는 상계 가능하다.

(118) 압류 및 전부명령을 받은 제 3 채무자의 채무자에 대한 자동채권이 수동채권인 피압류채권과 동시이행의 관계에 있는 경우에, 그 자동채권이 압류 후에 발생한 것이더라도 피압류채권과 상계할 수 있는지 여부

<판결요지>

금전채권에 대한 압류 및 전부명령이 있는 때에는 압류된 채권은 동일성을 유지한 채로 압류채무자로부터 압류채권자에게 이전되고, 제 3 채무자는 채권이 압류되기 전에 압류채무자에게 대항할 수 있는 사유로써 압류채권자에게 대항할 수 있는 것이므로 제 3 채무자의 압류채무자에 대한 자동채권이 수동채권인 피압류채권과 동시이행의 관계에 있는 경우에는, 압류명령이 제 3 채무자에게 송달되어 압류의 효력이 생긴 후에 자동채권이 발생하였다고 하더라도 제 3 채무자는 동시이행의 항변권을 주장할 수 있고 따라서 그 채권에 의한 상계로 압류채권자에게 대항할 수 있는 것으로서, 이 경우에 자동채권이 발생한 기초가 되는 원인은 수동채권이 압류되기 전에 이미 성립하여 존재하고 있었던 것이므로, 그 자동채권은 민법 제498조 소정의 "지급을 금지하는 명령을 받은 제 3 채무자가 그 후에 취득한 채권"에 해당하지 않는다고 봄이 상당하다.

(대법원 1993.9.28. 선고 92다55794 판결【전부금】[공1993.11.15.(956),2951])

(119) 계약해제로 인한 원상회복으로서 반환하는 금전에 가산하는 민법 제548조 제 2 항 소정의 이자의 법적 성질(=부당이득반환) 및 위 이자에 소송촉진등에관한특례법 제 3 조 제 1 항 소정의 이율을 적용할 수 있는지 여부 (소극)

<판결요지>

민법 제548조 제 2 항은 계약해제로 인한 원상회복의무의 이행으로서 반환하는 금전에는 그 받은 날로부터 이자를 가산하여야 한다고 하고 있는바, 위 이자의 반환은 원상회복의무의 범위에 속하는 것으로 일종의 부당이득반환의 성질을 가지는 것이지 반환의무의 이행지체로 인한 손해배상은 아니라고 할 것이고, 소송촉진등에관한특례법 제 3 조 제 1 항은 금전채무의 전부 또는 일부의 이행을 명하는 판결을 선고할 경우에 있어서 금전채무불이행으로 인한 손해배상액 산정의 기준이 되는 법정이율에 관한 특별규정이므로,

위 이자에는 소송촉진등에관한특례법 제 3 조 제 1 항에 의한 이율을 적용할 수 없다.

(대법원 2000.6.23. 선고 2000다16275,16282 판결【매매대금 · 대금반환】[공2000.8.15.(112),1755])

(120) 계약해제로 인한 원상회복의무의 이행으로 금전의 반환을 구하는 소송이 제기된 경우 채무자는 그 소장을 송달받은 다음날부터 반환의무의 이행지체로 인한 지체책임을 진다 등

<판결요지>

[1] 민법 제548조 제 2 항은 계약해제로 인한 원상회복의무의 이행으로 반환하는 금전에는 그 받은 날로부터 이자를 가산하여야 한다고 하고 있는바, 위 이자의 반환은 원상회복의무의 범위에 속하는 것으로 일종의 부당이득반환의 성질을 가지는 것이지 반환의무의 이행지체로 인한 손해배상은 아니라고 할 것이고, 소송촉진등에관한특례법 제 3 조 제 1 항은 금전채무의 전부 또는 일부의 이행을 명하는 판결을 선고할 경우에 있어서 금전채무불이행으로 인한 손해배상액 산정의 기준이 되는 법정이율에 관한 특별규정이므로, 위 이자에는 소송촉진등에관한특례법 제 3 조 제 1 항에 의한 이율을 적용할 수 없다.

[2] 계약해제로 인한 원상회복의무의 이행으로 금전의 반환을 구하는 소송이 제기된 경우 채무자는 그 소장을 송달받은 다음날부터 반환의무의 이행지체로 인한 지체책임을 지게 되므로 그와 같이 원상회복의무의 이행으로 금전의 반환을 명하는 판결을 선고할 경우에는 금전채무불이행으로 인한 손해배상액 산정의 기준이 되는 법정이율에 관한 특별규정인 소송촉진등에관한특례법 제 3 조 제 1 항에 의한 이율을 적용하여야 한다.

(대법원 2003.7.22. 선고 2001다76298 판결【보증금등】[공2003.9.1.(185),1757])

(121) 매매계약의 취소에 따른 원상회복의무가 동시이행관계에 있는지 여부(적극), 쌍무계약에 있어서 동시이행관계에 있는 채무의 이행지체책임 발생요건

<판결요지>

[1] 매매계약이 취소된 경우에 당사자 쌍방의 원상회복의무는 동시이행의 관계에 있다.

[2] 쌍무계약에서 쌍방의 채무가 동시이행관계에 있는 경우 일방의 채무의 이행기가 도래하더라도 상대방 채무의 이행제공이 있을 때까지는 그 채무를 이행하지 않아도 이행지체의 책임을 지지 않는 것이며, 이와 같은 효과는 이행지체의 책임이 없다고 주장하는 자가 반드시 동시이행의 항변권을 행사하여야만 발생하는 것은 아니므로, 동시이행관계에 있는 쌍무계약상 자기채무의 이행을 제공하는 경우 그 채무를 이행함에 있어 상대방의 행위를 필요로 할 때에는 언제든지 현실로 이행을 할 수 있는 준비를 완료하고 그 뜻을 상대방에게 통지하여 그 수령을 최고하여야만 상대방으로 하여금 이행지체에 빠지게 할 수 있는 것이다.

(대법원 2001.7.10. 선고 2001다3764 판결【매매대금】[공2001.9.1.(137),1831])

※ 2항은 소위 동시이행항변권의 존재효과설이다. 동시이행항변권은 쌍무계약 당사자가 가지는 이행거절권이다. 당사자의 동시이행항변권의 행사나 원용이 없더라도 이행지체저지효나 상계금지효는 계약의 체결과 동시에 발생한다.

(122) 토지 매도인이 그 매매계약을 해제한 경우에 있어 그 토지 위에 신축된 건물의 매수인이 위 계약해제로 권리를 침해당하지 않을 제 3 자에 해당하는지 여부(소극)

<판결요지>

계약당사자의 일방이 계약을 해제하여도 제 3 자의 권리를 침해할 수 없지만, 여기에서 그 제 3 자는 계약의 목적물에 관하여 권리를 취득하고 또 이를 가지고 계약당사자에게 대항할 수 있는 자를 말하므로, 토지를 매도하였다가 대금지급을 받지 못하여 그 매매계약을 해제한 경우에 있어 그 토지 위에 신축된 건물의 매수인은 위 계약해제로 권리를 침해당하지 않을 제3자에 해당하지 아니한다.

(대법원 1991.5.28. 선고 90다카16761 판결【건물철거등】[집39(2)민,325;공1991.7.15.(900),1739])

(123) 주택에 대한 매매계약의 해제로 인하여 소유권을 상실하게 된 임대인으로부터 그 계약이 해제되기 전에 주택을 임차받아 주택임대차보호법상의 대항요건을 갖춘 임차인에 대하여 계약해제로 소유권을 회복한 제 3 자가 임대보증금반환채무를 부담하는지 여부(적극)

<판결요지>

소유권을 취득하였다가 계약해제로 인하여 소유권을 상실하게 된 임대인으로부터 그 계약이 해제되기 전에 주택을 임차받아 주택의 인도와 주민등록을 마침으로써 주택임대차보호법 제 3 조 제 1 항에 의한 대항요건을 갖춘 임차인은 민법 제548조 제 1 항 단서의 규정에 따라 계약해제로 인하여 권리를 침해받지 않는 제 3 자에 해당하므로 임대인의 임대권원의 바탕이 되는 계약의 해제에도 불구하고 자신의 임차권을 새로운 소유자에게 대항할 수 있고, 이 경우 계약해제로 소유권을 회복한 제 3 자는 주택임대차보호법 제 3 조 제 2 항에 따라 임대인의 지위를 승계한다.

<참조조문>

민법 제548조, 주택임대차보호법 제 3 조 제 1 항, 제 2 항

(대법원 2003.8.22. 선고 2003다12717 판결【임대차보증금】[공2003.10.1.(187),1921])

(124) 소유명의자가 아닌 자로서는 실제로 그 건물을 점유하고 있다고 하더라도 그 건물의 부지를 점유하는 자로는 볼 수 없다. 등

<판결요지>

[1] 사회통념상 건물은 그 부지를 떠나서는 존재할 수 없는 것이므로 건물의 부지가 된 토지는 그 건물의 소유자가 점유하는 것으로 볼 것이고, 이 경우 건물의 소유자가 현실적으로 건물이나 그 부지를 점거하고 있지 아니하고 있더라도 그 건물의 소유를 위하여 그 부지를 점유한다고 보아야 한다.

[2] 미등기건물을 양수하여 건물에 관한 사실상의 처분권을 보유하게 됨으로써 그 양수인이 건물부지 역시 아울러 점유하고 있다고 볼

수 있는 등의 다른 특별한 사정이 없는 한 건물의 소유명의자가 아닌 자로서는 실제로 그 건물을 점유하고 있다고 하더라도 그 건물의 부지를 점유하는 자로는 볼 수 없다.

(대법원 2003.11.13. 선고 2002다57935 판결【건물철거등】[공2003.12.15.(192), 2314])

※ 비점유설 — 판례와 실무

(124-1) 민법 제548조 제 1 항 단서 소정의 '제 3 자'의 의미 및 계약상의 채권을 양수하거나 그 채권 자체를 압류 또는 전부한 채권자가 이에 해당하는지 여부(소극) 등

<판시사항>

[1] 관련 민사사건 확정판결의 증명력

[2] 소유권이전등기청구권의 압류 또는 가압류 후 채무자 또는 제 3 채무자가 매매계약 자체를 해제할 수 있는지 여부(적극)

[3] 민법 제548조 제 1 항 단서 소정의 '제 3 자'의 의미 및 계약상의 채권을 양수하거나 그 채권 자체를 압류 또는 전부한 채권자가 이에 해당하는지 여부(소극)

[4] 제 3 채무자가 소유권이전등기청구권에 대한 압류명령에 위반하여 채무자에게 소유권이전등기를 경료한 후 채무자의 대금지급의무의 불이행을 이유로 매매계약을 해제한 경우, 압류채권자에 대한 불법행위의 성립 여부(소극)

<판결요지>

[1] 민사재판에 있어서 이미 확정된 관련 민사사건에서 인정된 사실은 특별한 사정이 없는 한 유력한 증거가 되므로 합리적인 이유 설시 없이 이를 배척할 수 없다.

[2] 소유권이전등기청구권의 가압류나 압류가 행하여지면 제 3 채무자로서는 채무자에게 등기이전행위를 하여서는 아니되고, 그와 같은 행위로 채권자에게 대항할 수 없다 할 것이나, 가압류나 압류에 의하여 그 채권의 발생원인인 법률관계에 대한 채무자와 제 3 채무자의 처분까지도 구속되는 것은 아니므로 기본적 계약관계인 매매계약

자체를 해제할 수 있다.

[3] 민법 제548조 제1항 단서에서 말하는 제3자란 일반적으로 그 해제된 계약으로부터 생긴 법률효과를 기초로 하여 해제 전에 새로운 이해관계를 가졌을 뿐 아니라 등기, 인도 등으로 완전한 권리를 취득한 자를 말하므로 계약상의 채권을 양수한 자나 그 채권 자체를 압류 또는 전부한 채권자는 여기서 말하는 제3자에 해당하지 아니한다.

[4] 제3채무자가 소유권이전등기청구권에 대한 압류명령에 위반하여 채무자에게 소유권이전등기를 경료한 후 채무자의 대금지급의무의 불이행을 이유로 매매계약을 해제한 경우, 해제의 소급효로 인하여 채무자의 제3채무자에 대한 소유권이전등기청구권이 소급적으로 소멸함에 따라 이에 터잡은 압류명령의 효력도 실효되는 이상 압류채권자는 처음부터 아무런 권리를 갖지 아니한 것과 마찬가지 상태가 되므로 제3채무자가 압류명령에 위반되는 행위를 한 후에 매매계약이 해제되었다 하여도 불법행위는 성립하지 아니한다.

(대법원 2000.4.11. 선고 99다51685 판결【손해배상(기)】[공2000.6.1.(107),1177])

(124-2) 계약해제의 효과를 주장할 수 없는 제3자의 범위 등

<판시사항>

가. 매매계약이 체결되었으면 소유서류위조 등의 방법으로 매수인 앞으로 경료된 소유권이전등기도 실체적 권리관계에 부합되는 것인지 여부

나. 계약해제의 효과를 주장할 수 없는 제3자의 범위

<판결요지>

가. 공부상 공시된 등기가 실체적 권리관계에 부합한다 함은 그 등기절차에 문서의 위조등 어떤 하자가 있다 하더라도 진실한 권리관계와 합치되는 것을 말하는 것으로 약정매매대금 전액이 지급되었다거나 또는 매매대금 완불 이전이라고 하더라도 그 소유권이전등기를 하기로 하는 약정이 있었다고 할 수 없다면 소유서류 위조등의 방법으로 한 매수인명의의 소유권이전등기는 매도인의 의사에 반하는

것임이 분명하여 실체적 권리관계에 부합한다고 할 이유나 근거가 없다.

나. 계약당사자의 일방이 계약을 해제하였을 때에는 계약은 소급하여 소멸하여 해약당사자는 각 원상회복의 의무를 지게 되나 이 경우 계약해제로 인한 원상회복등기 등이 이루어지기 이전에 계약의 해제를 주장하는 자와 양립되지 아니하는 법률관계를 가지게 되었고 계약해제사실을 몰랐던 제 3 자에 대하여는 계약해제를 주장할 수 없다.

(대법원 1985.4.9. 선고 84다카130,84다카131 판결【소유권이전등기말소등】[집33(1)민,167;공1985.6.1.(753),716])

(124-3) 계약해제의 효과를 주장할 수 없는 제 3 자의 범위 및 제 3 자의 악의에 대한 증명책임의 소재 등

<판시사항>

[1] 계약의 합의해제에 있어 민법 제548조 제 1 항 단서가 적용되는지 여부(적극)

[2] 계약해제의 효과를 주장할 수 없는 제 3 자의 범위 및 제 3 자의 악의에 대한 증명책임의 소재

<판결요지>

[1] 계약의 합의해제에 있어서도 민법 제548조의 계약해제의 경우와 같이 이로써 제 3 자의 권리를 해할 수 없다.

[2] 계약해제시 계약은 소급하여 소멸하게 되어 해약당사자는 각 원상회복의 의무를 부담하게 되나 이 경우 계약해제로 인한 원상회복등기 등이 이루어지기 이전에 해약당사자와 양립되지 아니하는 법률관계를 가지게 되었고 계약해제 사실을 몰랐던 제 3 자에 대하여는 계약해제를 주장할 수 없고, 이 경우 제 3 자가 악의라는 사실의 주장·입증책임은 계약해제를 주장하는 자에게 있다.

(대법원 2005.6.9. 선고 2005다6341 판결【소유권이전등기말소등기】[공2005.7.15.(230),1122])

(124-4) 원고가 소유권에 기하여 피고를 상대로 부동산의 불법점유를 이유로 한 부동산반환청구 및 점유기간 동안의 부당이득반환청구를 한 경우, 원고의 부당이득 주장이 이유 있는 것으로 판단된다면 민법 제201조 제 1 항, 제197조 제 1 항에도 불구하고 적어도 그 소제기일부터는 피고의 점유를 악의로 의제하여 피고에 대하여 부당이득의 반환을 명하여야 한다고 본 사례

<판시사항>

[1] 민법 제197조 제 2 항 소정의 '본권에 관한 소'에 소유권 침해를 이유로 한 부당이득반환청구소송이 포함되는지 여부(적극)

[2] 원고가 소유권에 기하여 피고를 상대로 부동산의 불법점유를 이유로 한 부동산반환청구 및 점유기간 동안의 부당이득반환청구를 한 경우, 원고의 부당이득 주장이 이유 있는 것으로 판단된다면 민법 제201조 제 1 항, 제197조 제 1 항에도 불구하고 적어도 그 소제기일부터는 피고의 점유를 악의로 의제하여 피고에 대하여 부당이득의 반환을 명하여야 한다고 본 사례

<판결요지>

[1] 민법 제201조 제 1 항에 의하면, 선의의 점유자는 점유물의 과실을 취득한다고 규정되어 있고, 민법 제197조 제 1 항에 의하면, 점유는 선의인 것으로 추정되도록 규정되어 있으나, 같은 조 제 2 항에는 선의의 점유자라도 본권에 관한 소에 패소한 때에는 그 소가 제기된 때로부터 악의의 점유자로 본다고 규정되어 있는바, 위 민법 제197조 제 2 항의 취지와 부당이득반환에 관한 민법 제749조 제 2 항의 취지 등에 비추어 볼 때, 여기서의 본권에 관한 소에는 소유권에 기하여 점유물의 인도나 명도를 구하는 소송은 물론 부당점유자를 상대로 점유로 인한 부당이득의 반환을 구하는 소송도 포함된다.

[2] 원고가 소유권에 기하여 피고를 상대로 부동산의 불법점유를 이유로 한 부동산반환청구 및 점유기간 동안의 부당이득반환청구를 한 경우, 부당이득반환청구에 민법 제201조 제 1 항, 제197조 제 1 항을 적용함에 있어서는 소유권에 기한 부동산반환청구가 변론종결 전에 소유권이 상실되었음을 이유로 배척된다고 하더라도, 법원으로서는

소유권 상실 이전 기간의 부당이득반환청구와 관련하여 원고의 소유권의 존부와 피고의 점유 권원의 유무 등을 가려서 그 청구의 당부를 판단하고, 원고의 부당이득 주장이 이유 있는 것으로 판단된다면 민법 제201조 제1항, 제197조 제1항에도 불구하고 적어도 그 소제기일부터는 피고의 점유를 악의로 의제하여 피고에 대하여 부당이득의 반환을 명하여야 한다고 본 사례

(대법원 2002.11.22. 선고 2001다6213 판결【건물명도등】[공2003.1.15.(170),141])

제 8 장 건물인도, 임대차보증금반환 등 청구 소송

1. 임대차보증금반환청구 — 요건사실

① 임대차계약의 체결

② 임대차보증금의 지급

③ 임대차의 종료

2. 중요 판례

(125) 임대차계약 성립을 일시 부인하였다 하여 임대차계약 해지의 의사표시를 하는 것이 금반언의 원칙에 반하는지 여부, 임대차보증금의 존재를 이유로 차임의 지급을 거절하거나 그 연체에 따른 채무불이행 책임을 면할 수 있는지 여부

<판결요지>

가. 임대인와 임차인 사이에 임대차계약의 기간 목적물 등에 관하여 분쟁이 있었고, 그 분쟁 중에 임대인이 임대차계약의 성립을 일시 부인한 사실이 있었다고 하더라도 그 사실만으로 2기 이상의 차임연체를 이유로 한 임대차계약 해지의 의사표시가 금반언의 원칙에 위배된다고 할 수 없다.

나. 임차인이 임대차계약을 체결할 당시 임대인에게 지급한 임대차보증금으로 연체차임 등 임대차관계에서 발생하는 임차인의 모든 채무가 담보된다 하여 임차인이 그 보증금의 존재를 이유로 차임의 지급을 거절하거나 그 연체에 따른 채무불이행 책임을 면할 수는 없다.

(대법원 1994.9.9. 선고 94다4417 판결【건물철거등】[공1994.10.15.(978),2609])

(126) 임대차계약이 종료되었으나 그 목적물이 명도되지 않은 경우, 임차인이 임대차보증금이 있음을 이유로 연체차임의 지급을 거절할 수 있는지 여부(소극) 등

<판시사항>

[1] 임대차계약이 종료되었으나 그 목적물이 명도되지 않은 경우, 임차인이 임대차보증금이 있음을 이유로 연체차임의 지급을 거절할 수 있는지 여부(소극) 및 임대차보증금액보다 임차인의 채무액이 많은 경우, 변제충당의 방법

[2] 임대차와 전대차가 모두 종료된 경우, 전차인은 전대인에게 전대차 종료일 이후부터 목적물 명도 완료일까지의 차임 상당 부당이득금을 반환할 의무가 있는지 여부(적극)

[3] 공작물의 소유를 목적으로 한 토지 전차인이 전대차가 적법하게 해지된 후에도 당해 토지 위에 권한 없이 공작물을 소유하고 있는 경우, 그 토지의 차임에 상당하는 부당이득을 얻고 있는 것인지 여부(적극)

<판결요지>

[1] 임대차보증금은 임대차계약이 종료된 후 임차인이 목적물을 인도할 때까지 발생하는 차임 및 기타 임차인의 채무를 담보하는 것으로서 그 피담보채무액은 임대차관계의 종료 후 목적물이 반환될 때에 특별한 사정이 없는 한 별도의 의사표시 없이 임대차보증금에서 당연히 공제되는 것이므로, 특별한 사정이 없는 한 임대차계약이 종료되었다 하더라도 목적물이 명도되지 않았다면 임차인은 임대차보증금이 있음을 이유로 연체차임의 지급을 거절할 수 없는 것이고, 또한 임대차보증금액보다도 임차인의 채무액이 많은 경우에는 민법 제477조에서 정하고 있는 법정충당순서에 따라야 하는 것이다.

[2] 임대차는 당사자 일방이 상대방에게 목적물을 사용·수익하게 할 것을 약정하고 상대방이 이에 대하여 차임을 지급할 것을 약정함으로써 그 효력이 생기는 것이므로, 임차인은 임대차계약이 종료된 경우

특별한 사정이 없는 한 임대인에게 그 목적물을 명도하고 임대차 종료일까지의 연체차임을 지급할 의무가 있음은 물론, 임대차 종료일 이후부터 목적물 명도 완료일까지 그 부동산을 점유·사용함에 따른 차임 상당의 부당이득금을 반환할 의무도 있다고 할 것인데, 이와 같은 법리는 임차인이 임차물을 전대하였다가 임대차 및 전대차가 모두 종료된 경우의 전차인에 대하여도 특별한 사정이 없는 한 그대로 적용된다.

[3] 타인 소유의 토지 위에 권한 없이 건물을 소유하고 있는 자는 그 자체로서 특별한 사정이 없는 한 법률상 원인 없이 타인의 재산으로 토지의 차임에 상당하는 이익을 얻고 그로 인하여 타인에게 동액 상당의 손해를 주고 있다고 보아야 하는데, 건물 이외의 공작물의 소유를 목적으로 한 토지 전차인이 당해 토지 위에 권한 없이 공작물을 소유하고 있는 경우에도 이와 마찬가지로 풀이하여야 한다.

(대법원 2007.8.23. 선고 2007다21856,21863 판결【임대차보증금·손해배상(기)】[공2007.9.15.(282),1453])

(127) 건물임대차에 있어서의 임차보증금의 성질, 건물임대차보증금 반환채권에 대한 전부명령의 효력범위

<판결요지>

가. 건물임대차에 있어서의 임차보증금은 임대차존속중의 임료뿐만 아니라 건물명도의무이행에 이르기까지 발생한 손해배상채권 등 임대차계약에 의하여 임대인이 임차인에 대하여 갖는 일체의 채권을 담보하는 것으로서 임대차종료 후에 임대인에게 명도할 때 체불임료 등 모든 피담보채무를 공제한 잔액이 있을 것을 조건으로 하여 그 잔액에 관한 임차인의 보증금반환청구권이 발생한다.

나. 임차보증금을 피전부채권으로 하여 전부명령이 있을 경우에도 제3채무자인 임대인은 임차인에게 대항할 수 있는 사유로서 전부채권자에게 대항할 수 있는 것이어서 건물임대차보증금의 반환채권에 대한 전부명령의 효력이 그 송달에 의하여 발생한다고 하여도 위 보증금반환채권은 임대인의 채권이 발생하는 것을 해제조건으로 하

는 것이므로 임대인의 채권을 공제한 잔액에 관하여서만 전부명령이 유효하다.

(대법원 1988.1.19. 선고 87다카1315 판결【전부금】[공1988.3.1.(819),408])

(128) 임차인이 임대차계약 종료 이후에도 동시이행의 항변권을 행사하는 방법으로 목적물의 반환을 거부하기 위하여 임차건물부분을 계속 점유하기는 하였으나 이를 본래의 임대차계약상의 목적에 따라 사용·수익하지 아니하여 실질적인 이득을 얻은 바 없는 경우에는 그로 인하여 임대인에게 손해가 발생하였다 하더라도 임차인의 부당이득반환의무는 성립되지 아니한다 할 것이다.

(대법원 2001.2.9. 선고 2000다61398 판결【청구이의】[공2001.4.1.(127),632])

(129) 임대차계약상의 차임채권에 관하여 압류 및 추심명령이 있더라도 임대차 종료 후 목적물의 반환시 그 때까지 추심되지 않은 잔존 차임채권액이 임대보증금에서 당연히 공제되는 것인지 여부(적극)

<판결요지>

부동산 임대차에 있어서 수수된 보증금은 차임채무, 목적물의 멸실·훼손 등으로 인한 손해배상채무 등 임대차에 따른 임차인의 모든 채무를 담보하는 것으로서 그 피담보채무 상당액은 임대차관계의 종료 후 목적물이 반환될 때에 특별한 사정이 없는 한 별도의 의사표시 없이 보증금에서 당연히 공제되는 것이므로, 임대보증금이 수수된 임대차계약에서 차임채권에 관하여 압류 및 추심명령이 있었다 하더라도, 당해 임대차계약이 종료되어 목적물이 반환될 때에는 그 때까지 추심되지 아니한 채 잔존하는 차임채권 상당액도 임대보증금에서 당연히 공제된다.

(대법원 2004.12.23. 선고 2004다56554,56660 판결【건물명도】[공2005.2.1.(219),187])

※ 공제불가를 주장하는 재재항변자는 실제의 추심사실을 입증하여야 한다.

① 주장 — 건물인도

② 항변 — 동시이행

③ 재항변 — 연체차임, 부당이득 공제
④ 재재항변 — 공제액이 변제 등으로 소멸

(130) 임대차계약에 있어서 월세의 지급이 약정되어 있어 일단 임대차보증금이 담보하는 월세지급채무가 발생하고 있는 이상 월세가 모두 지급되어 그 채무가 소멸하였다는 사실은 그 보증금의 반환을 구하는 원고가 이를 주장·입증하여야 한다.

(대법원 1978.12.26. 선고 78다2084 판결【해약금】[집26(3)민,392;공1979.4.15.(606),11698])

(131) 토지인도를 명한 채무명의의 효력이 그 지상에 건립된 건물이나 식재된 수목에까지 미치는지 여부

<판결요지>

토지의 인도를 명한 채무명의의 효력은 그 지상에 건립된 건물이나 식재된 수목의 인도에 까지 미치는 것이 아니고 또한 위와 같은 건물이나 수목을 그대로 둔 채 토지에 대한 점유만을 풀어 채권자에게 인도할 수도 없는 것이니, 집달관으로서는 지상에 건물이 건축되어 있거나 수목이 식재되어 있는 토지에 대하여는 그 지상물의 인도, 철거 등을 명하는 채무명의가 따로 없는 이상 토지를 인도하라는 채무명의만으로는 그 인도집행을 실시할 수 없다.

(대법원 1986.11.18. 자 86마902 결정【집행방법에관한이의기각결정】[집34(3)민,127;공1987.2.15.(794),223])

(132) 타인 소유의 토지 위에 권원 없이 건물을 소유하고 있으나 실제로 이를 사용·수익하지 않고 있는 경우, 부당이득반환의무의 유무(적극) 등

<판시사항>

[1] 타인 소유의 토지 위에 권원 없이 건물을 소유하고 있으나 실제로 이를 사용·수익하지 않고 있는 경우, 부당이득반환의무의 유무(적극)
[2] 토지 임대차기간 만료시 임차인이 지상 건물을 양도하거나 철거하기로 하는 약정의 효력(무효)

[3] 토지 임차인이 건물매수청구권을 행사한 경우, 토지 임차인의 건물 명도 및 소유권이전등기의무와 토지 임대인의 건물대금지급의무가 동시이행관계에 있는지 여부(적극)

<판결요지>

[1] 타인 소유의 토지 위에 권한 없이 건물을 소유하고 있는 자는 그 자체로써 특별한 사정이 없는 한 법률상 원인 없이 타인의 재산으로 인하여 토지의 차임에 상당하는 이익을 얻고 이로 인하여 타인에게 동액 상당의 손해를 주고 있다고 보아야 한다.

[2] 토지 임대인과 임차인 사이에 임대차기간 만료시에 임차인이 지상 건물을 양도하거나 이를 철거하기로 하는 약정은 특별한 사정이 없는 한, 민법 제643조 소정의 임차인의 지상물매수청구권을 배제하기로 하는 약정으로서 임차인에게 불리한 것이므로 민법 제652조의 규정에 의하여 무효라고 보아야 한다.

[3] 토지 임차인의 매수청구권 행사로 지상 건물에 대하여 시가에 의한 매매 유사의 법률관계가 성립된 경우에는 임차인의 건물명도 및 그 소유권이전등기의무와 토지 임대인의 건물대금지급의무는 서로 대가관계에 있는 채무가 되므로, 임차인이 임대인에게 매수청구권이 행사된 건물들에 대한 명도와 소유권이전등기를 마쳐주지 아니하였다면 임대인에게 그 매매대금에 대한 지연손해금을 구할 수 없다.

(대법원 1998.5.8. 선고 98다2389 판결【건물명도】[공1998.6.15.(60),1593])

(133) 사회통념상 건물은 그 부지를 떠나서는 존재할 수 없는 것이고, 건물의 소유자는 현실로 건물이나 그 대지를 점거하고 있지 않더라도 그 건물의 소유를 위하여 그 부지를 점유한다고 보아야 한다.

(대법원 1991.6.25. 선고 91다10329 판결【임대료】[공1991.8.15.(902),2010])

(134) 여러 사람이 공동으로 법률상 원인 없이 타인의 재산을 사용한 경우의 부당이득 반환채무는 특별한 사정이 없는 한 불가분적 이득의 반환으로서 불가분채무이고, 불가분채무는 각 채무자가 채무 전부를 이행할 의무가 있으며, 1인의 채무이행으로 다른 채무자도 그 의무를 면하게 된다.

(대법원 2001.12.11. 선고 2000다13948 판결【부당이득금반환】[공2002.2.1.(147), 251])

(135) 공동의 점유 사용으로 인한 부당이득반환채무가 불가분채무인지 여부

<판결요지>

공동의 점유 사용으로 말미암아 부담하게 되는 부당이득의 반환채무는 불가분적 이득의 상환으로서 특별한 사정이 없는 한 채무자들이 각자 채무 전부를 이행할 의무가 있는 불가분채무이다.

(대법원 1991.10.8. 선고 91다3901 판결【담장철거등】[공1991.12.1.(909),2678])

(136) 공동상속인들의 건물철거의무의 성질

<판결요지>

공동상속인들의 건물철거의무는 그 성질상 불가분채무라고 할 것이고 각자 그 지분의 한도 내에서 건물 전체에 대한 철거의무를 지는 것이다.

<판결이유>

피고들의 원고에 대한 건물철거의 의무가 그 성질상 불가분 채무에 속하는 것이라고 판단하였음은 법리상 정당한 것으로 인정이 되며, 또 원심이 이러한 경우 피고들은 각자가 건물 전체에 관하여 철거의무를 부담하는 것이라고 판단하고 있는 섯은 피고늘은 각자 그 지분의 한도 내에서 건물 전체에 관한 철거의무를 진다는 취지이지(본원 1968.7.31. 선고 68다1102판결, 1969.7.22. 선고 69다609 판결 등 참조), 결코 피고들에게 공동 상속인들의 다른 한 사람인 소외 한필수의 고유지분에 관하여서까지 그 철거의무를 부담시키고 있는 것은 아니라고 할 것이므로

(대법원 1980.6.24. 선고 80다756 판결【건물철거】[공1980.8.15.(638),12961])

(137) 타인의 토지 위에 권한 없이 건물을 소유하고 있는 자가 반환할 차임 상당액의 부당이득을 산정함에 있어, 그 건물이 존재하는 사정을 참작할 것인지 여부 등

<판시사항>

가. 타인의 토지 위에 권한 없이 건물을 소유하고 있는 자가 반환할 차임 상당액의 부당이득을 산정함에 있어, 그 건물이 존재하는 사정을 참작할 것인지 여부

나. 법정지상권자가 지급할 지료를 산정함에 있어, 그 건물이 건립되어 있어 토지 소유권이 제한받는 사정을 참작하여야 하는지 여부

다. 법정지상권이 있는 건물의 양수인이 대지의 점거사용으로 얻은 실질적 이득을 대지 소유자에게 부당이득으로 반환해야 하는지 여부

<판결요지>

가. 타인 소유의 토지 위에 소재하는 건물의 소유자가 법률상 원인 없이 토지를 점유함으로 인하여 토지의 소유자에게 반환하여야 할 토지의 차임에 상당하는 부당이득 금액을 산정하는 경우에, 특별한 사정이 없는 한 토지 위에 건물이 소재함으로써 토지의 사용권이 제한을 받는 사정은 참작할 필요가 없다.

나. 법정지상권자가 지급할 지료를 정함에 있어서 법정지상권 설정 당시의 제반 사정을 참작하여야 하나, 법정지상권이 설정된 건물이 건립되어 있음으로 인하여 토지의 소유권이 제한을 받는 사정은 참작·평가하여서는 안된다.

다. 법정지상권이 있는 건물의 양수인으로서 장차 법정지상권을 취득할 지위에 있어 대지소유자의 건물철거나 대지인도 청구를 거부할 수 있는 지위에 있는 자라고 할지라도, 그 대지의 점거사용으로 얻은 실질적 이득은 이로 인하여 대지소유자에게 손해를 끼치는 한에 있어서는 부당이득으로서 이를 대지소유자에게 반환할 의무가 있다.

(대법원 1995.9.15. 선고 94다61144 판결【지료등】[공1995.10.15.(1002),3389])

제 9 장 전부금 청구 소송
—임대차

1. 전부금 청구 요건사실

① 피전부채권의 존재

② 그 채권에 대하여 전부명령을 받은 사실

③ 전부명령이 제 3 채무자에게 송달되고 확정된 사실

민사집행법

제229조(금전채권의 현금화방법)

① 압류한 금전채권에 대하여 압류채권자는 추심명령(추심명령)이나 전부명령(전부명령)을 신청할 수 있다.

② 추심명령이 있는 때에는 압류채권자는 대위절차(대위절차) 없이 압류채권을 추심할 수 있다.

③ 전부명령이 있는 때에는 압류된 채권은 지급에 갈음하여 압류채권자에게 이전된다.

④ 추심명령에 대하여는 제227조 제 2 항 및 제 3 항의 규정을, 전부명령에 대하여는 제227조 제 2 항의 규정을 각각 준용한다.

⑤ 전부명령이 제 3 채무자에게 송달될 때까지 그 금전채권에 관하여 다른 채권자가 압류·가압류 또는 배당요구를 한 경우에는 전부명령은 효력을 가지지 아니한다.

⑥ 제 1 항의 신청에 관한 재판에 대하여는 즉시항고를 할 수 있다.

⑦ 전부명령은 확정되어야 효력을 가진다.

⑧ 전부명령이 있은 뒤에 제49조 제 2 호 또는 제 4 호의 서류를 제출한 것을 이유로 전부명령에 대한 즉시항고가 제기된 경우에는 항고법원은 다른 이유로 전부명령을 취소하는 경우를 제외하고는 항고에 관한 재판을 정지하여야 한다.

제231조(전부명령의 효과)

전부명령이 확정된 경우에는 전부명령이 제 3 채무자에게 송달된 때에 채무자가 채무를 변제한 것으로 본다. 다만, 이전된 채권이 존재하지 아니한 때에는 그러하지 아니하다.

제232조(추심명령의 효과)

① 추심명령은 그 채권전액에 미친다. 다만, 법원은 채무자의 신청에 따라 압류채권자를 심문하여 압류액수를 그 채권자의 요구액수로 제한하고 채무자에게 그 초과된 액수의 처분과 영수를 허가할 수 있다.

② 제 1 항 단서의 제한부분에 대하여 다른 채권자는 배당요구를 할 수 없다.

③ 제 1 항의 허가는 제 3 채무자와 채권자에게 통지하여야 한다.

2. 중요 판례

(138) 임대차보증금반환채권이 가압류 또는 압류된 후 임차인이 임대인의 승낙하에 임차권을 양도한 경우, 임대차보증금반환채권의 이행기 도래 여부(적극), 임차인이 임대인의 승낙하에 임차권을 양도하고 신 임차인에게 임차목적물을 명도한 경우, 구 임차인의 임대인에 대한 명도의무의 이행완료 여부(적극) 등

<판시사항>

[1] 임대차보증금반환채권이 가압류 또는 압류된 후 임차인이 임대인의 승낙하에 임차권을 양도한 경우, 임대차보증금반환채권의 이행기 도래 여부(적극)

[2] 임대차보증금반환채권이 가압류 또는 압류된 후 임차인이 임대인의 승낙하에 임차권을 양도한 경우, 신 임차인이 부담할 연체차임 등의 새로운 채무를 구 임차인에게 반환할 임대차보증금에서 공제할 수

있는지 여부(소극)

[3] 임차인이 임대인의 승낙하에 임차권을 양도하고 신 임차인에게 임차목적물을 명도한 경우, 구 임차인의 임대인에 대한 명도의무의 이행완료 여부(적극)

[4] 소송촉진등에관한특례법 제 3 조 제 2 항의 '채무자가 그 이행의무의 존부나 범위에 관하여 항쟁함이 상당하다고 인정되는 때' 및 '그 상당한 범위'의 의미

<판결요지>

[1] 임대차보증금반환채권이 가압류 또는 압류된 후 임차권이 양도된 경우에 임대인이 위 임차권의 양도를 승낙하였다면 임대인과 구 임차인과의 임대차관계는 종료되어 구 임차인은 임대차관계로부터 이탈하게 되고, 구 임차인의 임대차보증금반환채권은 구 임차인과 임대인과의 임대차관계의 종료로 인하여 임대인의 임차권 양도 승낙시에 이행기에 도달하게 된다고 보아야 한다.

[2] 위 [1]항의 경우, 임대차보증금에 관한 구 임차인의 권리의무관계는 구 인차인이 임대인과 사이에 임대차보증금을 신 임차인의 채무불이행의 담보로 하기로 약정하거나 신 임차인에 대하여 임대차보증금반환채권을 양도하기로 하는 등의 특별한 사정이 없는 한 신 임차인에게 승계되지 아니하며, 구 임차인이 임대인과 사이에 임대차보증금을 신 임차인의 채무의 담보로 하기로 약정하거나 신 임차인에 대하여 임대차보증금반환채권을 양도하기로 한 때에도 그 이전에 임대차보증금반환채권이 제 3 자에 의하여 가압류 또는 압류되어 있는 경우에는 위와 같은 합의나 양도의 효력은 압류권자 등에게 대항할 수 없으므로, 신 임차인이 차임지급을 연체하는 등 새로운 채무를 부담하게 되었다고 하여 그 연체차임 등을 구 임차인에게 반환할 임대차보증금에서 공제할 수는 없다.

[3] 임대인이 임차권의 양도를 승낙하여 신 임차인이 구 임차인으로부터 임차목적물을 명도받았다면 구 임차인이 임대인에게 명도하여 임대인이 다시 신 임차인에게 명도하는 대신 구 임차인이 임대인의

승낙하에 직접 신 임차인에게 명도하는 것으로서 명도의무의 이행을 다한 것으로 보아야 한다.

[4] 소송촉진등에관한특례법 제3조 제2항은 "채무자가 그 이행의무의 존재를 선언하는 사실심 판결이 선고되기까지 그 존부나 범위에 관하여 항쟁함이 상당하다고 인정되는 때에는 그 상당한 범위 안에서 제1항의 규정을 적용하지 아니한다"고 규정함으로써 금전채무불이행으로 인한 손해배상액 산정의 기준이 되는 법정이율의 특례를 규정한 같은 조 제1항의 규정의 적용을 배제할 수 있는 경우를 들고 있는바, 위 법조항 소정의 '채무자가 그 이행의무의 존부나 범위에 관하여 항쟁함이 상당하다고 인정되는 때'라고 하는 것은 그 이행의무의 존부나 범위에 관하여 항쟁하는 채무자의 주장에 상당한 근거가 있는 것으로 인정되는 때를 가리키는 것으로 해석되므로, 채무자가 위와 같이 항쟁함이 상당한 것인지의 여부는 당해 사건에 관한 법원의 사실인정과 그 평가에 관한 문제라고 할 것이고, 한편 같은 조항 후단의 '그 상당한 범위'는 '채무자가 항쟁함에 상당한 기간의 범위'를 뜻하는 것으로서 채무자가 당해 사건의 사실심(제1심 또는 항소심)에서 항쟁할 수 있는 기간은 사실심 판결 선고시까지로 보아야 하므로, 그 선고시 이후에는 어떤 이유로든지 같은 조 제1항의 적용을 배제할 수 없으나, 소장 또는 이에 준하는 서면이 채무자에게 송달된 다음날부터 그 심급의 판결 선고 전이기만 하면 법원은 그 항쟁함에 상당한 기간의 범위를 적절히 정할 수 있다 할 것이다.

(대법원 1998.7.14. 선고 96다17202 판결【전부금】[공1998.8.15.(64),2103])

(139) 종전의 임차인이 임대인으로부터 새로 목적물을 임차한 사람에게 그 목적물을 임대인의 동의 아래 직접 넘긴 경우, 임대인의 동시이행항변 인정 여부(소극)

<판결요지>

임대차관계가 종료된 후 임차인이 목적물을 임대인에게 반환하였으면 임대인은 보증금을 무조건으로 반환하여야 하고, 임차인으로부터 목적물의 인도를 받는 것과의 상환이행을 주장할 수 없다. 그리고 이는 종전의 임차인이 임대인으로부터 새로 목적물을 임차한 사람에게 그 목적물을 임대인의 동의 아래 직접 넘긴 경우에도 다를 바 없다. 그 경우 임차인의 그 행위는 임대인이 임차인으로부터 목적물을 인도받아 이를 새로운 임차인에게 다시 인도하는 것을 사실적인 실행의 면에서 간략하게 한 것으로서, 법적으로는 두 번의 인도가 행하여진 것으로 보아야 하므로, 역시 임대차관계 종료로 인한 임차인의 임대인에 대한 목적물반환의무는 이로써 제대로 이행되었다고 할 것이기 때문이다.

(대법원 2009.6.25. 선고 2008다55634 판결【추심금】[공2009하,1411])

(140) 채권양도 통지와 가압류결정 정본이 채무자에게 동시에 도달된 경우 채권양수인 또는 가압류채권자의 이행청구 가부 및 양자 사이의 정산의무 유무 등

<판시사항>

가. 채권양수인과 동일 채권에 대하여 가압류명령을 집행한 자 사이의 우열결정기준

나. 채권양도 통지와 가압류결정 정본이 채무자에게 동시에 도달된 경우 채권양수인 또는 가압류채권자의 이행청구 가부 및 양자 사이의 정산의무 유무

다. 채권양도 통지와 가압류결정 정본을 동시에 송달받은 채무자의 변제공탁 가부

라. 채권양도 통지와 가압류결정 정본이 같은 날 도달된 경우 동시 도달 추정 여부

<판결요지>

가. 채권이 이중으로 양도된 경우의 양수인 상호간의 우열은 통지 또는 승낙에 붙여진 확정일자의 선후에 의하여 결정할 것이 아니라, 채권양도에 대한 채무자의 인식, 즉 확정일자 있는 양도통지가 채무자에게 도달한 일시 또는 확정일자 있는 승낙의 일시의 선후에 의하여 결정하여야 할 것이고, 이러한 법리는 채권양수인과 동일 채권에 대하여 가압류명령을 집행한 자 사이의 우열을 결정하는 경우에 있어서도 마찬가지이므로, 확정일자 있는 채권양도 통지와 가압류결정

정본의 제 3 채무자(채권양도의 경우는 채무자)에 대한 도달의 선후에 의하여 그 우열을 결정하여야 한다.

나. 채권양도 통지, 가압류 또는 압류명령 등이 제 3 채무자에 동시에 송달되어 그들 상호간에 우열이 없는 경우에도 그 채권양수인, 가압류 또는 압류채권자는 모두 제 3 채무자에 대하여 완전한 대항력을 갖추었다고 할 것이므로, 그 전액에 대하여 채권양수금, 압류전부금 또는 추심금의 이행청구를 하고 적법하게 이를 변제받을 수 있고, 제 3 채무자로서는 이들 중 누구에게라도 그 채무 전액을 변제하면 다른 채권자에 대한 관계에서도 유효하게 면책되는 것이며, 만약 양수채권액과 가압류 또는 압류된 채권액의 합계액이 제 3 채무자에 대한 채권액을 초과할 때에는 그들 상호간에는 법률상의 지위가 대등하므로 공평의 원칙상 각 채권액에 안분하여 이를 내부적으로 다시 정산할 의무가 있다.

다. 채권양도의 통지와 가압류 또는 압류명령이 제 3 채무자에게 동시에 송달되었다고 인정되어 채무자가 채권양수인 및 추심명령이나 전부명령을 얻은 가압류 또는 압류채권자 중 한 사람이 제기한 급부소송에서 전액 패소한 이후에도 다른 채권자가 그 송달의 선후에 관하여 다시 문제를 제기하는 경우 기판력의 이론상 제 3 채무자는 이중지급의 위험이 있을 수 있으므로, 동시에 송달된 경우에도 제 3 채무자는 송달의 선후가 불명한 경우에 준하여 채권자를 알 수 없다는 이유로 변제공탁을 함으로써 법률관계의 불안으로부터 벗어날 수 있다.

라. 채권양도 통지와 채권가압류결정 정본이 같은 날 도달되었는데 그 선후관계에 대하여 달리 입증이 없으면 동시에 도달된 것으로 추정한다.

<참조조문>

가.나.다.라. 민법 제450조, 민사소송법 제561조, 제707조 / 다. 민법 제487조 / 라. 민사소송법 제187조

(대법원 1994.4.26. 선고 93다24223 전원합의체 판결【양수금】[집42(1)민,303;공1994.6.1.(969),1459])

(141) 장래에 발생하는 조건부채권을 피압류채권으로 한 전부명령의 경우, 그 전부명령의 효력에 영향을 미치는 피압류채권에 대한 압류의 경합 여부의 판단 기준 시점(=전부명령이 제 3 채무자에게 송달될 때) 등

<판시사항>

[1] 매매계약이 해제되는 경우 발생하는 매수인의 매도인에 대한 기지급 매매대금의 반환채권이 매매계약 해제 이전에도 전부명령의 대상이 될 수 있는지 여부(적극)

[2] 장래에 발생하는 조건부채권을 피압류채권으로 한 전부명령의 경우, 그 전부명령의 효력에 영향을 미치는 피압류채권에 대한 압류의 경합 여부의 판단 기준 시점(=전부명령이 제 3 채무자에게 송달될 때)

<판결요지>

[1] 매매계약이 해제되는 경우 발생하는 매수인의 매도인에 대한 기지급 매매대금의 반환채권은 매매계약이 해제되기 전까지는 채권 발생의 기초가 있을 뿐 아직 권리로서 발생하지 아니한 것이기는 하지만 일정한 권면액을 갖는 금전채권이라 할 것이므로 전부명령의 대상이 될 수 있다.

[2] 전부명령은 그 명령이 확정되면 그 명령이 제 3 채무자에게 송달된 때에 소급하여 피압류채권이 집행채권의 범위 안에서 당연히 전부채권자에게 이전되고 동시에 집행채권 소멸의 효력이 발생되는 것이므로, 전부명령이 제 3 채무자에게 송달될 당시를 기준으로 압류가 경합되지 않았다면 그 후에 이루어진 채권압류가 그 전부명령의 효력에 영향을 미칠 수 없으며, 이러한 법리는 피압류채권이 장래에 발생하는 조건부채권이라 하더라도 달라질 수 없다.

(대법원 2000.10.6. 선고 2000다31526 판결【전부금】[공2000.12.1.(119),2288])

(142) 동일한 채권에 대하여 두 개 이상의 채권압류 및 전부명령이 제3채무자에게 동시에 송달된 경우 각 채권압류명령의 압류액을 합한 금액이

피압류채권액을 초과하는 경우 당해 전부명령은 채권압류가 경합된 상태에서 발령된 것으로서 무효인지 여부(적극), 동일한 채권에 관하여 확정일자 있는 채권양도통지와 두 개 이상의 채권압류 및 전부명령이 제3채무자에게 동시에 송달된 경우 채권압류의 경합 여부를 판단함에 있어 채권양도의 대상이 된 금액을 고려할 것인지 여부(소극) 등

<판시사항>

[1] 동일한 채권에 대하여 두 개 이상의 채권압류 및 전부명령이 제3채무자에게 동시에 송달된 경우 각 채권압류명령의 압류액을 합한 금액이 피압류채권액을 초과하는 경우 당해 전부명령은 채권압류가 경합된 상태에서 발령된 것으로서 무효인지 여부(적극) 및 그 경우 확정일자 있는 채권양도통지가 그 각 채권압류 및 전부명령과 동시에 송달되어 채권양수인과 전부채권자들 사이에 우열이 없는 경우에도 마찬가지인지 여부(적극)

[2] 동일한 채권에 관하여 확정일자 있는 채권양도통지와 두 개 이상의 채권압류 및 전부명령이 제3채무자에게 동시에 송달된 경우 채권압류의 경합 여부를 판단함에 있어 채권양도의 대상이 된 금액을 고려할 것인지 여부(소극)

[3] 임차인의 임차보증금반환청구채권이 전부된 경우 임대차계약 해지 후의 임차인의 목적물에 대한 점유가 불법점유인지 여부(한정 소극)

<판결요지>

[1] 동일한 채권에 대하여 두 개 이상의 채권압류 및 전부명령이 발령되어 제3채무자에게 동시에 송달된 경우 당해 전부명령이 채권압류가 경합된 상태에서 발령된 것으로서 무효인지의 여부는 그 각 채권압류명령의 압류액을 합한 금액이 피압류채권액을 초과하는지를 기준으로 판단하여야 하므로 전자가 후자를 초과하는 경우에는 당해 전부명령은 모두 채권의 압류가 경합된 상태에서 발령된 것으로서 무효로 될 것이지만 그렇지 않은 경우에는 채권의 압류가 경합된 경우에 해당하지 아니하여 당해 전부명령은 모두 유효하게 된다고 할 것이며, 그 때 동일한 채권에 관하여 확정일자 있는 채권양

도통지가 그 각 채권압류 및 전부명령 정본과 함께 제 3 채무자에게 동시에 송달되어 채권양수인과 전부채권자들 상호간에 우열이 없게 되는 경우에도 마찬가지라고 할 것이다.

[2] 동일한 채권에 관하여 확정일자 있는 채권양도통지와 두 개 이상의 채권압류 및 전부명령 정본이 동시에 송달된 경우 채권의 양도는 채권에 대한 압류명령과는 그 성질이 다르므로 당해 전부명령이 채권의 압류가 경합된 상태에서 발령된 것으로서 무효인지의 여부를 판단함에 있어 압류액에 채권양도의 대상이 된 금액을 합산하여 피압류채권액과 비교하거나 피압류채권액에서 채권양도의 대상이 된 금액 부분을 공제하고 나머지 부분만을 압류액의 합계와 비교할 것은 아니다.

[3] 임차인의 임차보증금반환청구채권이 전부된 경우에도 채권의 동일성은 그대로 유지되는 것이어서 동시이행관계도 당연히 그대로 존속한다고 해석할 것이므로 임대차계약이 해지된 후에 임대인이 잔존임차보증금반환청구채권을 전부받은 자에게 그 채무를 현실적으로 이행하였거나 그 채무이행을 제공하였음에도 불구하고 임차인이 목적물을 명도하지 않음으로써 임차목적물반환채무가 이행지체에 빠지는 등의 사유로 동시이행의 항변권을 상실하게 되었다는 점에 관하여 임대인이 주장·입증을 하지 않은 이상 임차인의 목적물에 대한 점유는 동시이행의 항변권에 기한 것이어서 불법점유라고 볼 수 없다.

(대법원 2002.7.26. 선고 2001다68839 판결【전부금】[공2002.9.15.(162),2047])

(143) 양도금지의 특약이 있는 채권에 대한 압류 및 전부명령의 효력

<판결요지>

당사자 사이에 양도금지의 특약이 있는 채권이라도 압류 및 전부명령에 따라 이전될 수 있고, 양도금지의 특약이 있는 사실에 관하여 압류채권자가 선의인가 악의인가는 전부명령의 효력에 영향이 없다.

(대법원 2001다71699 판결)

(144) 건물임대차보증금 반환채권에 대한 전부명령의 효력범위 등

<판시사항>

[1] 건물임대차에 있어서의 임차보증금의 성질

[2] 건물임대차보증금 반환채권에 대한 전부명령의 효력범위

<재판요지>

[1] 건물임대차에 있어서의 임차보증금은 임대차존속중의 임료뿐만 아니라 건물명도의 무이행에 이르기까지 발생한 손해배상채권 등 임대차계약에 의하여 임대인이 임차인에 대하여 갖는 일체의 채권을 담보하는 것으로서 임대차종료 후에 임대인에게 명도할 때 체불임료 등 모든 피담보채무를 공제한 잔액이 있을 것을 조건으로 하여 그 잔액에 관한 임차인의 보증금반환청구권이 발생한다.

[2] 임차보증금을 피전부채권으로 하여 전부명령이 있을 경우에도 제3채무자인 임대인은 임차인에게 대항할 수 있는 사유로서 전부채권자에게 대항할 수 있는 것이어서 건물임대차보증금의 반환채권에 대한 전부명령의 효력이 그 송달에 의하여 발생한다고 하여도 위 보증금반환채권은 임대인의 채권이 발생하는 것을 해제조건으로 하는 것이므로 임대인의 채권을 공제한 잔액에 관하여서만 전부명령이 유효하다.

(대법원 1988.1.19. 선고 87다카1315【전부금】[공1988.3.1.(819),408])

(145) 임차인이 임대차 종료 이후 건물을 계속 점유하였으나 실질적인 이득을 얻은 바 없는 경우, 부당이득반환 의무의 성부, 임차인이 임대차 종료 후 동시이행항변권을 행사하여 건물을 계속 점유하는 경우, 불법점유로 인한 손해배상 의무를 지기 위한 요건 등

<판시사항>

[1] 임차인이 임대차 종료 이후 건물을 계속 점유하였으나 실질적인 이득을 얻은 바 없는 경우, 부당이득반환 의무의 성부

[2] 임차인이 임대차 종료 후 동시이행항변권을 행사하여 건물을 계속 점유하는 경우, 불법점유로 인한 손해배상 의무를 지기 위한 요건

[3] 임대차 종료시, 임차보증금에 의하여 담보되는 부당이득반환 및 손

해배상 등 채권의 발생과 각 그 소멸에 관한 주장·입증책임의 소재

<재판요지>

[1] 법률상의 원인 없이 이득하였음을 이유로 한 부당이득의 반환에 있어 이득이라 함은 실질적인 이익을 의미하므로, 임차인이 임대차계약 관계가 소멸된 이후에도 임차건물 부분을 계속 점유하기는 하였으나 이를 본래의 임대차계약상의 목적에 따라 사용·수익하지 아니하여 실질적인 이득을 얻은 바 없는 경우에는, 그로 인하여 임대인에게 손해가 발생하였다 하더라도 임차인의 부당이득반환 의무는 성립되지 아니한다.

[2] 임대차계약의 종료에 의하여 발생된 임차인의 임차목적물반환 의무와 임대인의 연체차임을 공제한 나머지 보증금의 반환 의무는 동시이행의 관계에 있는 것이므로, 임대차계약 종료 후에도 임차인이 동시이행의 항변권을 행사하여 임차건물을 계속 점유하여 온 것이라면, 임대인이 임차인에게 위 보증금반환 의무를 이행하였다거나 그 현실적인 이행의 제공을 하여 임차인의 건물명도 의무가 지체에 빠지는 등의 사유로 동시이행항변권을 상실하게 되었다는 점에 관하여 임대인의 주장·입증이 없는 이상, 임차인의 그 건물에 대한 점유는 불법점유라고 할 수 없으며, 따라서 임차인으로서는 이에 대한 손해배상의무도 없다.

[3] 임대차계약에 있어 임대차보증금은 임대차계약 종료 후에 발생하는 임료 상당의 부당이득반환 채권뿐만 아니라 훼손된 건물 부분의 원상복구비용 상당의 손해배상 채권 등도 담보하는 것이므로, 임대인으로서는 임대차보증금에서 그 피담보채무를 공제한 나머지만을 임차인에게 반환할 의무가 있다고할 것인데, 임대인으로서는 그 임대차보증금에 의하여 담보되는 부당이득반환채권 및 손해배상 채권의 발생에 관하여 주장·입증책임을 부담하는 것이고, 다만 그 발생한 채권이 변제 등의 이유로 소멸하였는지에 관하여는 임차인이 주장·입증책임을 부담한다.

(대법원 1995.7.25. 선고 95다14664【전세권말소등】[공1995.9.1.(999),2951])

(146) 채권압류의 진정한 경합이 없더라도 민사소송법 제581조 제1항을 유추적용하여 제3채무자에게 공탁에 의한 면책을 인정할 수 있는 경우

<판시사항>

[1] 채권압류의 진정한 경합이 없더라도 민사소송법 제581조 제1항을 유추적용하여 제3채무자에게 공탁에 의한 면책을 인정할 수 있는 경우

[2] 임차보증금 반환채권을 피전부채권으로 한 경우, 전부명령의 효력이 미치는 범위

<재판요지>

[1] 민사소송법 제581조 제1항의 입법취지에 비추어 동일한 채권에 대하여 복수의 압류명령이 있는 경우 각 압류의 법률적 성질상 압류액의 총액이 피압류채권액을 초과하지 아니하여 본래적 의미에서는 압류의 경합으로 볼 수 없는 경우라도 제3채무자의 입장에서 보아 그 우선순위의 판단에 문제가 있는 등 압류의 경합이 있는지 여부에 대한 판단이 곤란하다고 보이는 객관적 사정이 있는 경우에는 이 규정을 유추적용하여 제3채무자에게 공탁에 의한 면책을 인정하는 것이 상당하다.

[2] 임차보증금 반환채권을 피전부채권으로 한 전부명령이 확정된 경우, 제3채무자에게 송달한 때에 소급하여 그 효력이 발생하지만, 임차보증금 반환채권은 임대인의 채권이 발생하는 것을 해제조건으로 하여 발생하는 것이므로, 임대차관계 종료 후 그 목적물이 명도되기까지 사이에 발생한 임대인의 채권을 공제한 잔액에 관하여서만 전부명령이 유효하다.

(대법원 1998.10.20. 선고 98다31905【전부금】[공98.11.15.[70],2683])

(147) 장래의 조건부채권에 대한 전부명령이 확정된 후에 그 피압류채권의 전부 또는 일부가 존재하지 아니한 것으로 밝혀졌다면 민사집행법 제231조 단서에 의하여 그 부분에 대한 전부명령의 실체적 효력은 소급하여 실효된다.

(대법원 2004.8.20. 선고 2004다24168【전부금】)

(148) 임대차계약이 해제(종료를 포함)된 때 임차인의 원상복구 의무 성립 여부에 대한 3가지 판례(구체적 사실관계가 다름)의 비교

※ 제반 사정에 비추어 원상복구 의무 성립에 대한 구체적 실질적 의사해석이 필요함.

1) 임대차계약에서 "임차인은 임대인의 승인하에 개축 또는 변조할 수 있으나 부동산의 반환기일 전에 임차인의 부담으로 원상복구키로 한다"라고 약정한 경우, 이는 임차인이 임차 목적물에 지출한 각종 유익비의 상환청구권을 미리 포기하기로 한 취지의 특약이라고 봄이 상당하다.

(대법원 95다12927 판결)

2) 임대차계약에서 임대차계약이 해제(종료를 포함)된 때에는 임차인은 자기의 비용으로 임차한 목적물을 원상복구하여 임대인에게 명도하여야 한다고 정하여져 있으나, 그 임대차계약에서 임차인은 목적물 관리 및 유지·보존에 따른 관리비와 수리비, 조세공과금 등 일체의 유지비를 부담하기로 약정한 사실에 비추어 임차인은 시설비용이나 보수비용의 상환청구권을 포기하는 대신 원상복구의무도 부담하지 않기로 합의를 한 것이라고 본 사례

(대법원 2002다38828 판결)

3) 임대차계약이 종료되면 임차인은 특별한 사정이 없는 한 임차목적물을 원상으로 복구하여 임대인에게 반환하여야 하고, 임차인이 자신의 영업을 위하여 설치한 시설에 관한 비용을 임대인에게 청구하지 않기로 약정한 사정만으로는 그러한 원상복구의무를 면하기로 하는 합의가 있었다고 볼 수 없다(대법원 2002.12.6. 선고 2002다42278 판결 참조).

(대법원 2006다39720 판결)

(149) 임대인이 임대차 종료 후 임대차보증금의 반환의무를 이행하거나 적법한 이행제공을 하지 않는 경우, 임차인이 임차목적물반환의무의 이행지체로 인한 손해배상책임을 지는지 여부(소극)

<판결요지>

임대차계약의 종료에 의하여 발생된 임차인의 임차목적물 반환의무와 임대인의 연체차임 등을 공제한 나머지 임대차보증금의 반환의무는 동시이

행관계에 있으므로, 임대인이 나머지 임대차보증금의 반환의무를 이행하거나 적법한 이행제공을 하여 임차인의 동시이행항변권을 상실시키지 아니한 이상, 임차인이 임차목적물반환의무를 이행하지 아니하고 임차목적물을 계속 점유하고 있다고 하더라도, 임차인은 임대인에 대하여 임차목적물반환의무의 이행지체로 인한 손해배상책임을 지지 아니한다(대법원 1998.5.29. 선고 98다6497 판결 참조).

(대법원 2006.10.13. 선고 2006다39720 판결【임대차보증금】[공보불게재])

(150) 전부명령의 효력발생 시기 등

<판시사항>

[1] 전부명령의 효력발생 시기

[2] 장래의 불확정채권에 대하여 압류가 중복된 상태에서 전부명령이 있는 경우, 전부명령이 무효로 되는 압류의 경합 여부의 판단 기준

[3] 장래의 불확정채권에 대한 유효한 수개의 전부명령이 존재하고 그 후에 확정된 피압류채권액이 각 전부금액의 합계액에 미달하는 경우, 각 전부채권자가 제 3 채무자에 대하여 청구할 수 있는 전부금액

<재판요지>

[1] 전부명령이 확정되면 피압류채권은 제 3 채무자에게 송달된 때에 소급하여 집행채권의 범위 안에서 당연히 전부채권자에게 이전하고 동시에 집행채권 소멸의 효력이 발생한다.

[2] 장래의 불확정채권에 대하여 압류가 중복된 상태에서 전부명령이 있는 경우 그 압류의 경합으로 인하여 전부명령이 무효가 되는지의 여부는 나중에 확정된 피압류채권액을 기준으로 판단할 것이 아니라 전부명령이 제 3 채무자에게 송달된 당시의 계약상의 피압류채권액을 기준으로 판단하여야 한다.

[3] 장래의 불확정채권에 대하여 수개의 전부명령이 존재하고, 그 후 확정된 피압류채권액이 각 전부금액의 합계액에 미달하는 경우에도 각 전부명령이 그 송달 당시 압류의 경합이 없어 유효한 이상 각 전부채권자는 확정된 피압류채권액의 범위 안에서 자신의 전부금액 전액의 지급을 제 3 채무자에 대하여 구할 수 있고, 제 3 채무자로서

는 전부채권자 중 누구에게라도 그 채무를 변제하면 다른 채권자에 대한 관계에서도 유효하게 면책되며, 한편 제 3 채무자는 이중지급의 위험이 있을 수 있으므로 민법 제487조 후난을 유주적용하여 채권자를 알 수 없다는 이유로 변제공탁을 함으로써 법률관계의 불안으로부터 벗어날 수 있다.

(대법원 1998.8.21. 선고 98다15439【전부금】[공98.9.15[66],2292])

(151) 채권가압류명령을 받은 제 3 채무자의 상계가부

<재판요지>

채권가압류명령을 받은 제 3 채무자는 그 후에 취득한 채권에 의한 상계로 그 가압류채권자에게 대항하지 못하지만 수동채권이 가압류될 당시 자동채권과 수동채권이 상계적상에 있거나 자동채권의 변제기가 수동채권의 그것과 동시 또는 그보다 먼저 도래하는 경우에는 제 3 채무자는 자동채권에 의한 상계로 가압류채권자에게 대항할 수 있다.

(대법원 1989.9.12. 선고 88다카25120【전부금】[공1989,1402])

(152) 수동채권이 전부된 후에는 자동채권자는 전부채권자에 대하여 상계항변을 할 수 있다.

(대법원 1980.7.8. 선고 80다118【전부금】[공1980.9.1.(639),12995])

(153) 집행채권이 소멸하였거나 실제 채무액을 초과하는 경우, 채권압류 및 전부명령의 효력(유효)

<재판요지>

집행력 있는 집행권원에 기하여 채권압류 및 전부명령이 적법하게 이루어진 이상 피압류채권은 집행채권의 범위 내에서 당연히 집행채권자에게 이전한다 할 것이어서 그 집행채권이 이미 소멸하였거나 실제 채무액을 초과하더라도 그 채권압류 및 전부명령에는 아무런 영향이 없고, 제 3 채무자로서는 채무자에 대하여 부담하고 있는 채무액의 한도 내에서 집행채권자에게 변제하면 완전히 면책된다.

(대법원 2004.5.28. 선고 2004다6542 【전부금】[공2004.7.1.[205],1072])

(154) 채권가압류신청 취하에 따른 가압류집행의 효력상실시기 등

<판시사항>

[1] 채권가압류신청 취하에 따른 가압류집행의 효력상실시기

[2] 전부명령이 채권가압류와 채권압류가 경합된 상태에서 발령되어 무효인 경우, 그 후 채권가압류의 집행해제로 경합상태를 벗어나면 전부명령의 효력이 되살아나는지 여부(소극)

<재판요지>

[1] 채권가압류에 있어서 채권자가 채권가압류신청을 취하하면 채권가압류결정은 그로써 효력이 소멸되지만, 채권가압류결정정본이 제3채무자에게 이미 송달되어 채권가압류결정이 집행되었다면 그 취하통지서가 제 3 채무자에게 송달되었을 때에 비로소 그 가압류집행의 효력이 장래를 향하여 소멸된다.

[2] 채권가압류와 채권압류의 집행이 경합된 상태에서 발령된 전부명령은 무효이고, 한 번 무효로 된 전부명령은 일단 경합된 가압류 및 압류가 그 후 채권가압류의 집행해제로 경합상태를 벗어났다고 하여 되살아나는 것은 아니다.

(대법원 2001.10.12. 선고 2000다19373【부당이득금】[공2001.12.1.(143),2446])

(155) 임대차보증금반환채권의 양도통지 후 임대차계약의 갱신이나 임대차기간 연장에 관한 합의가 양수인에게 미치는 효력 등

<판시사항>

[1] 임대차보증금반환채권의 양도통지 후 임대차계약의 갱신이나 임대차기간 연장에 관한 합의가 양수인에게 미치는 효력

[2] 임대차보증금반환채권의 양수인이 임대인의 임차인에 대한 임차가옥명도 청구권을 대위행사하는 경우 임대인의 무자력을 요건으로 하는지 여부(소극)

<재판요지>

[1] 임대인이 임대차보증금반환청구채권의 양도통지를 받은 후에는 임대인과 임차인 사이에 임대차계약의 갱신이나 계약기간 연장에 관

하여 명시적 또는 묵시적 합의가 있더라도 그 합의의 효과는 보증금반환채권의 양수인에 대하여는 미칠 수 없다.

[2] 채권자가 자기채권을 보전하기 위하여 채무자의 권리를 행사하려면 채무자의 무자력을 요건으로 하는 것이 통상이지만 임대차보증금반환채권을 양수한 채권자가 그 이행을 청구하기 위하여 임차인의 가옥명도가 선이행되어야 할 필요가 있어서 그 명도를 구하는 경우에는 그 채권의 보전과 채무자인 임대인의 자력유무는 관계가 없는 일이므로 무자력을 요건으로 한다고 할 수 없다.

(대법원 1989.4.25. 선고 88다카4253【양수금】[공1989.6.15.(850),809])

제10장 약속어음금 청구 소송

1. 요건사실(청구원인)

가. 발행인에 대한 어음금 청구

① 피고가 어음요건을 구비한 어음을 발행한 사실

② 원고에게 어음상 권리의 귀속 사실

③ 원고가 어음을 소지한 사실

④ 적법하게 어음을 지급제시한 사실

나. 배서인에 대한 어음금 청구

① 피고가 어음요건이 구비된 어음에 배서한 사실

② 원고에게 어음상의 권리 귀속, 어음 소지 사실

③ 소구요건의 구비 사실(지급제시 기간 내의 적법한 지급제시, 지급의 거절, 지급거절증서의 작성 또는 면제)

2. 중요 판례

(156) 거절증서작성면제와 지급제시의 입증책임

<판결요지>

약속어음의 소지인은 특단의 사정이 없는 한 적법한 지급제시를 한 경우에만 그 배서인에 대한 소구권을 행사할 수 있으되, 그 어음배서인이 지급거절증서작성을 면제한 경우에는 그 어음소지인은 적법한 지급제시를 한 것으로 추정되어 적법한 지급제시가 없었다는 사실은 이를 원용하는 자에게 주장·입증책임이 있고, 어음배서인에 대한 지급제시는 적법한 지급제시의 요건이 아니므로 어음소지인이 그 배서인에게 지급제시하지 않았다 하여 적법한 지급제시가 없었으므로 소구권이 상실되었다고는 할 수 없다.

(대법원 1984.4.10. 선고 83다카1411 판결【약속어음금】[집32(2)민,105;공1984.6.1.(729)813])

(157) 백지어음의 보충권 수여에 관한 입증책임(=발행인)

<판결요지>

백지약속어음의 경우 발행인이 수취인 또는 그 소지인으로 하여금 백지부분을 보충케 하려는 보충권을 줄 의사로서 발행하였는지의 여부에 관하여는 발행인에게 보충권을 줄 의사로 발행한 것이 아니라는 점, 즉 백지어음이 아니고 불완전어음으로서 무효라는 점에 관한 입증책임이 있다.

(대법원 2001.4.24. 선고 2001다6718 판결【어음금】 [공2001.6.15.(132),1215])

(158) 어음공정증서 작성을 위하여 공증인에게 어음을 접수시킨 경우 그 어음의 발행 간 주 여부(적극)

<판결요지>

간이절차에 의한 민사분쟁사건처리특례법과 공증인법에 의하여 변호사들이나 공증인이 공증인법 제56조의2 제1항 소정의 공정증서를 작성하기 위하여 같은법조 제2항 소정의 자로부터 촉탁을 받아 어음을 접수한 경우에는 비록 그 어음발행인이 작성된 어음을 수취인에게 교부하지 않았더라도 그 접수시에 공증인이 수취인의 기관으로서 교부받은 것으로 보는 것이 옳으므로 그 어음은 발행된 것으로 보아야 한다.

<이 유> 중 일부 발췌

약속어음의 작성자가 어음요건을 갖추어 유통시킬 의사로 그 어음에 자기의 이름을 서명 날인하여 상대방에게 교부하는 단독행위를 발행이라 일컫는 것이므로 일상의 용어에 있어 사람들이 발행이라는 표현을 쓴다 하여도 위에서 본바와 같은 의미로 쓴 것이 아닌 경우에는 어음법상의 발행으로 볼 것이 아니다.

(대법원 1989.10.24. 선고 88다카24776 판결【증서인도】[집37(3)민,200;공1989.12.15.(862),1755])

(159) 약속어음의 배서연속의 요건과 소지인의 권리추정

<판결요지>

약속어음의 점유자가 배서의 연속에 의하여 그 권리를 증명하는 때에는 이를 적법한 소지인으로 추정하며 배서의 연속은 오로지 어음의 외관상 배서 연속이 되어 있으면 되는 것이다.

(대법원 1973.6.22. 선고 72다2026 판결【약속어음금】[집21(2)민,084])

※ 위조된 배서, 허무인 배서도 무관

(160) 어음 배서의 형식상 연속이 끊긴 경우, 어음상 권리의 행사 방법, 개인 명의의 배서 후에 그를 대표자로 하는 법인 명의의 배서가 이루어진 사안에서, 배서의 실질적 연속을 인정한 사례

<판결요지>

가. 어음에 있어서의 배서의 연속은 형식상 존재함으로써 족하고 또 형식상 존재함을 요한다 할 것이나, 형식상 배서의 연속이 끊어진 경우에 딴 방법으로 그 중단된 부분에 관하여 실질적 관계가 있음을 증명한 소지인이 한 어음상의 권리행사는 적법하다.

나. 개인 명의의 배서 후에 그를 대표자로 하는 법인 명의의 배서가 이루어진 사안에서, 배서의 실질적 연속을 인정한 사례

(대법원 1995.9.15. 선고 95다7024 판결【약속어음금】[공1995.10.15.(1002),3391])

(161) 수표면상에 발행지의 기재가 없더라도 국내수표로 추단할 수 있는지 여부 등

<판시사항>

[1] 수표면상에 발행지의 기재가 없더라도 그 밖의 수표면의 기재로 보아 그 수표가 국내에서 수표상의 효과를 발생시키기 위하여 발행된 것으로 인정되는 경우, 국내수표로 추단할 수 있는지 여부(적극)

[2] 수표면상 발행지의 기재는 없으나 그 밖의 수표면의 기재로 보아

국내수표로 인정되는 경우, 그 수표의 효력(유효)

<판결요지>

[1] 국내수표란 국내에서 발행되고 지급되는 수표를 말하는 것이므로 국내수표인지 여부는 수표면상의 발행지와 지급지가 국내인지 여부에 따라 결정될 것이지만, 수표면상에 발행지의 기재가 없다고 하더라도 그 수표면에 기재된 지급지와 지급장소, 발행인, 지급할 수표금액을 표시하는 화폐, 수표문구를 표기한 문자, 어음교환소의 명칭 등에 의하여 그 수표가 국내에서 수표상의 효과를 발생시키기 위하여 발행된 것으로 여겨지는 경우에는 발행지를 백지로 발행한 것인지 여부에 불구하고 국내수표로 추단할 수 있다.

[2] [다수의견] 수표면의 기재 자체로 보아 국내수표로 인정되는 경우에 있어서는 발행지의 기재는 별다른 의미가 없는 것이고, 발행지의 기재가 없는 수표도 완전한 수표와 마찬가지로 유통·결제되고 있는 거래의 실정 등에 비추어, 그 수표면상 발행지의 기재가 없는 경우라고 할지라도 이를 무효의 수표로 볼 수는 없다.

[반대의견] 재판할 사항에 대하여 법규가 있고 그 의미 내용 역시 명확하여 달리 해석할 여지가 없는 경우에는, 다른 것을 다르게 취급하여야 한다는 정의의 요청(이른바 목적론적 축소해석의 경우) 또는 합헌적인 해석의 요청(이른바 헌법합치적 해석의 경우)에 의하여 그 법규의 적용범위를 예외적으로 제한하여 해석할 필요가 있는 등의 특별한 사정이 없는 한, 법원으로서는 명문의 효력규정의 적용범위를 무리하게 벗어나거나 제한하는 해석을 하여서는 아니 될 것인바, 수표법 제1조 제5호 및 제2조에 관하여는 정의의 요청 또는 합헌적인 해석의 요청에 의하여 그 적용범위를 예외적으로나마 제한하여 해석할 만한 아무런 특별한 사정이 있다고 할 수 없으므로, 다수의견과 같이 위 수표법의 명문규정이 이른바 '국내수표'에는 적용되지 아니한다고 하는 것은 법원이 수표법에도 없는 단서 조항 즉 '발행지에 관하여 국내수표의 경우에는 그러하지 아니하다'라는 규정을 신설하는 셈이 되고, 이는 명문의 규정에 반하는 법형성 내지 법률 수

정을 도모하는 것으로서 법원의 법률해석권의 범위를 명백하게 일탈한 것이다.

(대법원 1999.8.19. 선고 99다23383 전원합의체 판결【수표금】[집47(2)민,16;공1999.9.15.(90),1856])

(162) 어음면상 발행지의 기재가 없으나 국내어음으로 추단할 수 있는지 여부 등

<판시사항>

[1] 어음면상 발행지의 기재가 없으나 기타 어음면의 기재로 보아 그 어음이 국내에서 어음상 효과를 발행시키기 위해 발행된 것임이 인정되는 경우, 국내어음으로 추단할 수 있는지 여부(적극)

[2] 어음면상 발행지의 기재가 없으나 어음면의 기재 자체로 보아 국내어음으로 인정되는 경우, 그 어음의 효력(유효)

<판결요지>

[1] 국내어음이란 국내에서 발행되고 지급되는 어음을 말하는 것이므로 국내어음인지 여부는 어음면상의 발행지와 지급지가 국내인지 여부에 따라 결정될 것이지만, 어음면상에 발행지의 기재가 없다고 하더라도 그 어음면에 기재된 지급지와 지급장소, 발행인과 수취인, 지급할 어음금액을 표시하는 화폐, 어음문구를 표기한 문자, 어음교환소의 명칭 등에 의하여 그 어음이 국내에서 어음상의 효과를 발생시키기 위하여 발행된 것으로 여겨지는 경우에는 발행지를 백지로 발행한 것인지 여부에 불구하고 국내어음으로 추단할 수 있다.

[2] [다수의견] 어음에 있어서 발행지의 기재는 발행지와 지급지가 국토를 달리하거나 세력(세력)을 달리하는 어음 기타 국제어음에 있어서는 어음행위의 중요한 해석 기준이 되는 것이지만 국내에서 발행되고 지급되는 이른바 국내어음에 있어서는 별다른 의미를 가지지 못하고, 또한 일반의 어음거래에 있어서 발행지가 기재되지 아니한 국내어음도 어음요건을 갖춘 완전한 어음과 마찬가지로 당사자 간에 발행·양도 등의 유통이 널리 이루어지고 있으며, 어음교환소와 은행 등을 통한 결제 과정에서도 발행지의 기재가 없다는 이유로 지

급거절됨이 없이 발행지가 기재된 어음과 마찬가지로 취급되고 있음은 관행에 이른 정도인 점에 비추어 볼 때, 발행지의 기재가 없는 어음의 유통에 관여한 당사자들은 완전한 어음에 의한 것과 같은 유효한 어음행위를 하려고 하였던 것으로 봄이 상당하므로, 어음면의 기재 자체로 보아 국내어음으로 인정되는 경우에 있어서는 그 어음면상 발행지의 기재가 없는 경우라고 할지라도 이를 무효의 어음으로 볼 수는 없다.

[보충의견] 일반적으로 모든 법은 법규정의 본질을 바꾸는 정도의 것이 아닌 한도에서 이를 합리적으로 해석함으로써 뒤쳐진 법률을 앞서가는 사회현상에 적응시키는 일방 입법기관에 대하여 법률의 개정 등을 촉구하는 것은 법원의 임무에 속하는 일이라 할 것이고, 그 뒤쳐진 법규정의 재래적 해석·적용이 부당한 결과를 초래한다는 것을 알면서도 법률 개정이라는 입법기관의 조치가 있을 때까지는 이를 그대로 따를 수밖에 없다고 체념해 버리는 것은 온당치 않은 태도이다. 어음법이 강행법·기술법적 성질을 가지고 있음에 비추어 볼 때 어음법에서 정한 어음요건은 이를 엄격하게 해석함이 원칙일 것이나, 이러한 엄격해석의 요청은 이를 자의로 해석함으로써 어음거래 당사자에게 불이익하게 법률을 적용하는 것을 막자는 데에 있는 것이지 입법취지를 해하지 않는 범위 내에서 합리적으로 해석하는 것까지도 절대적으로 금지하려는 것은 아니다. 따라서 어음면의 기재 자체에 의하여 국내어음으로 인정되는 경우에 단지 발행지의 기재가 없다는 이유로 이를 무효의 어음이라고 보는 것은 지나치게 형식논리에 치우친 해석이라고 하지 않을 수 없을 뿐만 아니라 어음 유효해석의 원칙에 비추어 보더라도 타당한 해석이 아니므로, 국내어음에 한하여는 발행지의 기재가 없다고 하더라도 이를 무효이 어음으로 볼 수 없다고 해석함이 상당하며, 이러한 해석은 국내어음에 한하는 것으로서 국제어음에 있어서는 발행지의 기재가 없으면 그 어음은 무효라는 입장을 견지하고 있으므로 위 해석에 의하더라도 발행지를 어음요건의 하나로 규정하고 있는 어음법의 조항을 완

전히 사문화시키는 것은 아니며, 법원의 법률해석권의 범위를 일탈하는 것도 아니다.

[반대의견] 재판할 사항에 대하여 적용할 법규가 있고 그 의미 내용 역시 명확하여 달리 해석할 여지가 없는 경우에는 다른 것을 다르게 취급하여야 한다는 정의의 요청(이른바 목적론적 축소해석의 경우) 또는 합헌적인 해석의 요청(이른바 헌법합치적 해석의 경우)에 의하여, 그 법규의 적용 범위를 예외적으로 제한하여 해석할 필요가 있는 등의 특별한 사정이 없는 한, 설사 명문의 규정이 거래의 관행과 조화되지 아니하는 점이 있다고 하더라도, 법원으로서는 모름지기 국회의 입법 작용에 의한 개정을 기다려야 할 것이지 명문의 효력규정의 적용 범위를 무리하게 벗어나거나 제한하는 해석을 하여서는 아니 될 것인바, 어음법은 발행지의 기재가 없는 어음에 관하여 그 효력이 없다고 명문으로 규정하고 있는 한편, 이 명문의 규정에 관하여는 정의의 요청 또는 합헌적인 해석의 요청에 의하여 그 적용범위를 예외적으로나마 제한하여 해석할 만한 아무런 특별한 사정이 있다고 할 수 없으므로, 다수의견과 같이 위 어음법의 명문규정이 이른바 '국내어음'에는 적용되지 아니한다고 하는 것은 법원이 어음법에도 없는 단서 조항 즉 '발행지에 관하여 국내어음의 경우에는 그러하지 아니하다'라는 규정을 신설하는 셈이고, 이는 명문의 규정에 반하는 법형성 내지 법률수정을 도모하는 것으로서 법원의 법률해석권의 범위를 명백하게 일탈한 것이라는 비난을 면하기 어렵다.

(대법원 1998.4.23. 선고 95다36466 전원합의체 판결【약속어음금】[집46(1)민,227; 공1998.5.15.(58),1338])

(163) 어음면상 지급장소의 기재로써 지급지의 기재를 보충할 수 있는지 여부(한정 적극)

<판결요지>

어음면상 지급지에 관한 특별한 표시가 없다 할지라도 거기에 지급장소의 기재가 있고 그것이 지(지)의 표시를 포함하고 있어 그로부터 지급지에 해당하는 일정 지역이 추지될 수 있는 경우에는 지급지의 기재가 이에 의하여 보충되는 것으로 볼 수 있다.

(대법원 2001.11.30. 선고 2000다7387 판결【약속어음금】[공2002.1.15.(146),165])

(164) 약속어음의 발행일 기재 없는 미완성 어음의 효력

<판결요지>

약속어음의 발행일은 어음요건의 하나이므로 그 기재가 없는 상태에서는 어음상의 권리가 적법하게 성립할 수 없고, 따라서 이러한 미완성 어음으로 지급을 위한 제시를 하였다 하여도 적법한 지급제시가 될 수 없으며 사실심 변론종결일까지도 그 백지부분이 보충되지 아니한 경우에는 그 어음 소지인은 발행인에 대하여 이행기에 도달된 약속어음금 채권을 가지고 있다고 볼 수 없다.

(대법원 1994.9.9. 선고 94다12098,94다12104 판결【약속어음금,약속어음반환등(참가)】[공1994.10.15.(978),2614])

(165) 어음행위에 의사표시의 하자가 있다는 항변의 성격 등

<판시사항>

[1] 기망에 의한 어음발행행위 취소의 상대방과 효력의 범위

[2] 어음행위에 의사표시의 하자가 있다는 항변의 성격

<판결요지>

[1] 사기와 같은 의사표시의 하자를 이유로 어음발행행위를 취소하는 경우에 그 취소의 의사표시는 어음발행행위의 직접 상대방에 대하여 뿐만 아니라 어음발행행위의 직접 상대방으로부터 어음을 취득하여 그 어음금의 지급을 청구하고 있는 소지인에 대하여도 할 수 있다고 봄이 상당하다 할 것이지만, 이와 같은 의사표시의 취소는 선의의 제3자에게 대항할 수 없는 것이고, 이 때의 제3자라 함은 어음발행행위의 직접 상대방 이외의 자를 가리키는 것이므로, 어음의 발행인이 어음발행행위의 직접 상대방이 아닌 소지인을 상대로 어음발행행위 취소의 의사표시를 할 수 있다 하여 소지인의 선의·악의를 불문하고 취소의 효과를 주장할 수 있게 되는 것은 아니다.

[2] 어음행위에 착오·사기·강박 등 의사표시의 하자가 있다는 항변은

어음행위 상대방에 대한 인적항변에 불과한 것이므로, 어음채무자는 소지인이 채무자를 해할 것을 알고 어음을 취득한 경우가 아닌 한, 소지인이 중대한 과실로 그러한 사실을 몰랐다고 하더라도 종전 소지인에 대한 인적항변으로써 소지인에게 대항할 수 없다.

(대법원 1997.5.16. 선고 96다49513 판결【약속어음금】[집45(2)민,177;공1997.7.1.(37),1832])

(166) 융통어음의 항변으로 어음양수인인 제 3 자에게 대항할 수 있는지 여부

<판시사항>

가. 정당한 어음소지인이 자신의 앞뒤에 임의의 사람을 중간 배서인으로 기재하여 어음을 양도한 경우, 어음양수인이 적법하게 권리를 취득하는지 여부

나. 융통어음의 할인을 금한 상호신용금고 업무운용규칙이나 대출및어음할인 규정의 효력

다. 융통어음의 항변으로 어음양수인인 제 3 자에게 대항할 수 있는지 여부

<판결요지>

가. 정당한 어음소지인이 자신의 배서 앞뒤에 임의의 사람을 중간 배서인으로 기재하여 어음을 양도한 경우, 약속어음을 양도한 자가 정당한 소지인인 이상 그 양수인은 적법하게 어음상의 권리를 이전받는다.

나. 이른바 융통어음의 할인을 금하고 있는 상호신용금고 업무운용준칙이나 상호신용금고의 대출및어음할인규정의 각 규정은 모두 단속규정에 지나지 아니하고 효력규정이라고 볼 수 없으므로, 그 규정에 위반하였다고 하여 약속어음 취득의 사법적 효력까지 부인할 수 없다.

다. 융통어음을 발행한 자는 피융통자에 대하여 어음상의 책임을 부담하지 아니하지만, 그 어음을 양수한 제 3 자에 대하여는 달리 특별한 사정이 없는 한 선의, 악의를 묻지 아니하고 대가 없이 발행한 융통어음이었다는 항변으로 대항할 수 없다.

(대법원 1995.9.15. 선고 94다54856 판결【약속어음금】[공1995.10.15.(1002),3377])

(167) 융통어음을 양수한 제3자가 양수 당시 그 어음이 융통어음으로 발행되었고 이와 교환으로 교부된 담보어음이 지급거절되었다는 사정을 알고 있었다면, 융통어음의 발행자는 융통어음의 항변으로 대항할 수 있는지 여부 등

<판시사항>

가. 소위 융통어음의 발행자가 그 어음을 양수한 제3자에 대하여 대가 없이 발행된 융통어음이었다는 항변으로 대항할 수 있는지 여부

나. 융통어음을 양수한 제3자가 양수 당시 그 어음이 융통어음으로 발행되었고 이와 교환으로 교부된 담보어음이 지급거절되었다는 사정을 알고 있었다면, 융통어음의 발행자는 융통어음의 항변으로 대항할 수 있는지 여부

<판결요지>

가. 타인의 금융 또는 채무담보를 위하여 약속어음(소위 융통어음)을 발행한 자는 피융통자에 대하여 어음상의 책임을 부담하지 아니하지만, 그 어음을 양수한 제3자에 대하여는 선의·악의를 묻지 아니하고 대가 없이 발행된 융통어음이었다는 항변으로 대항할 수는 없다.

나. 피융통자가 융통어음과 교환하여 그 액면금과 같은 금액의 약속어음을 융통자에게 담보로 교부한 경우에 있어서는 융통어음을 양수한 제3자가 양수 당시 그 어음이 융통어음으로 발행되었고 이와 교환으로 교부된 담보어음이 지급거절되었다는 사정을 알고 있었다면, 융통어음의 발행자는 그 제3자에 대하여도 융통어음의 항변으로 대항할 수 있다.

(대법원 1995.1.20. 선고 94다50489 판결【약속어음금】[공1995.2.15.(986),896])

(168) 어음법 제10조 소정의 '소지인이 악의 또는 중대한 과실로 인하여 어음을 취득한 때'의 의미 등

<판시사항>

[1] 어음법 제10조 소정의 '소지인이 악의 또는 중대한 과실로 인하여 어음을 취득한 때'의 의미

[2] 어음금액란을 백지로 하는 약속어음을 발행한 경우, 발행인은 통상

적으로 그 보충권의 범위를 한정한다고 보아야 하는지 여부(적극)

[3] 부당 보충된 약속어음을 취득함에 있어 소지인에게 악의 또는 중과실이 있다고 인정한 사례

[4] 소지인이 악의 또는 중과실로 부당 보충된 어음을 취득한 경우에도 발행인은 자신이 보충권을 수여한 범위 내에서는 책임을 지는지 여부(적극)

<판결요지>

[1] 어음법 제10조가 규정하는 '악의로 어음을 취득한 때'라 함은 소지인이 백지어음이 부당 보충되었다는 사실과 이를 취득할 경우 어음채무자를 해하게 된다는 것을 알면서도 어음을 양수한 때를 말하고,' 중대한 과실로 인하여 어음을 취득한 때'라 함은 소지인이 조금만 주의를 기울였더라면 백지어음이 부당 보충되었다는 사실을 알 수 있었음에도 불구하고 그와 같은 주의도 기울이지 아니하고 부당 보충된 어음을 양수한 때를 말한다.

[2] 어음금액란의 기재는 대단히 중요한 사항이므로 어음금액란을 백지로 하는 어음을 발행하는 경우에 발행인은 통상적으로 그 보충권의 범위를 한정한다고 봄이 상당하다.

[3] 부당 보충된 약속어음을 취득함에 있어 소지인에게 악의 또는 중과실이 있다고 인정한 사례

[4] 소지인이 악의 또는 중과실로 부당 보충된 어음을 취득한 경우에도 발행인은 자신이 유효하게 보충권을 수여한 범위 안에서는 당연히 어음상의 책임을 진다.

(대법원 1999.2.9. 선고 98다37736 판결【약속어음금】[공1999.3.15.(78),466])

(169) 백지어음 금액란이 보충된 경우에 보충권의 내용에 관하여 발행인에 확인하지 아니한 것이 어음취득에 있어 중과실이 되는지 여부 등

<판시사항>

가. 약속어음 금액란 부당보충이 위조에 해당하는지 여부

나. 백지어음 금액란이 보충된 경우에 보충권의 내용에 관하여 발행인에 확인하지 아니한 것이 어음취득에 있어 중과실이 되는지 여부

<판결요지>

가. 약속어음의 금액란이 부당보충된 경우에는 어음법상의 어음의 위조에는 해당되지 않는다.

나. 어음금액이 백지인 어음을 취득하면서 보증권한을 부여받은 자의 지시에 의하여 어음금액란을 보충하는 경우 보충권의 내용에 관하여 어음의 기명날인자에게 직접 조회하지 않았다면 특별한 사정이 없는 한 취득자에게 중대한 과실이 있다.

(대법원 1978.3.14. 선고 77다2020 판결【약속어음금】[집26(1)민,186;공1978.5.15.(584),10730])

(170) 채권의 양도나 질권의 설정에 대하여 이의를 보류하지 않고 승낙하였더라도 양수인 또는 질권자가 악의 또는 중과실인 경우 양수인 또는 질권자에게 대항할 수 있는지 여부(적극) 등

<판시사항>

[1] 채권양도나 채권에 대한 질권설정에 있어서 채무자가 이의를 보류하지 않은 승낙을 한 경우, 양수인 또는 질권자에게 대항할 수 없는 항변사유의 범위

[2] 채권의 양도에 이의를 보류하지 않은 승낙에 대하여 항변사유를 제한하고 있는 민법 제451조 제1항의 규정 취지 및 채권의 양도나 질권의 설정에 대하여 이의를 보류하지 않고 승낙하였더라도 양수인 또는 질권자가 악의 또는 중과실인 경우 양수인 또는 질권자에게 대항할 수 있는지 여부(적극)

<판결요지>

[1] 민법 제349조 제1항은 지명채권을 목적으로 한 질권의 설정은 설정자가 제450조의 규정(지명채권양도의 대항요건)에 의하여 제3채무자에게 질권설정의 사실을 통지하거나 제3채무자가 이를 승낙함이 아니면 이로써 제3채무자 기타 제3자에게 대항하지 못한다고 하고, 제2항은 제451조의 규정은 전항에 준용한다고 하고 있으며, 제451조 제1항은 채무자가 이의를 보류하지 아니하고 승낙을 한 때에는 양도인에게 대항할 수 있는 사유로서 양수인에게 대항하지 못한다

고 하고 있으므로, 채권양도나 채권에 대한 질권설정에 있어서 채무자가 이의를 보류하지 않은 승낙을 한 경우, 채무자는 질권설정자에게 대항할 수 있는 사유로서 질권자에게 대항할 수 없고, 이 경우 대항할 수 없는 사유는 협의의 항변권에 한하지 아니하고, 넓게 채권의 성립, 존속, 행사를 저지하거나 배척하는 사유를 포함한다.

[2] 민법 제451조 제 1 항이 이의를 보류하지 않은 승낙에 대하여 항변사유를 제한한 취지는 이의를 보류하지 않은 승낙이 이루어진 경우 양수인은 양수한 채권에 아무런 항변권도 부착되지 아니한 것으로 신뢰하는 것이 보통이므로 채무자의 '승낙'이라는 사실에 공신력을 주어 양수인의 신뢰를 보호하고 채권양도나 질권설정과 같은 거래의 안전을 꾀하기 위한 규정이라 할 것이므로, 채권의 양도나 질권의 설정에 대하여 이의를 보류하지 아니하고 승낙을 하였더라도 양수인 또는 질권자가 악의 또는 중과실의 경우에 해당하는 한 채무자의 승낙 당시까지 양도인 또는 질권설정자에 대하여 생긴 사유로써도 양수인 또는 질권자에게 대항할 수 있다.

(대법원 2002.3.29. 선고 2000다13887 판결【손해배상(기)】[공2002.5.15.(154),972])

(171) 양수인이 악의 또는 중과실의 경우, 채권양도 승낙 당시 이미 상계를 할 수 있는 원인이 있었던 경우에는 아직 상계적상에 있지 아니하였다 하더라도 그 후에 상계적상이 생기면 채무자는 양수인에 대하여 상계로 대항할 수 있다.

<판결요지>

채권양도에 있어서 채무자가 양도인에게 이의를 보류하지 아니하고 승낙을 하였다는 사정이 없거나 또는 이의를 보류하지 아니하고 승낙을 하였더라도 양수인이 악의 또는 중과실의 경우에 해당하는 한, 채무자의 승낙 당시까지 양도인에 대하여 생긴 사유로써 양수인에게 대항할 수 있다고 할 것인데, 승낙 당시 이미 상계를 할 수 있는 원인이 있었던 경우에는 아직 상계적상에 있지 아니하였다 하더라도 그 후에 상계적상이 생기면 채무자는 양수인에 대하여 상계로 대항할 수 있다.

(대법원 1999.8.20. 선고 99다18039 판결【전세금반환】[공1999.9.15.(90),1878])

(172) 당사자의 의사표시에 의한 채권의 양도금지는 제3자가 악의인 경우는 물론 제3자가 채권양도 금지를 알지 못한 데에 중대한 과실이 있는 경우에도 그 채권양도 금지로써 대항할 수 있다.

(대법원 1999.2.12. 선고 98다49937 판결【양수금】[공1999.4.1.(79),534])

(173) 양도금지 특약이 기재된 채권증서의 존재만으로 곧바로 그 특약의 존재에 관한 채권 양수인의 악의나 중과실을 추단할 수 있는지 여부(소극) 등

<판시사항>

[1] 채권 양수인이 양도금지 특약의 존재에 관하여 악의 또는 중과실이 있는 경우, 채무자의 대항 여부(적극)

[2] 양도금지 특약이 기재된 채권증서의 존재만으로 곧바로 그 특약의 존재에 관한 채권 양수인의 악의나 중과실을 추단할 수 있는지 여부(소극)

[3] 임직원이 부도 위기에 처한 회사로부터 임금 등 채권을 확보하기 위하여 양도금지 특약이 있는 회사의 임대차보증금반환채권을 양수한 경우, 양도금지 특약이 기재된 임대차계약서가 존재하고 양수인이 회사의 임직원들이며 특히 일부는 전무 등 핵심 지위에 있었다는 사정만으로는 양수인의 악의나 중과실을 추단할 수 없다고 한 사례

<판결요지>

[1] 당사자의 의사표시에 의한 채권의 양도금지는 채권 양수인인 제3자가 악의인 경우이거나 악의가 아니라도 그 제3자에게 채권양도 금지를 알지 못한 데에 중대한 과실이 있는 경우 채무자가 위 채권양도 금지로써 그 제3자에 대하여 대항할 수 있다.

[2] 일반적으로 지명채권의 양도거래에 있어 양도대상인 지명채권의 행사 등에 그 채권증서(계약서 등)의 소지·제시가 필수적인 것은 아닌 만큼 양도·양수 당사자 간에 그 채권증서를 수수하지 않는 경우도 적지 아니한 실정이고(특히 양수인이 채권양도 거래의 경험이 없는 개인이라면 더욱 그렇다.), 또한 수수하더라도 양수인이 그 채권증서의 내용에 대한 검토를 아예 하지 아니하거나 혹은 통상의 주된 관심사

인 채권금액, 채권의 행사시기 등에만 치중한 채 전반적·세부적 검토를 소홀히 하는 경우가 있을 수 있으며, 그 밖에 전체 계약조항의 수, 양도금지 특약조항의 위치나 형상 등에 따라서는 채권증서의 내용을 일일이 그리고 꼼꼼하게 검토하지 않은 채 간단히 훑어보는 정도만으로는 손쉽게 그 특약의 존재를 알 수 없는 경우도 있을 수 있음에 비추어, 나아가 양도금지 특약이 기재된 채권증서가 양도인으로부터 양수인에게 수수되어 양수인이 그 특약의 존재를 알 수 있는 상태에 있었고 그 특약도 쉽게 눈에 띄는 곳에 알아보기 좋은 형태로 기재되어 있어 간단한 검토만으로 쉽게 그 존재와 내용을 알아차릴 수 있었다는 등의 특별한 사정이 인정된다면 모르되, 그렇지 아니하는 한 양도금지 특약이 기재된 채권증서의 존재만으로 곧바로 그 특약의 존재에 관한 양수인의 악의나 중과실을 추단할 수는 없다.

[3] 임직원이 부도 위기에 처한 회사로부터 임금 등 채권을 확보하기 위하여 양도금지 특약이 있는 회사의 임대차보증금반환채권을 양수한 경우, 양도금지 특약이 기재된 임대차계약서가 존재하고 양수인이 회사의 임직원들이며 특히 일부는 전무 등 핵심 지위에 있었다는 사정만으로는 양수인의 악의나 중과실을 추단할 수 없다고 한 사례

(대법원 2000.4.25. 선고 99다67482 판결【공탁금출급권자확인】[공2000.6.15.(108), 1271])

(174) 약속어음소지인은 그 어음보증인에게 지급을 위한 제시 없이도 어음금청구권을 행사할 수 있는지 여부(적극), 어음보증인은 피보증인의 인적항변으로 어음소지인에게 대항할 수 있는지 여부(소극)

<판결요지>

가. 약속어음의 발행인은 어음금을 절대적으로 지급할 의무를 부담하는 것이므로 어음소지인이 발행인에 대하여 지급을 위한 제시를 하지 아니하였다 해도 발행인에게 어음금액을 청구할 수 있는 것이며 발행인을 위한 어음보증인은 보증된 자와 동일한 책임을 지는 것이므

로 이러한 어음보증인에게도 소지인은 지급을 위한 제시 없이도 어음금청구권을 행사할 수 있다.

나. 어음발행의 원인채무가 성립하지 아니하였거나 소멸하였다는 사유는 그 어음발행인이 직접의 상대방 또는 악의의 취득자에 대하여서만 대항할 수 있는 이른바 인적항변사유로서 어음보증의 경우 어음보증인은 피보증인의 이러한 인적항변사유를 가지고 어음소지인에게 대항할 수 없다.

(대법원 1988.8.9. 선고 86다카1858 판결【대여금】[집36(2)민,64;공1988.9.15.(832),1207])

(175) 소장제출의 약속어음의 지급을 위한 제시로서의 효과

<판결요지>

어음채무자에게 어음금의 지급을 청구하는 소장이 피고에게 송달된 때에는 어음을 제시한 효과가 발생한다.

(대법원 1964.11.24. 선고 64다1026 판결【약속어음금】[집12(2)민,182])

(176) 수취인란이 기재되지 않은 어음을 지급제시한 경우 발행인이 이행지체에 빠지는지 여부(소극)

<판결요지>

수취인은 어음요건의 하나로서 그 기재를 결한 어음은 완성된 어음으로서의 효력이 없어 어음상의 권리가 적법하게 성립되지 않으므로, 이러한 미완성어음으로 지급제시를 하였다고 하여도 적법한 지급제시의 효력이 없어 발행인을 이행지체에 빠뜨릴 수 없다.

(대법원 1992.3.10. 선고 91다28313 판결【약속어음금】[공1992.5.1.(919),1283])

(177) 어음상의 어음채무자가 자신의 기명날인이 위조되었음을 주장하는 경우 그 기명날인의 진정 여부에 대한 입증책임의 소재 등

<판시사항>

가. 어음상의 어음채무자가 자신의 기명날인이 위조되었음을 주장하는 경우 그 기명날인의 진정 여부에 대한 입증책임의 소재

나. 인영을 인정한 문서에 대한 진정성립의 추정이 깨어지는 경우

<판결요지>

가. **[다수의견]** 어음에 어음채무자로 기재되어 있는 사람이 자신의 기명날인이 위조된 것이라고 주장하는 경우에는 그 사람에 대하여 어음채무의 이행을 청구하는 어음의 소지인이 그 기명날인이 진정한 것임을 증명하지 않으면 안된다.

[별개의견] 어음의 배서가 형식적으로 연속되어 있으면 그 소지인은 정당한 권리자로 추정되므로 배서가 위조된 경우 이를 주장하는 사람이 그 위조사실을 입증하여야 한다.

나. 피고 명의의 배서란에 찍힌 피고 명의의 인영이 피고의 인장에 의한 것임을 피고가 인정하고 있다면 그 배서부분이 진정한 것으로 추정되지만, 그 인영이 작성명의인인 피고 이외의 사람이 날인한 것으로 밝혀질 때에는 위와 같은 추정은 깨어지는 것이므로, 이와 같은 경우에는 어음을 증거로 제출한 원고가 작성명의인인 피고로부터 날인을 할 권한을 위임받은 사람이 날인을 한 사실까지 입증하여야만 그 배서부분이 진정한 것임이 증명된다.

(대법원 1993.8.24. 선고 93다4151 전원합의체 판결【약속어음금】[집41(2)민,347;공1993.10.15.(954),2594])

제11장 기타 소송 관련 중요판례 등

1. 지연손해금

(178) 금전채무불이행의 손해배상액의 약정이율이 법정이율보다 낮은 경우, 법정이율에 의하여 지연손해금을 정해야 하는지 여부(적극)

<판결요지>

민법 제397조 제1항은 본문에서 금전채무불이행의 손해배상액을 법정이율에 의할 것을 규정하고 그 단서에서 "그러나 법령의 제한에 위반하지 아니한 약정이율이 있으면 그 이율에 의한다"고 정한다. 이 단서규정은 약정이율이 법정이율 이상인 경우에만 적용되고, 약정이율이 법정이율보다 낮은 경우에는 그 본문으로 돌아가 법정이율에 의하여 지연손해금을 정할 것이다. 우선 금전채무에 관하여 아예 이자약정이 없어서 이자청구를 전혀 할 수 없는 경우에도 채무자의 이행지체로 인한 지연손해금은 법정이율에 의하여 청구할 수 있으므로, 이자를 조금이라도 청구할 수 있었던 경우에는 더욱이나 법정이율에 의한 지연손해금을 청구할 수 있다고 하여야 한다.

(대법원 2009.12.24. 선고 2009다85342 판결【대여금】[공2010상,247])

(179) 당사자 간에 약정이자 또는 약정지연이자의 정함이 있는 경우라 할지라도 소송상 청구하는 경우 당사자의 일방은 소송촉진등에관한특례법 제3조 제1항의 규정에 따라 소장 등이 송달된 날 다음날부터는 대통령령으로 정하는 이율인 연 2할 5푼의 비율에 의한 지연손해금의 지급을 구할

수 있다.

(대법원 2002.10.11. 선고 2002다39807 판결【대여금】[공2002.12.1.(167),2718])

(179-1) 이자채무의 이행지체에 대한 지연손해금

<판결요지>

[1] 이미 발생한 이자에 관하여 채무자가 이행을 지체한 경우에는 그 이자에 대한 지연손해금을 청구할 수 있다.

[2] 민법 제163조 제 1 호 소정의 '1년 이내의 기간으로 정한 금전 또는 물건의 지급을 목적으로 하는 채권'이란 1년 이내의 정기에 지급되는 채권을 의미하는 것이지, 변제기가 1년 이내의 채권을 말하는 것이 아니므로, 이자채권이라고 하더라도 1년 이내의 정기에 지급하기로 한 것이 아닌 이상 위 규정 소정의 3년의 단기소멸시효에 걸리는 것이 아니다.

(대법원 1996.9.20. 선고 96다25302 판결【대여금】[공1996.11.1.(21),3145])

※ 위 판례와 달리, 이자에 대한 지연손해금 청구 가능 여부에 대하여 복리의 약정이 없는 한 부정된다는 것이 다수설이다.

(180) 상인 간에서 금전소비대차가 있었음을 주장하면서 약정이자의 지급을 구하는 청구에 상사법정이자의 지급을 구하는 취지가 포함되었다고 볼 것인지 여부(적극) 등

<판시사항>

[1] 상인 간에서 금전소비대차가 있었음을 주장하면서 약정이자의 지급을 구하는 청구에 상사법정이자의 지급을 구하는 취지가 포함되었다고 볼 것인지 여부(적극)

[2] 대여금에 대한 약정이자의 지급 청구에는 상법 소정의 법정이자의 지급을 구하는 취지도 포함되어 있다고 보아야 하므로, 법원으로서는 이자 지급약정이 인정되지 않는다 하더라도 곧바로 위 청구를 배척할 것이 아니라 법정이자 청구에 대하여도 판단하여야 한다고 본 사례

<판결요지>

[1] 상인 간에서 금전소비대차가 있었음을 주장하면서 약정이자의 지급을 구하는 청구에는 약정 이자율이 인정되지 않더라도 상법 소정의 법정이자의 지급을 구하는 취지가 포함되어 있다고 보아야 한다.

[2] 대여금에 대한 약정이자의 지급 청구에는 상법 소정의 법정이자의 지급을 구하는 취지도 포함되어 있다고 보아야 하므로, 법원으로서는 이자 지급약정이 인정되지 않는다 하더라도 곧바로 위 청구를 배척할 것이 아니라 법정이자 청구에 대하여도 판단하여야 한다고 본 사례

(대법원 2007.3.15. 선고 2006다73072 판결【대여금】[공2007.4.15.(272),537])

2. 전부명령이 확정된 후, 피전부채권 혹은 집행채권의 부존재가 밝혀진 경우 그 전부명령의 효력

(181) 채권 전부명령이 확정되면 그 피전부채권이 존재하지 않는 경우에도 강제집행절차가 종료하는지 여부(적극) 등

<판시사항>

[1] 제3자이의의 소가 강제집행 종료 후 제기되거나 또는 소 제기 당시 존재하였던 강제집행이 소송계속중 종료된 경우, 소의 이익의 존부(소극)

[2] 채권 전부명령이 확정되면 그 피전부채권이 존재하지 않는 경우에도 강제집행절차가 종료하는지 여부(적극)

<판결요지>

[1] 제3자이의의 소는 강제집행의 목적물에 대하여 소유권이나 양도 또는 인도를 저지하는 권리를 가진 제3자가 그 권리를 침해하여 현실적으로 진행되고 있는 강제집행에 대하여 이의를 주장하고 집행의 배제를 구하는 소이므로, 당해 강제집행이 종료된 후에 제3자이의의 소가 제기되거나 또는 제3자이의의 소가 제기된 당시 존재하였던 강제집행이 소송계속중 종료된 경우에는 소의 이익이 없어 부적법하다.

[2] 금전채권의 압류 및 전부명령이 집행절차상 적법하게 발부되어 채무자 및 제3채무자에게 적법하게 송달되고 1주일의 즉시항고기간이 경과하거나 즉시항고가 제기되어 그 항고기각 또는 각하결정이 확정된 경우에는 집행채권에 관하여 변제의 효과가 발생하고 그 때에 강제집행절차는 종료하는 것인바, 가사 피전부채권이 존재하지 아니하는 경우라 하더라도 민사소송법 제564조 단서의 규정에 따라 집행채권 소멸의 효과는 발생하지 아니하나 강제집행절차는 피전부채권이 존재하는 경우와 마찬가지로 전부명령의 확정으로 종료하는 것이고, 단지 전부채권자는 집행채권이 소멸하지 아니한 이상 피전부채권이 존재하지 아니함을 입증하여 다시 집행력 있는 정본을 부여받아 새로운 강제집행을 할 수 있을 뿐이다.

(대법원 1996.11.22. 선고 96다37176 판결【제3자이의】[공1997.1.1.(25),38])

※ 이 경우 전부채권자는 법원에 간단한 소명 정도로 집행력 있는 정본의 재도부여 신청을 하여 다시 발급받아, 채무자의 다른 재산에 강제집행을 할 수 있는 것이 실무이다.

(182) 압류된 금전채권에 대한 전부명령이 절차상 적법하게 발부되어 확정되었다고 하더라도, 전부명령이 제3채무자에게 송달될 때에 피압류채권이 존재하지 않으면 전부명령은 무효이므로, 피압류채권이 전부채권자에게 이전되거나 집행채권이 변제되어 소멸하는 효과는 발생할 수 없다(대법원 1981.9.22. 선고 80누484 판결, 2004.1.5.자 2003마1667 결정 등 참조).

(대법원 2007.4.12. 선고 2005다1407 판결【대여금】[공보불게재])

(183) 전부명령이 확정된 후 그 집행권원상의 집행채권이 소멸한 것으로 판명된 경우, 그 소멸 부분에 관한 집행채권자의 부당이득반환 방법 및 그 반환 이전에 전부채권자로서 피전부채권을 행사하는 것이 신의칙에 반하는지 여부(소극)

<판결요지>

집행권원에 기한 금전채권에 대한 강제집행절차에서, 그 집행권원에 표시된 집행채권이 소멸하였다고 하더라도 그 강제집행절차가 청구이의의 소

등을 통하여 적법하게 취소·정지되지 아니한 채 계속 진행되어 채권압류 및 전부명령이 적법하게 확정되었다면, 특별한 사정이 없는 한, 단지 집행채권의 소멸을 이유만으로 확정된 전부명령에 따라 전부채권자에게 피전부채권이 이전되는 효력 자체를 부정할 수는 없는 것이고(대법원 1996.6.28. 선고 95다45460 판결, 2005.4.15. 선고 2004다70024 판결 등 참조), 비록 위와 같이 전부명령이 확정된 후 그 집행권원상의 집행채권이 소멸한 것으로 판명된 경우에는 그 소멸된 부분에 관하여는 집행채권자가 집행채무자에 대한 관계에서 부당이득을 한 셈이 되므로, 그 집행채무자는 집행채권자에 대하여 그가 위 전부명령에 따라 전부받은 채권 중 실제로 추심한 금전 부분에 관하여는 그 상당액을, 추심하지 아니한 부분에 관하여는 그 채권 자체를 양도하는 방법에 의하여 부당이득의 반환을 구할 수 있지만(대법원 1996.6.28. 선고 95다45460 판결, 2005.4.15. 선고 2004다70024 판결 등 참조), 부당이득의 반환조로 피전부채권의 채권양도가 이루어지기 이전이라면 전부채권자로서는 피전부채권의 채무자에 대한 관계에서 정당한 채권자로서 적법하게 피전부채권을 행사할 수 있다고 할 것이고, 그러한 권한행사가 신의성실의 원칙에 반한다고 할 수도 없다.

(대법원 2007.8.23. 선고 2005다43081,43098 판결【전부금·부당이득금반환및예금청구】[공보불게재])

(184) 채권압류 및 전부명령에 대하여 채무자가 제3채무자에 대한 압류 및 전부명령의 대상이 되는 채권이 존재하지 아니함을 이유로 불복할 수 있는지 여부(소극)

<결정요지>

채권의 압류 및 전부명령은 금전채권의 채무명의를 가지는 채권자가, 그 채무명의상의 채무자가 제3채무자에 대하여 가지는 금전채권을 대상으로 하는 강제집행으로서, 법원은 압류 및 전부명령의 결정을 함에 있어서는 채무명의의 송달, 선행하는 압류명령의 존부, 피전부적격의 유무 등의 요건을 심리하면 되고, 실지로 채무자가 제3채무자에게 압류 및 전부명령의 대상이 되는 채권을 가지고 있는지 여부는 따질 필요가 없는 것이 원칙이고, 만일 채무자의 제3채무자에 대한 그와 같은 채권이 존재하지 아니하는 경

우에는 전부명령이 확정되더라도 변제의 효력이 없는 것이며, 채무자로서는 제 3 채무자에게 그와 같은 채권을 가지고 있지 않다고 하더라도 특별한 사정이 없는 한 이로 인하여 어떠한 불이익이 있는 것이 아니므로, 이것을 이유로 하여서는 스스로 불복의 사유로 삼을 수 없다.

(대법원 2004.1.5. 자 2003마1667 결정【채권압류및전부명령】[공2004.3.15.(198), 429])

3. 주택임대차보호법, 상가건물임대차보호법

주택임대차보호법

제 2 조(적용 범위)

이 법은 주거용 건물(이하 "주택"이라 한다)의 전부 또는 일부의 임대차에 관하여 적용한다. 그 임차주택의 일부가 주거 외의 목적으로 사용되는 경우에도 또한 같다.

제 3 조(대항력 등)

① 임대차는 그 등기가 없는 경우에도 임차인이 주택의 인도와 주민등록을 마친 때에는 그 다음 날부터 제삼자에 대하여 효력이 생긴다. 이 경우 전입신고를 한 때에 주민등록이 된 것으로 본다.

제 3 조의2(보증금의 회수)

② 제 3 조 제 1 항 또는 제 2 항의 대항요건과 임대차계약증서(제 3 조 제 2 항의 경우에는 법인과 임대인 사이의 임대차계약증서를 말한다)상의 확정일자를 갖춘 임차인은 「민사집행법」에 따른 경매 또는 「국세징수법」에 따른 공매를 할 때에 임차주택(대지를 포함한다)의 환가대금에서 후순위권리자나 그 밖의 채권자보다 우선하여 보증금을 변제받을 권리가 있다.

제 8 조(보증금 중 일정액의 보호)

① 임차인은 보증금 중 일정액을 다른 담보물권자보다 우선하여 변제받을 권리가 있다. 이 경우 임차인은 주택에 대한 경매신청의 등기 전에 제 3 조 제 1 항의 요건을 갖추어야 한다.

② 제 1 항의 경우에는 제 3 조의2 제 4 항부터 제 6 항까지의 규정을 준용한다.

③ 제 1 항에 따라 우선변제를 받을 임차인 및 보증금 중 일정액의 범위와 기준은 제 8 조의2에 따른 주택임대차위원회의 심의를 거쳐 대통령령으로 정한다. 다만, 보증금 중 일정액의 범위와 기준은 주택가액(대지의 가액을 포함한다)의 2분의 1을 넘지 못한다. 〈개정 2009.5.8〉

상가건물임대차보호법

제 2 조(적용범위)

① 이 법은 상가건물(제 3 조 제 1 항에 따른 사업자등록의 대상이 되는 건물을 말한다)의 임대차(임대차 목적물의 주된 부분을 영업용으로 사용하는 경우를 포함한다)에 대하여 적용한다. 다만, 대통령령으로 정하는 보증금액을 초과하는 임대차에 대하여는 그러하지 아니하다.

② 제 1 항 단서에 따른 보증금액을 정할 때에는 해당 지역의 경제 여건 및 임대차 목적물의 규모 등을 고려하여 지역별로 구분하여 규정하되, 보증금 외에 차임이 있는 경우에는 그 차임액에 「은행법」에 따른 은행의 대출금리 등을 고려하여 대통령령으로 정하는 비율을 곱하여 환산한 금액을 포함하여야 한다. 〈개정 2010.5.17〉

제 3 조(대항력 등)

① 임대차는 그 등기가 없는 경우에도 임차인이 건물의 인도와 「부가가치세법」 제 5 조, 「소득세법」 제168조 또는 「법인세법」 제111조에 따른 사업자등록을 신청하면 그 다음 날부터 제 3 자에 대하여 효력이 생긴다.

제 5 조(보증금의 회수)

② 제 3 조 제 1 항의 대항요건을 갖추고 관할 세무서장으로부터 임대차계약서상의 확정일자를 받은 임차인은 「민사집행법」에 따른 경매 또는 「국세징수법」에 따른 공매 시 임차건물(임대인 소유의 대지를 포함한다)의 환가대금에서 후순위권리자나 그 밖의 채권자보다 우선하여 보증금을 변제받을 권리가 있다.

제14조(보증금 중 일정액의 보호)

① 임차인은 보증금 중 일정액을 다른 담보물권자보다 우선하여 변제받을 권리가 있다. 이 경우 임차인은 건물에 대한 경매신청의 등기 전에 제 3

조 제 1 항의 요건을 갖추어야 한다.

② 제 1 항의 경우에 제 5 조 제 4 항부터 제 6 항까지의 규정을 준용한다.

③ 제 1 항에 따라 우선변제를 받을 임차인 및 보증금 중 일정액의 범위와 기준은 임대건물가액(임대인 소유의 대지가액을 포함한다)의 3분의 1 범위에서 해당 지역의 경제 여건, 보증금 및 차임 등을 고려하여 대통령령으로 정한다.

주택임대차보호법 시행령 — 제22284호 2010.7.21 일부개정

제 3 조(보증금 중 일정액의 범위 등)

① 법 제 8 조에 따라 우선변제를 받을 보증금 중 일정액의 범위는 다음 각 호의 구분에 의한 금액 이하로 한다. 〈개정 2010.7.21〉

1. 서울특별시: 2천 500만원
2. 「수도권정비계획법」에 따른 과밀억제권역(서울특별시는 제외한다): 2천 200만원
3. 광역시(「수도권정비계획법」에 따른 과밀억제권역에 포함된 지역과 군지역은 제외한다), 안산시, 용인시, 김포시 및 광주시: 1천 900만원
4. 그 밖의 지역: 1천 400만원

② 임차인의 보증금 중 일정액이 주택가액의 2분의 1을 초과하는 경우에는 주택가액의 2분의 1에 해당하는 금액까지만 우선변제권이 있다.

③ 하나의 주택에 임차인이 2명 이상이고, 그 각 보증금 중 일정액을 모두 합한 금액이 주택가액의 2분의 1을 초과하는 경우에는 그 각 보증금 중 일정액을 모두 합한 금액에 대한 각 임차인의 보증금 중 일정액의 비율로 그 주택가액의 2분의 1에 해당하는 금액을 분할한 금액을 각 임차인의 보증금 중 일정액으로 본다.

④ 하나의 주택에 임차인이 2명 이상이고 이들이 그 주택에서 가정공동생활을 하는 경우에는 이들을 1명의 임차인으로 보아 이들의 각 보증금을 합산한다.

제 4 조(우선변제를 받을 임차인의 범위)

법 제 8 조에 따라 우선변제를 받을 임차인은 보증금이 다음 각 호의 구

분에 의한 금액 이하인 임차인으로 한다. 〈개정 2010.7.21〉

1. 서울특별시: 7천 500만원
2. 「수도권정비계획법」에 따른 과밀억제권역(서울특별시는 제외한다): 6천 500만원
3. 광역시(「수도권정비계획법」에 따른 과밀억제권역에 포함된 지역과 군지역은 제외한다), 안산시, 용인시, 김포시 및 광주시: 5천 500만원
4. 그 밖의 지역: 4천만원

상가건물 임대차보호법 시행령 — 제22283호 2010.07.21 일부개정

제 2 조(적용범위)

① 「상가건물 임대차보호법」(이하 "법"이라 한다) 제 2 조 제 1 항 단서에서 "대통령령으로 정하는 보증금액"이라 함은 다음 각호의 구분에 의한 금액을 말한다. 〈개정 2008.8.21, 2010.7.21〉

1. 서울특별시: 3억원
2. 「수도권정비계획법」에 따른 과밀억제권역(서울특별시는 제외한다): 2억 5천만원
3. 광역시(「수도권정비계획법」에 따른 과밀억제권역에 포함된 지역과 군지역은 제외한다), 안산시, 용인시, 김포시 및 광주시: 1억 8천만원
4. 그 밖의 지역: 1억 5천만원

② 법 제 2 조 제 2 항의 규정에 의하여 보증금 외에 차임이 있는 경우의 차임액은 월 단위의 차임액으로 한다.

③ 법 제 2 조 제 2 항에서 "대통령령으로 정하는 비율"이라 함은 1분의 100을 말한다. 〈개정 2010.7.21〉

제 6 조(우선변제를 받을 임차인의 범위)

법 제14조의 규정에 의하여 우선변제를 받을 임차인은 보증금과 차임이 있는 경우 법 제 2 조 제 2 항의 규정에 의하여 환산한 금액의 합계가 다음 각호의 구분에 의한 금액 이하인 임차인으로 한다. 〈개정 2008.8.21, 2010.7.21〉

1. 서울특별시: 5천만원

2. 「수도권정비계획법」에 따른 과밀억제권역(서울특별시는 제외한다): 4천 500만원
3. 광역시(「수도권정비계획법」에 따른 과밀억제권역에 포함된 지역과 군지역은 제외한다), 안산시, 용인시, 김포시 및 광주시: 3천만원
4. 그 밖의 지역 : 2천 500만원

제 7 조(우선변제를 받을 보증금의 범위 등)

① 법 제14조의 규정에 의하여 우선변제를 받을 보증금중 일정액의 범위는 다음 각호의 구분에 의한 금액 이하로 한다. 〈개정 2008.8.21, 2010.7.21〉
1. 서울특별시: 1천 500만원
2. 「수도권정비계획법」에 따른 과밀억제권역(서울특별시는 제외한다): 1천 350만원
3. 광역시(「수도권정비계획법」에 따른 과밀억제권역에 포함된 지역과 군지역은 제외한다), 안산시, 용인시, 김포시 및 광주시: 900만원
4. 그 밖의 지역: 750만원

② 임차인의 보증금 중 일정액이 상가건물의 가액의 3분의 1을 초과하는 경우에는 상가건물의 가액의 3분의 1에 해당하는 금액에 한하여 우선변제권이 있다.

③ 하나의 상가건물에 임차인이 2인 이상이고, 그 각 보증금중 일정액의 합산액이 상가건물의 가액의 3분의 1을 초과하는 경우에는 그 각 보증금중 일정액의 합산액에 대한 각 임차인의 보증금중 일정액의 비율로 그 상가건물의 가액의 3분의 1에 해당하는 금액을 분할한 금액을 각 임차인의 보증금중 일정액으로 본다.

(185) 가. 구 주택임대차보호법 제 8 조 소정의 소액의 보증금의 의미, 나. 주택임대차보호법 부칙 제 3 항 규정과 소액임차인

<판결요지>

가. 구 주택임대차보호법(1989.12.30. 법률 제4188호로 개정되기 전의 것) 제 8 조 및 같은법시행령(1990.2.19. 대통령령 제12930호로 개정되기 전의 것) 제 3 조 제 1 항의 각 규정은 우선변제권이 인정되는 소액보증금의 기

준을 정한 것이지 우선변제권의 효력이 미치는 범위를 정한 것은 아니라고 해석되므로 구 주택임대차보호법하에 있어서 서울특별시 및 직할시의 경우 임대보증금이 금 5,000,000원을 넘는 경우에는 그 전체에 대하여 우선변제권이 인정되지 아니한다.

나. 주택임대차보호법(1989.12.30. 법률 제4188호) 부칙 제 3 항에 의하면 이 법 시행 전에 임대주택에 대하여 담보물권을 취득한 자에 대하여는 종전의 규정에 의한다고 규정하고 있어 현행법 시행 전에 부동산에 대하여 근저당권을 취득한 자에 대한 관계에 있어서는 구 주택임대차보호법에 의하여 소액임차인에 해당하는지 여부를 가려야 한다.

(대법원 1993.9.14. 선고 92다49539 판결【배당이의】[공1993.11.1.(955),2754])

(186) 임대차관계가 지속되는 동안 임대차보증금의 증감·변동이 있는 경우, 소액임차인에 해당하는지 여부의 판단 기준(=배당시의 임대차보증금)

<판결요지>

임대차관계가 지속되는 동안 임대차보증금의 증감·변동이 있는 경우, 소액임차인에 해당하는지 여부의 판단시점은 원칙적으로 배당시로 봄이 상당하고, 따라서 처음 임대차계약을 체결할 당시 임대차보증금의 액수가 적어서 소액임차인에 해당한다고 하더라도 그 후 갱신과정에서 증액되어 그 한도를 초과하면 더 이상 소액임차인에 해당하지 않게 되고, 반대로 처음에는 임대자보증금의 액수가 많아 소액임차인에 해당하지 않는다 하더라도 그 후 갱신과정에서 감액되어 한도 이하로 되었다면 소액임차인에 해당한다.

(대구지법 2004.3.31. 선고 2003가단134010 판결: 항소【배당이의】[각공2004.5.10.(9),630])

4. 통상손해, 특별손해, 이행이익 배상, 신뢰이익 배상

(187) 신뢰이익 배상

<판결요지>

채무불이행을 이유로 계약해제와 아울러 손해배상을 청구하는 경우에 그 계약이행으로 인하여 채권자가 얻을 이익 즉 이행이익의 배상을 구하는

것이 원칙이지만, 그에 갈음하여 그 계약이 이행되리라고 믿고 채권자가 지출한 비용 즉 신뢰이익의 배상을 구할 수도 있다고 할 것이고, 그 신뢰이익 중 계약의 체결과 이행을 위하여 통상적으로 지출되는 비용은 통상의 손해로서 상대방이 알았거나 알 수 있었는지의 여부와는 관계없이 그 배상을 구할 수 있고, 이를 초과하여 지출되는 비용은 특별한 사정으로 인한 손해로서 상대방이 이를 알았거나 알 수 있었던 경우에 한하여 그 배상을 구할 수 있다고 할 것이고, 다만 그 신뢰이익은 과잉배상금지의 원칙에 비추어 이행이익의 범위를 초과할 수 없다.

(대법원 2002.6.11. 선고 2002다2539 판결【매매대금】[공2002.8.1.(159),1617])

5. 보전처분, 강제집행

➡ 보전처분 — 가압류, 가처분

① 가압류는 금전채권이나 금전으로 환산할 수 있는 채권의 강제집행을 보전하기 위하여 할 수 있고, 가처분은 금전채권 이외의 권리의 강제집행을 보전하기 위하여 할 수 있다.

② 요 건

가. 피보전권리

나. 보전의 필요성

③ 가압류명령, 가처분명령의 집행은 가압류목적물, 가처분 목적물에 대한 채무자의 일체의 처분을 금지하는 효력을 생기게 하지만, 채무자가 처분금지를 어기고 행한 처분행위의 효력은, 가압류채권자, 가처분채권자에 대한 관계에 있어서만 무효이다. — 상대적 효력설 — 통설, 판례(88다카15734).

④ 그러나 피압류채권의 발생원인인 법률관계에 관하여는 채무자의 임의의 처분이 가능하다. 즉 법정해제, 약정해제, 합의해제 등이 허용된다(82다카508).

⑤ 보전집행은 피보전권리의 본안 승소확정판결 기타 채무명의에 기하여 본집행으로 이행된다. 가압류된 금전채권에 대한 본집행은 채권자의 신청에 의하여 다시 (본)압류명령을 발한 후 현금화의 절차를 밟는다.

⑥ 가압류 채권자가 아니면서 단순히 차용증을 소지한 채권자는 경매개시 후 가압류한 후 배당 요구를 하여야 한다. 이 경우 가압류채권자의 권리는 확정된 채권이 아니므로 법원이 공탁하면 후일 가압류권자가 채무명의를 제출하고 배당금을 찾아간다.

➡ 강제집행

① 채권자를 위하여 사법상의 청구권을 국가권력으로서 강제적으로 실현하는 법절차

② 압류-현금화 — 변제(배당)의 순서를 밟는다.

③ 집행권원 및 집행대상

1. 금전채권에 기초한 강제집행
   가. 부동산(선박 등)
   나. 동산
   다. 채권(재산권)
2. 금전채권 이외의 채권에 기초한 강제집행

➡ 관련 중요 판례

(188) 전부명령의 효력발생 전 피전부채권의 지급을 위해 발행된 어음이 전부명령의 효력발생 후 지급된 경우, 위 전부명령의 효력

<판결요지>

피전부채권에 대한 전부명령의 효력발생 전에 피전부채권의 지급을 위해 약속어음이 발행되어 제3자에게 배서양도된 경우, 그 어음의 소지인에 대한 어음금 지급이 전부명령의 송달 이후에 이루어졌다 하더라도, 그 어음금의 지급으로 인하여 피전부채권은 소멸하여 전부명령당시 존재하지 아니하였다 할 것이다.

(대구고법 1985.3.22. 선고 84나836 제1민사부판결 : 확정 【전부금청구사건】 [하집1985(1),229])

(189) 채무자가 압류 또는 가압류의 대상인 채권을 양도하고 확정일자 있는 통지 등에 의한 채권양도의 대항요건을 갖춘 경우, 채무자의 채권자가

그 양도된 채권에 대하여 한 압류 또는 가압류명령의 효력(=무효)

<이 유>

채권압류의 효력발생 전에 채무자가 그 채권을 처분한 경우에는 그보다 먼저 압류한 채권자가 있어 그 채권자에게는 대항할 수 없는 사정이 있더라도 그 처분 후에 집행에 참가하는 채권자에 대하여는 처분의 효력을 대항할 수 있는 것이므로, 채무자가 압류 또는 가압류의 대상인 채권을 양도하고 확정일자 있는 통지 등에 의한 채권양도의 대항요건을 갖추었다면, 그 후 채무자의 다른 채권자가 그 양도된 채권에 대하여 압류 또는 가압류를 하더라도 그 압류 또는 가압류 당시에 피압류채권은 이미 존재하지 않는 것과 같아 압류 또는 가압류로서의 효력이 없고, 따라서 그 다른 채권자는 압류 등에 따른 집행절차에 참여할 수 없다(대법원 2003.5.30. 선고 2001다10748 판결, 대법원 2004.9.3. 선고 2003다22561 판결 등 참조).

(대법원 2010.10.28. 선고 2010다57213,57220 판결【배당이의등 · 배당이의】[공보불게재])

(190) 채권가압류결정이 제 3 채무자에게 송달된 후에 채권을 양도받은 자가 제 3 채무자를 상대로 이행의 소를 제기할 수 있는지 여부(적극) 등

<판시사항>

[1] 채권가압류결정이 제 3 채무자에게 송달된 후에 채권을 양도받은 자가 제 3 채무자를 상대로 이행의 소를 제기할 수 있는지 여부(적극)

[2] 채권에 대한 압류 및 추심명령이 있는 경우, 제 3 채무자에 대하여 피압류채권에 대한 이행의 소를 제기할 당사자적격이 있는 자(=추심채권자)

<판결요지>

[1] 일반적으로 채권에 대한 가압류가 있더라도 이는 가압류채무자가 제 3 채무자로부터 현실로 급부를 추심하는 것만을 금지하는 것이므로 가압류채무자는 제 3 채무자를 상대로 그 이행을 구하는 소송을 제기할 수 있고, 법원은 가압류가 되어 있음을 이유로 이를 배척할 수 없는 것이며, 채권양도는 구 채권자인 양도인과 신 채권자인 양수인 사이에 채권을 그 동일성을 유지하면서 전자로부터 후자에게로

이전시킬 것을 목적으로 하는 계약을 말한다 할 것이고, 채권양도에 의하여 채권은 그 동일성을 잃지 않고 양도인으로부터 양수인에게 이전된다 할 것이며, 가압류된 채권도 이를 양도하는 데 아무런 제한이 없으나, 다만 가압류된 채권을 양수받은 양수인은 그러한 가압류에 의하여 권리가 제한된 상태의 채권을 양수받는다고 보아야 할 것이다.

[2] 채권에 대한 압류 및 추심명령이 있으면 제3채무자에 대한 이행의 소는 추심채권자만이 제기할 수 있고 채무자는 피압류채권에 대한 이행소송을 제기할 당사자적격을 상실한다.

(대법원 2000.4.11. 선고 99다23888 판결【채권양수금】[집48(1)민,116;공2000.6.1.(107),1170])

(191) 가압류가 본압류로 이행되어 강제집행이 이루어진 경우 당초부터 본집행이 있었던 것과 같은 효력이 있는지 여부(적극) 등

<판시사항>

[1] 민사소송법 제186조 제1항에서 규정한 보충송달에서 수령대행인이 될 수 있는 '사무원'의 의미

[2] 가압류한 지명채권에 대하여 가압류에서 본압류로 전이하는 내용의 주문이 누락된 채 압류 및 추심명령이 발령되었더라도 해당 가압류가 본압류로 이전되는 효력을 인정할 수 있는 경우

[3] 가압류가 본압류로 이행되어 강제집행이 이루어진 경우 당초부터 본집행이 있었던 것과 같은 효력이 있는지 여부(적극)

<판결요지>

[1] 민사소송법 제186조 제1항에서 규정한 보충송달에서 수령대행인이 될 수 있는 사무원이란 반드시 송달받을 사람과 고용관계가 있어야 하는 것은 아니고, 평소 본인을 위하여 사무 등을 보조하는 자이면 충분하다.

[2] 가압류한 지명채권에 대하여 가압류에서 본압류로 전이하는 내용의 주문이 누락된 채 압류 및 추심명령이 발령되었다 하더라도, 가압류 및 압류·추심의 당사자 사이에 서로 동일성이 인정되고, 가압류의

피보전채권과 압류·추심의 집행채권 사이 및 가압류 대상 채권과 압류·추심 대상 채권 사이에 서로 동일성이 인정되는 경우에는, 해당 가압류는 특별한 사정이 없는 한 당연히 본압류로 이전되는 효력이 생긴다.

[3] 가압류가 본압류로 이행되어 강제집행이 이루어진 경우에는 가압류집행은 본집행에 포섭됨으로써 당초부터 본집행이 있었던 것과 같은 효력이 있게 된다.

(대법원 2010.10.14. 선고 2010다48455 판결【추심금】[공2010하,2092])

(192) 추심채권자가 채무자의 제 3 채무자에 대한 채권을 가압류한 후 채무자에 대한 임금채권을 변제받기 위하여 피압류채권을 양수한 자에게 제 3 채무자가 변제한 경우의 법률관계

<판결요지>

채권가압류는 제 3 채무자에 대하여 채무자에게 채무의 지급금지를 명하는 것이므로 채권이 가압류된 후에 제 3 채무자가 채무자에게 변제하더라도 그 변제로써 가압류채권자에게 대항할 수 없고, 근로기준법 제30조의2 소정의 임금채권의 우선변제권은 채무자의 재산에 대하여 강제집행을 하는 경우 그 강제집행에 의한 환가금에서 일반채권에 우선하여 변제받을 수 있음에 그치는 것이므로 다른 채권자가 채무자의 제 3 채무자에 대한 채권을 가압류한 후 채무자에 대하여 우선변제권이 있는 임금채권을 변제받기 위하여 피압류채권을 양수한 자에게 제 3 채무자가 변제하고 그 뒤에 가압류채권자가 가압류로부터 본압류로 이전하는 채권압류 및 추심명령을 받았다면 제 3 채무자는 그 채무변제를 이유로 채권자의 추심금청구를 거절할 수 없다.

(대법원 1989.5.23. 선고 88다카15734 판결【추심금】[집37(2)민,130;공1989.7.15.(852),990])

(193) 채권압류의 처분금지효력의 상대성 등

<판시사항>

[1] 계속적 수입채권에 대하여 압류가 경합된 경우 각 압류의 효력이 미치는 범위

[2] 채권압류가 경합된 상태에서 제3채무자가 정당한 추심권자에 대한 변제, 집행공탁, 상계 기타의 사유로 압류채권을 소멸시킨 경우 그 효력이 미치는 채권자의 범위

[3] 채권압류의 처분금지효력의 상대성

[4] 선정당사자의 권한 및 개개의 소송행위를 함에 있어서 선정자의 개별적인 동의가 필요한지 여부(소극)

<판결요지>

[1] 채권의 일부가 압류된 후에 그 나머지 부분을 초과하여 다시 압류명령이 발하여진 때에는 압류경합 상태가 되어 각 압류의 효력은 그 채권의 전부에 미치는데(2002.1.26. 법률 제6626호로 개정되기 전의 구 민사소송법 제568조의2 제1항), 이는 압류대상 채권이 계속적 수입채권이라 하여 달리 볼 것이 아니고, 따라서 계속적 수입채권에 대하여 여러 건의 압류가 시기를 달리하여 발하여진 결과 압류경합이 된 경우에 각 압류에서 그 압류의 효력이 미치는 채권의 발생시기를 특별히 제한하여 명시한 경우가 아니라면 각 압류의 효력은 그 압류 후에 발생한 계속적 수입채권 전부에 미치고, 한편 다른 압류보다 뒤에 발하여진 압류라도 그 압류 전에 다른 사유로 압류의 효력이 배제된 경우를 제외하고는 원칙적으로 당해 압류 전에 발생한 채권 전부에 대하여 그 효력이 미친다.

[2] 압류경합의 경우에는, 추심명령을 받아 채권을 추심하는 채권자는 집행법원의 수권에 따라 일종의 추심기관으로서 압류나 배당에 참가한 모든 채권자를 위하여 제3채무자로부터 추심을 하는 것이므로 제3채무자로서도 정당한 추심권자에게 변제하면 그 효력은 압류경합 관계에 있는 모든 채권자에게 미치고, 또한 제3채무자가 집행공탁을 하거나 상계 기타의 사유로 압류채권을 소멸시키면 그 효력도 압류경합 관계에 있는 모든 채권자에게 미친다.

[3] 압류의 처분금지 효력은 절대적인 것이 아니고, 채무자의 처분행위 또는 제3채무자의 변제로써 처분 또는 변제 전에 집행절차에 참가한 압류채권자나 배당요구채권자에게 대항하지 못한다는 의미에서

의 상대적 효력만을 가지는 것이어서, 압류의 효력발생 전에 채무자가 처분하였거나 제3채무자가 변제한 경우에는, 그 보다 먼저 압류한 채권자가 있어 그 채권자에게는 대항할 수 없는 사정이 있더라도, 그 처분이나 변제 후에 압류명령을 얻은 채권자에 대하여는 유효한 처분 또는 변제가 된다.

[4] 선정당사자는 선정자들로부터 소송수행을 위한 포괄적인 수권을 받은 것으로서 일체의 소송행위는 물론 소송수행에 필요한 사법상의 행위도 할 수 있는 것이고 개개의 소송행위를 함에 있어서 선정자의 개별적인 동의가 필요한 것은 아니다.

(대법원 2003.5.30. 선고 2001다10748 판결【추심금】[공2003.7.1.(181),1424])

(194) 압류의 처분금지 효력의 상대성 및 채권가압류명령과 확정일자 있는 채권양도 통지가 제3채무자에게 동시에 도달한 경우, 후행의 다른 채권자가 그 가압류에 따른 집행절차에 참가할 수 있는지 여부(소극) 등

<판시사항>

[1] 압류의 처분금지 효력의 상대성 및 채권가압류명령과 확정일자 있는 채권양도 통지가 제3채무자에게 동시에 도달한 경우, 후행의 다른 채권자가 그 가압류에 따른 집행절차에 참가할 수 있는지 여부(소극)

[2] 확정일자 있는 채권양도 통지와 채권가압류명령을 동시에 송달받은 제3채무자의 변제공탁 가부(적극)

[3] 확정일자 있는 채권양도 통지와 채권가압류명령이 동시에 도달됨으로써 제3채무자가 변제공탁을 하고, 그 후에 다른 채권압류 또는 가압류가 이루어졌다 하더라도 채권양수인과 선행가압류채권자 사이에서만 채권액에 안분하여 배당하여야 한다고 한 사례

<판결요지>

[1] 압류의 처분금지 효력은 절대적인 것이 아니고, 이에 저촉되는 채무자의 처분행위도 그 압류채권자와 처분 전에 집행절차에 참가한 압류채권자나 배당요구채권자에게 대항하지 못한다는 의미에서의 상대적 효력을 가지는데 그치므로 압류의 효력발생 전에 채무자가 처

분한 경우에는 그보다 먼저 압류한 채권자가 있어 그 채권자에게는 대항할 수 없는 사정이 있더라도 그 처분 후에 집행에 참가하는 채권자에 대하여는 처분의 효력을 대항할 수 있는 것이고, 이는 가압류의 경우에도 마찬가지이므로 동일한 채권에 관하여 가압류명령의 송달과 확정일자 있는 양도통지가 동시에 제3채무자에게 도달함으로써 채무자가 가압류의 대상인 채권을 양도하고 채권양수인이 채권양도의 대항요건을 갖추었다면 다른 채권자는 더 이상 그 가압류에 따른 집행절차에 참가할 수는 없다.

[2] 확정일자 있는 채권양도 통지와 채권가압류명령이 제3채무자에게 동시에 도달된 경우에도 제3채무자는 송달의 선후가 불명한 경우에 준하여 채권자를 알 수 없다는 이유로 변제공탁을 할 수 있다.

[3] 확정일자 있는 채권양도 통지와 채권가압류명령이 동시에 도달됨으로써 제3채무자가 변제공탁을 하고, 그 후에 다른 채권압류 또는 가압류가 이루어졌다 하더라도 채권양수인과 선행가압류채권자 사이에서만 채권액에 안분하여 배당하여야 한다고 한 사례

<이 유>

압류의 처분금지 효력은 절대적인 것이 아니고, 이에 저촉되는 채무자의 처분행위도 그 압류채권자와 처분 전에 집행절차에 참가한 압류채권자나 배당요구채권자에게 대항하지 못한다는 의미에서의 상대적 효력을 가지는데 그치므로 압류의 효력발생 전에 채무자가 처분한 경우에는 그보다 먼저 압류한 채권자가 있어 그 채권자에게는 대항할 수 없는 사정이 있더라도 그 처분 후에 집행에 참가하는 채권자에 대하여는 처분의 효력을 대항할 수 있는 것이고(대법원 2003.5.30. 선고 2001다10748 판결 참조), 이는 가압류의 경우에도 마찬가지이므로 동일한 채권에 관하여 가압류명령의 송달과 확정일자 있는 양도통지가 동시에 제3채무자에게 도달함으로써 채무자가 가압류의 대상인 채권을 양도하고 채권양수인이 채권양도의 대항요건을 갖추었다면 다른 채권자는 더 이상 그 가압류에 따른 집행절차에 참가할 수는 없다고 할 것이다.

같은 취지에서 원심이, 위와 같은 사실관계에 기초하여, 확정일자 있는

채권양도 통지와 채권가압류명령이 제3채무자에게 동시에 도달된 경우에도 제3채무자는 송달의 선후가 불명한 경우에 준하여 채권자를 알 수 없다는 이유로 변제공탁을 할 수 있고(대법원 1994.4.26. 선고 93다24223 판결 참조), 그 후에 다른 채권압류 또는 가압류가 이루어진다고 하더라도 채권양수인과 선행가압류채권자 사이에서만 채권액에 안분하여 배당함이 타당하고, 또한 채권가압류와 채권양도통지가 제3채무자에게 동시에 송달된 경우에 채권양수인과 가압류채권자 사이에서는 우열이 없으므로 동시에 송달된 가압류채권자 이외의 제3자에 대하여는 양도채권 전액이 유효하게 양수인에게 귀속되는 것이며, 채권양도가 확정일자 있는 통지의 방법으로 이루어진 이후에 채권양도인의 다른 채권자들이 그 양도된 채권에 대하여 가압류 또는 압류를 하였다고 하더라도 이는 가압류 또는 압류의 대상채권이 이미 다른 사람에게 양도되어 버려 양도인에 대한 채권으로서는 그 대상채권을 압류할 수 없게 된 상태로서, 채권양수인과 동순위에 있는 가압류와의 경합을 주장할 수 없다고 판단한 것은 정당한 것으로 수긍할 수 있고, 거기에 상고이유로 주장하는 바와 같은 동일한 채권에 관하여 가압류명령의 송달과 확정일자 있는 양도통지가 동시에 제3채무자에게 도달한 후에 후행의 채권압류가 경합하는 경우의 공탁금의 권리귀속에 관한 법령위반 등의 위법이 있다고 할 수 없다.

(대법원 2004.9.3. 선고 2003다22561 판결【배당이의】[공2004.10.15.(212),1647])

(195) 확정일자 있는 채권양도 통지 후 양도된 채권에 대하여 이루어진 채권압류 또는 가압류의 효력(한정 무효) 등

<판시사항>

[1] 채권자가 양도금지특약이 있는 금전급부를 내용으로 하는 채권을 채무자의 동의 없이 양도하고 채무자에게 채권양도의 통지만을 한 경우, 채권양수인이 채무자에 대하여 대항력을 취득하는지 여부(적극)

[2] 확정일자 있는 채권양도 통지 후 양도된 채권에 대하여 이루어진 채권압류 또는 가압류의 효력(한정 무효)

[3] 채권양도금지특약이 계약서에 명문으로 기재된 사실만으로는 채권양수인에게 중대한 과실이 있다고 볼 수 없다고 한 사례

<판결요지>

[1] 채권의 성질상 채무의 이행에 채무자의 개인적인 요소가 강하여 권리의 양도가 제한되어 ㅗ 양도에 채무자의 동의를 얻어야 하는 경우에는 양도인의 채무자에 대한 통지만으로는 채무자에 대한 대항력이 생기지 않으며 반드시 채무자의 동의를 얻어야 대항력이 생긴다고 할 것이나, 금전급부의무를 내용으로 하는 채권과 같이 채무의 이행에 채무자의 개인적인 요소가 전혀 없어 성질상 양도가 제한되지 않는 통상의 채권양도의 경우에는 채권자와 채무자 사이에 양도금지특약이 있다고 하더라도 선의이고 중대한 과실이 없는 양수인은 양도인의 채무자에 대한 통지만으로 채무자에 대하여 대항력을 취득한다.

[2] 확정일자 있는 채권양도 통지 후 양도된 채권에 대하여 이루어진 채권압류 또는 가압류는 채권양도계약이 무효이거나 취소되지 않는 한 이미 양도된 채권에 대한 것이어서 무효이다.

[3] 계약서에 채권양도금지특약이 기재되어 있다고 하더라도 그러한 사정만으로는 금전채권의 양수인에게 중대한 과실이 있다고 볼 수 없다고 한 사례

(대구지법 1998.12.8. 선고 98가합837 판결 : 확정【양수금 】[하집1998-2, 84])

(196) 가압류채권자와 근저당권자 및 근저당권설정등기 후 강제경매신청을 한 압류채권자 사이의 배당순위 등

<판시사항>

가. 가압류등기 후에 경료된 근저당권설정등기의 효력

나. '가'항의 경우 가압류채권자와 근저당권자 및 근저당권설정등기 후 강제경매신청을 한 압류채권자 사이의 배당순위

<결정요지>

가. 부동산에 대하여 가압류등기가 먼저 되고 나서 근저당권설정등기가 마쳐진 경우에 그 근저당권등기는 가압류에 의한 처분금지의 효력 때문에 그 집행보전의 목적을 달성하는 데 필요한 범위 안에서 가압류채권자에 대한 관계에서만 상대적으로 무효이다.

나. '가'항의 경우 가압류채권자와 근저당권자 및 근저당권설정등기 후 강제경매신청을 한 압류채권자 사이의 배당관계에 있어서, 근저당권자는 선순위 가압류채권자에 대하여는 우선변제권을 주장할 수 없으므로 1차로 채권액에 따른 안분비례에 의하여 평등배당을 받은 다음, 후순위 경매신청압류채권자에 대하여는 우선변제권이 인정되므로 경매신청압류채권자가 받을 배당액으로부터 자기의 채권액을 만족시킬 때까지 이를 흡수하여 배당받을 수 있다.

(대법원 1994.11.29. 자 94마417 결정【부동산강제경매절차취소】[공1995.1.1.(983), 104])

(197) 주택임대차보호법 제 3 조의2 제 1 항의 규정취지 및 같은 규정에 의하여 우선변제권을 갖는 임차보증금채권자와 선순위의 가압류채권자와의 배당관계(=평등배당) 등

<판시사항>

가. 주택임대차보호법 제 3 조의2 제 1 항의 규정취지 및 같은 규정에 의하여 우선변제권을 갖는 임차보증금채권자와 선순위의 가압류채권자와의 배당관계(=평등배당)

나. 가압류채권자가 주택임차인보다 선순위인지 여부의 판단기준

<판결요지>

가. 주택임대차보호법 제 3 조의2 제 1 항은 대항요건(주택인도와 주민등록 전입신고)과 임대차계약증서상의 확정일자를 갖춘 주택임차인은 후순위권리자 기타 일반채권자보다 우선하여 보증금을 변제받을 권리가 있음을 규정하고 있는바, 이는 임대차계약증서에 확정일자를 갖춘 경우에는 부동산 담보권에 유사한 권리를 인정한다는 취지이므로, 부동산 담보권자보다 선순위의 가압류채권자가 있는 경우에 그 담보권자가 선순위의 가압류채권자와 채권액에 비례한 평등배당을 받을 수 있는 것과 마찬가지로 위 규정에 의하여 우선변제권을 갖게 되는 임차보증금채권자도 선순위의 가압류채권자와는 평등배당의 관계에 있게 된다.

나. 가압류채권자가 주택임차인보다 선순위인지 여부는, 주택임대차보호

법 제3조의2의 법문상 임차인이 확정일자 부여에 의하여 비로소 우선변제권을 가지는 것으로 규정하고 있음에 비추어, 임대차계약증서상의 확정일자 부여일을 기준으로 삼는 것으로 해석함이 타당하므로, 대항요건을 미리 갖추었다고 하더라도 확정일자를 부여받은 날짜가 가압류일자보다 늦은 경우에는 가압류채권자가 선순위라고 볼 수밖에 없다.

(대법원 1992.10.13. 선고 92다30597 판결【배당이의】[공1992.12.1.(933),3138])

(198) 동일 부동산에 관하여 동일 순위번호로 등기된 가압류와 처분금지가처분 상호간의 효력 등

<판시사항>

[1] 등기공무원이 동일 부동산에 관한 가압류등기 촉탁서와 처분금지가처분등기 촉탁서를 동시에 받은 경우, 그 처리 방법 및 등기 순위

[2] 동일 부동산에 관하여 동일 순위번호로 등기된 가압류와 처분금지가처분 상호간의 효력

<결정요지>

[1] 등기신청의 접수순위는 등기공무원이 등기신청서를 받았을 때를 기준으로 하고, 동일한 부동산에 관하여 동시에 수개의 등기신청이 있는 때에는 동일 접수번호를 기재하여 동일 순위로 기재하여야 하므로, 등기공무원이 법원으로부터 동일한 부동산에 관한 가압류등기 촉탁서와 처분금지가처분등기 촉탁서를 동시에 받았다면 양 등기에 대하여 동일 접수번호와 순위번호를 기재하여 처리하여야 하고 그 등기의 순위는 동일하다.

[2] 동일한 부동산에 관하여 동일 순위로 등기된 가압류와 처분금지가처분의 효력은 그 당해 채권자 상호간에 한해서는 처분금지적 효력을 서로 주장할 수 없다.

(대법원 1998.10.30.자 98마475 결정【경매취소각하】[공1998.12.15.(72),2828])

(199) 가등기담보권에 대하여 선순위 및 후순위 가압류채권이 있는 경우 경매에 의한 매득금의 배당방법과 선순위 및 후순위 가압류채권자가 동일한

경우

<판결요지>

가등기담보권자는 그 담보가등기가 경료된 부동산에 대하여 경매 등이 개시된 경우에 다른 채권자보다 자기 채권에 대하여 우선변제를 받을 권리가 있다고 할 것이고 이 경우 그 순위에 관하여는 그 담보가등기권리를 저당권으로 보고 그 담보가등기가 경료된 때에 저당권설정등기가 행해진 것으로 보게 되므로, 가등기담보권에 대하여 선순위 및 후순위 가압류채권이 있는 경우 부동산의 경매에 의한 매득금 중 경매비용을 제외한 나머지 금원을 배당함에 있어 가등기담보권자는 선순위 가압류채권에 대하여는 우선변제권을 주장할 수 없어 그 피담보채권과 선순위 및 후순위 가압류채권에 대하여 1차로 채권액에 따른 안분비례에 의하여 평등배당을 하되, 담보가등기권자는 위 후순위 가압류채권에 대하여는 우선변제권이 인정되어 그 채권으로부터 받을 배당액으로부터 자기의 채권액을 만족시킬 때까지 이를 흡수하여 변제받을 수 있으며 선순위와 후순위 가압류채권이 동일인의 권리라 하여 그 귀결이 달라지는 것이 아니다.

(대법원 1992.3.27. 선고 91다44407 판결【배당이의】[공1992.5.15.(920),1392])

PART 02

주요 판례 연구 논문

제 1 장 金融, 不動産 實名法(制) 小考
—대법원 2008다45828 전원합의체판결과 연관하여

Ⅰ. 서 론

종래의 부동산과 금융 거래 관행에 대한 개혁으로써 실명제도의 도입과 각 실명법의 입법의 필요성은 그 제도와 법 시행 이전에 성행하여 이루어진 부동산 명의신탁과 가명, 차명계좌를 이용한 재산은닉, 조세포탈, 기업 정치자금 비자금 조성 횡령, 투기조장으로 인한 사회위화감 조성 등의 부동산, 금융 거래의 탈법, 위법적인 관행 때문이었다.

부동산 명의신탁이라는 것은, 신탁자가 자기의 재산을 수탁자의 등기명의를 빌어 등기해 두고 그 부동산에 관한 사용, 수익권 및 처분권 등 실질적인 권한은 모두 신탁자 자신이 보유하는 경우를 가리킨다.[1)2)] 이러한 명

1) 이은영, 「물권법」, 제4판, 박영사, 2006, 267면. 대법원 1965.5.18. 선고 65다312 판결.

2) 부동산실명법 시행 이후 명의신탁의 유형을, ① 양자간(이전형) 등기명의신탁 — 기존 등기 명의자인 신탁자가 수탁자에게 등기를 이전하는 유형, ② 3자간(중간생략형) 등기명의신탁 — 신탁자가 매도인과 부동산매수계약을 체결하면서 수탁자 명의로 등기를 하는 유형, ③ 계약명의신탁 — 명의수탁자가 계약 당사자로서 명의신탁약정의 존재를 모르는 매도인과 매매계약을 체결하고 등기 명의를 수탁자 앞으로 경료하는 유형의 3가지

의신탁 행위에 대하여는 대법원 판례도 從來 이를 有效하다고 인정해[3] 온 가운데 각종의 투기, 조세포탈, 채무면탈 등의 탈법, 위법행위에 주로 이용되어 왔으며, 또한 가명, 차명의 방법으로 은행 등 금융기관에 자금을 예치하여 두고 각종 금융거래를 할 경우 대법원 판례는 "금융기관에 대한 기명식예금에 있어서는, 명의의 여하를 묻지 아니하고, 또 금융기관이 누구를 예금주라고 믿었는가에 관계없이, 예금을 실질적으로 지배하고 있는 자로서 자기의 출연에 의하여 자기의 예금으로 한다는 의사를 가지고 스스로 또는 사자, 대리인을 통하여 예금계약을 한 자를 예금주로 봄이 상당하다."[4]라고 판시하여 옴으로써, 즉 예금주를 판단 결정함에 있어서 전혀 예금 명의는 고려하지 않았고, 실제 去來界에서도 가·차명의 거래를 통하여 역시 탈세, 재산은닉, 채무회피, 기업 정치자금 비자금 조성, 횡령, 부동산 투기 등의 탈법, 위법행위가 이루어져 왔다.

위와 같은 탈법적 거래를 革罷하려는 목적으로 迂餘曲折은 많았으나[5] 1993. 「금융실명거래및비밀보장에관한긴급재정경제명령」(이하 긴급명령이라 한다)이 시행되었고, 이를 대체하여 1997. 법률 제5493호로 「금융실명거래및비밀보장에관한법률」(이하 금융실명법이라 한다)이 제정 시행되고 있으며, 1995. 법률 제4944호로 「부동산실권리자명의등기에 관한 법률」(이하 부동산실명법이라 한다)이 제정 시행되고 있다.

금융실명법의 주요 내용은 實地名義에 의한 금융거래를 실시하여 금융거래의 정상화를 기함으로써 경제정의를 실현함을 목적으로 하고, 금융기관

로 분류함이 일반적인 것으로 보이며, ①과 ②를 합칭하여 등기명의신탁이라고도 한다.

3) 대법원 1966.7.27. 선고 66다1343 판결, 대법원 1993.8.13. 선고 92다42651 판결 등.

4) 대법원 1987.10.28. 선고 87다카946 판결.

5) 이동근(민주당 전국구 국회의원), "금융실명거래제의 새로운 의미," 「국회보」 318, 국회사무처, 1993. 4, 11면에서는 "금융실명제는 지난 82년 5월 소위 이철희·장영자 사건 이후 당시 약 3조 원 규모로 추정되던 사채시장을 양성화해 금융거래질서를 바로잡기 위한 제도적 장치로서 입법화 되었다. 그러나 정·재계의 거센 압력을 견디지 못하고 86년 이후로 전격 연기된 바 있다…. 지난 82년 금융실명제에관한법률이 제정된 이래 10년 넘게 시행이 유보되어 오는 동안 유보 이유로 제시되었던 주요 내용은 증권시장의 위축, 부동산 투기재현, 해외에의 자금도피, 저축률 감소, 기업의 투자의욕 위축, 물가불안과 경기위축 등 심지어는 조세형평성 제고 및 분배개선의 한계 등 매우 다양하다"라고 하고 있는 것에서도 보듯이 그간 금융실명법제의 시행은 많은 논란의 대상이었다.

은 거래자의 실지명의에 의하여 금융거래를 하여야 하며, 이 규정을 위반한 금융기관의 임원 또는 직원은 과태료에 처하도록 하였다.

부동산실명법의 주요 핵심 내용은 명의신탁약정은 무효이고, 동 약정에 따라 행하여진 등기에 의한 부동산에 관한 물권변동도 역시 무효로 한다는 것이다(다만, 소위 매도인이 선의인 계약명의신탁의 경우에는 명의신탁약정은 무효이나 예외적으로 물권변동은 유효로 하고 있다).

본 논고에서는 위 양 실명법제의 시행 이전과 이후를 구분하고, 특히 금융실명법과 관련하여 2009년 3월 19일 대법원은 2008다45828 전원합의체판결로 예금주의 결정에 있어서 이전의 견해를 동 판결과 배치되는 범위에서 모두 폐기하고 이전과는 달리 판결하였는데 이 판례를 포함하여, 대법원 판결례를 중심으로 한 '예금주 결정' 및 '명의신탁을 둘러싼 법률관계(특히 신탁자의 수탁부동산 반환 청구와 관련하여)'에 대한 판례의 변화와 문제점, 예금명의자와 수탁자의 예치금 및 수탁부동산의 임의처분에 따른 형사책임 및 향후 양 실명법제의 名實相符한 목적 달성을 위한 해석론과 입법론에 대하여 살펴보고자 한다.

Ⅱ. 금융실명법 관련 판례의 변동

1. 금융실명법(긴급명령 포함) 시행 이전

1) 기명식 예금에 있어서 '예금주를 누구로 볼 것인가'의 문제와 관련하여 대법원은, "금융기관에 대한 기명식예금에 있어서는, 명의의 여하를 묻지 아니하고, 또 금융기관이 누구를 예금주라고 믿었는가에 관계없이, 예금을 실질적으로 지배하고 있는 자, 다시 말하면, 자기의 출연에 의하여 자기의 예금으로 한다는 의사를 가지고 스스로 또는 사자, 대리인을 통하여 예금계약을 한 자를 예금주로 봄이 상당하다 할 것이다."[6] "금융기관에 대한 기명식 예금에 있어서는 금융기관이 누구를 예금주라고 믿었는가에 관계없이 예금을 실질적으로 지배하고 있는 자로서 자기의 출연에 의하여 자기의 예금

6) 대법원 1987.10.28. 선고 87다카946 판결.

으로 한다는 의사를 가지고 스스로 또는 사자, 대리인을 통하여 예금계약을 한 자를 예금주로 보아야 한다"[7]라고 판결하여 왔다.

2) 이를 정리하면, 기명식 예금의 예금주는 예금의 명의 여하나 금융기관의 의사와는 無關하게, 실제로 자금을 출연하고 자기의 예금으로 한다는 의사를 가진 자를 예금주로 판단하고 있다. 따라서 금융실명법제 시행 이전에는 자금의 출연자는 지급청구를 거절당할 염려 없이 얼마든지 차명, 가명의 예금 거래를 할 수 있었고 이를 이용하여 탈세, 재산은닉, 채무회피, 기업 정치자금 비자금 조성, 횡령, 부동산 투기 등의 위법행위를 하여 왔다.

2. 금융실명법(긴급명령 포함) 시행 이후

1) 예금주 결정에 대하여 대법원은 "금융실명거래및비밀보장에관한긴급재정경제명령 제 3 조 제 1 항에 의하면 … 이 경우 금융기관으로서는 주민등록증을 통하여 실명 확인을 한 예금 명의자를 위 재정명령 제 3 조에서 규정한 거래자로 보아 그와 예금계약을 체결할 의도를 가지고 있었다고 하여야 할 것"[8] "금융실명거래 및 비밀보장에 관한 긴급재정경제명령(1997.12.31. 법률 제5493호 금융실명거래 및 비밀보장에 관한 법률 부칙 제 2 조로 폐지) 및 금융실명거래 및 비밀보장에 관한 법률이 시행된 후에는 … 이 경우 금융기관으로서는 출연자와 금융기관 사이에 명의자가 아닌 출연자에게 금융거래 계약상의 채권을 귀속시키고 그를 계약당사자로 인정하기로 하는 명시적 또는 묵시적 약정이 있었다는 특별한 사정이 없는 한 주민등록증을 통하여 실명확인을 한 명의자를 거래자로 보아 그와 금융거래 계약을 체결할 의도라고 보아야 할 것이므로, 그 명의자가 계약당사자가 된다"[9]라고 판결하였다.

변화된 판례를 정리하여 보면, 금융실명법 시행 전과 비교하여 예금주를 판단함에 있어서 변화가 있음을 알 수 있다. 즉 원칙으로는 실명확인을 한 예금의 명의자를 예금주로 본다는 것이고, 다만 예외적으로 출연자와 금융기관 사이에 명의자가 아닌 출연자에게 예금 채권을 귀속시키기로 하는 명시적 또는 묵시적 약정이 있는 경우에만 출연자를 예금주로 볼 수 있다는

7) 대법원 1992.6.23. 선고 91다14987 판결.
8) 대법원 1998.1.23. 선고 97다35658 판결.
9) 대법원 2007.6.14. 선고 2004다45530 판결.

것이다.

일단은 원칙으로서 예금 명의자를 예금주로 본다고 천명하고 있음은 의의가 있는 변화라고 할 것이나, 거래자의 실지명의에 의한 금융거래를 규정한 금융실명법 제 3 조 제 1 항을 효력규정이 아닌 단속규정으로 해석함으로써[10] 그 사회적 害惡性이 탈법적 명의신탁에 버금가는 차명 금융거래에 대하여, 원칙에 대한 광범위한 예외를 인정하고 있음은 매우 아쉬운 점이 있었다고 하겠다.

2) 그러던 중 2009년 3월 19일 대법원은 2008다45828 전원합의체판결로 예금주의 결정에 있어서 이전의 견해를 동 판결과 배치되는 범위에서 모두 폐기하고 다음과 같이 판결하여 금융실명법의 해석을 둘러싸고 다시 論議를 불러일으킬 것으로 생각된다.[11]

위 판결에서 대법관 다수 의견은, "1993. 8. 12. 「금융실명거래 및 비밀보장에 관한 긴급재정경제명령」에 의하여 실명에 의한 금융거래가 의무화된 이래, 위와 같이 금융실명법이 제정·시행됨에 따라 금융실명법이 정하는 일부 소액송금 등의 예외적인 경우(제 3 조 제 2 항)를 제외하고 원칙적으로 모든 금융거래는 실명거래의 확인 절차를 거쳐야 한다는 사정은 우리 국민 모두에게 널리 인식되어 왔다"라고 앞부분에서 전제를 한 뒤 "예금명의자가 아닌 출연자 등을 예금계약의 당사자라고 볼 수 있으려면, 금융기관과 출연자 등과 사이에서 실명확인 절차를 거쳐 서면으로 이루어진 예금명의자와의 예금계약을 부정하여 예금명의자의 예금반환청구권을 배제하고, 출연자 등과 예금계약을 체결하여 출연자 등에게 예금반환청구권을 귀속시키겠다는 명확한

10) 윤진수, "계약당사자의 확정에 관한 고찰 — 특히 예금계약을 중심으로 —," 「법조」, 1997. 12, 23면, 송덕수, "금융실명제하에 있어서 예금계약의 당사자 내지 예금채권자의 결정," 「이화여대 법학논집」 2권 2호, 1998. 2, 110면, 이충상, "금융실명제 시행 이후의 예금의 출연자와 명의자가 다를 경우 누구를 예금자로 볼 것인가," 「대법원판례해설」 30호, 1998. 상반기, 143면, 김유진, "금융실명제하에서의 예금주의 인정," 「민사판례연구」 22권, 박영사, 2000. 2, 231면. 재인용. 이상 논문들에서는 모두 단속규정으로 보고 있다.

11) 대법원 2009.3.19. 선고 2008다45828 전원합의체판결. 이 판결에는 다수의견 외에도 금융실명법 규정을 강행효력규정으로 보아야 한다는 대법관 박시환의 별개의견과 그에 대하여 반박하는 다수의견 보충의견, 또 다른 다수의견에 대한 보충의견 등이 설시되었다.

의사의 합치가 있는 극히 예외적인 경우로 제한되어야 할 것이고, 이러한 의사의 합치는 금융실명법에 따라 실명확인 절차를 거쳐 작성된 예금계약서 등의 증명력을 번복하기에 충분할 정도의 명확한 증명력을 가진 구체적이고 객관적인 증거에 의하여 매우 엄격하게 인정하여야 한다"라고 판결하였다.

위 판례가 이전의 판례와 다른 점은, 결국 금융실명법의 시행 이후에도 출연자와 금융기관 사이의 명시적, 묵시적 약정에 의하여도 출연자를 예금주로 인정할 수 있다고 하여, 명의자를 예금주로 보는 원칙에 대한 광범위한 예외적 경우를 인정하여 온 것과는 달리, 앞으로는 묵시적 약정으로서는 부족하고 실명확인 절차를 거쳐 작성된 예금계약서 등의 증명력을 번복하기에 충분할 정도의 명확한 증명력을 가진 구체적이고 객관적인 증거에 의하여 매우 엄격하게 인정된 출연자와 금융기관 사이의 명확한 의사의 합치가 있는 경우에만 극히 예외적으로 출연자를 예금주로 보아야 한다는 것이다.

이 판례가 이전의 판례에 비하여는 보다 더 금융실명법의 입법 취지에 부합하는 진일보한 판결로 생각되나, 출연자를 예금주로 인정하는 데 있어서 그 요건을 엄격히 제한하였을 뿐 여전히 예금 명의자 이외의 자를 예금주로 인정하는 예외를 인정하고 있는 점에서는 이전과 별반 크게 달라진 것으로 볼 수는 없다고 하겠다.

그런데 위 판결 중 다수 의견 다음으로 대법관 박시환의 별개의견에서는, "금융실명제 아래에서의 예금주 확정의 문제는 금융실명법 제 3 조 제 1 항을 강행규정으로 보는 데에서 출발하여야 하고 그렇게 하여야만 금융실명법의 입법 목적을 충실하게 달성할 수 있다고 본다" "금융실명법을 위반하여 금융기관과의 합의하에 자신의 실명을 감추고 타인 명의로 예금계약을 체결하면서 자신을 예금주로 삼기로 약정하는 자는 필시 불건전한 자금 수수, 비자금 조성, 탈세 및 각종 범죄수익금의 은닉, 자금세탁행위 등 탈법적, 불법적인 목적으로 이러한 행위를 할 가능성이 높다. 이러한 행위는 명백히 금융실명법이 규제하려는 유형의 행위에 속하는 것으로서, 공익에 현저히 반하는 반사회적인 행위라고 아니할 수 없다"라고 하고 있다. 이러한 별개 견해에 대하여는 아래 Ⅴ. 항에서 기재한 바와 같은 논거로서 찬동하는 바이다.

Ⅲ. 부동산실명법 관련 판례의 변동

1. 부동산실명법 시행 이전

1) 명의신탁의 유효성 및 신탁의 해지로 인한 신탁자의 신탁부동산 반환청구와 관련하여, “명의신탁자는 명의수탁자에 대하여 신탁해지를 하고 신탁관계의 종료 그것만을 이유로 하여 소유 명의의 이전등기절차의 이행을 청구할 수 있음은 물론, 신탁해지를 원인으로 하고 소유권에 기해서도 그와 같은 청구를 할 수 있고(이 경우 양청구는 청구원인을 달리하는 별개의 소송이다), 위와 같은 법리는 위 상호 명의신탁의 지위를 승계한 자와의 관계에 있어서도 마찬가지로 적용된다.”[12] “부동산의 명의수탁자가 명의신탁이 해지된 후 그 명의신탁자 명의로 신탁해지에 따른 등기의 회복이 있기 전에 그 부동산을 제 3 자에게 매도하여 그에 따른 소유권이전등기가 제 3 자 명의로 경료된 경우에는 특별한 사정이 없는 한 위의 제 3 자는 명의신탁자에 앞서 보호되어야 할 것이므로 명의수탁자가 명의신탁자에 대하여 부담하고 있는 소유권이전등기의무는 이행불능상태에 있는 것이다.”[13] “부동산을 명의신탁한 경우에는 소유권이 대외적으로 수탁자에게 귀속되는 것이므로 수탁자가 수탁부동산을 제 3 자에게 처분하였을 때에는 그 처분행위가 무효 또는 취소되는 등의 사유가 없는 한 신탁자는 명의신탁 된 부동산이라는 이유를 내세워 제3 자에게 소유권을 주장할 수 없다.”[14] “부동산등기특별조치법 제 7 조 제 1 항, 제 8 조의 규정 자체에 의하더라도 등기신청의 원인행위인 같은 법 제 7 조 제 1 항 소정의 목적에 의한 계약명의의 신탁약정 자체가 금지된다고는 해석할 수 없으므로 그와 같은 명의신탁약정이 그 사법적 법률행위의 효력까지 부인되는 것은 아니다”[15]라고 판시하였다.

2) 이를 정리하여 보면, 먼저 명의신탁 행위의 유효성을 일관되게 인정

---

12) 대법원 1980.12.9. 선고 79다634 전원합의체판결.
13) 대법원 1982.12.28. 선고 82다카984 판결.
14) 대법원 1987.3.10. 선고 85다카2508 판결.
15) 대법원 1993.8.13. 선고 92다42651 판결.

하고, 신탁자가 명의신탁을 해제 해지한 경우에는 물권적 효과설[16]에 부합하게 수탁 부동산 소유권은 등기의 회복을 기다릴 것도 없이 당연히 신탁자에게 복귀하는 것이고, 부동산을 명의신탁한 경우에는 소유권이 대외적으로 수탁자에게 귀속되는 것이므로 수탁자가 수탁부동산을 임의로 제 3 자에게 처분하였을 경우 그 제 3 자는 선의 악의를 불문하고 적법하게 소유권을 취득한다고 하였다. 또한 탈세, 투기, 법령회피 목적의 명의신탁 등기 신청을 금지하고 위반자에 대한 형사처벌을 규정한 부동산등기특별조치법 제 7 조 규정[17]을 단속규정이라고 해석하고, 위법 목적 등기신청의 원인행위인 신탁약정 자체는 유효하다고 판결하여 모처럼 명의신탁 금지를 규정한 위 특별조치법 규정의 입법목적을 몰각시키고 있음을 알 수 있다.

2. 부동산실명법 시행 이후

1) 부동산실명법이 시행 된 이후 대법원은, 부동산실명법 시행 전에 이루어진 계약명의신탁에서 신탁자가 자신의 명의로 실명 회복 등기를 하지 않고 유예기간을 경과하였을 경우 신탁자의 신탁부동산 반환청구와 관련하여 “명의신탁자와 명의수탁자가 명의신탁 약정을 맺고, 이에 따라 명의수탁자가 당사자가 되어 명의신탁 약정이 있다는 사실을 알지 못하는 소유자와의 사이에 부동산에 관한 매매계약을 체결한 후 그 매매계약에 기하여 당해 부동산의 소유권이전등기를 수탁자 명의로 마친 경우 … 부동산실권리자명의등기에관한법률 시행 전에 위와 같은 명의신탁 약정과 그에 기한 물권변동이 이루어진 다음 부동산실권리자명의등기에관한법률 제11조에서 정한 유예기간 내에 실명등기 등을 하지 않고 그 기간을 경과한 때에도 같은 법 제12조 제 1 항에 의하여 제 4 조의 적용을 받게 되어 … 이 경우 명의수탁자는 명

---

16) 대법원 1977.5.24. 선고 75다1394 판결 등은 계약 해제의 효과에 대하여 물권적 효과설을 취하고 있다. “계약에 따른 채무의 이행으로 이미 등기나 인도를 하고 있는 경우에 그 원인행위인 채권계약이 해제됨으로써 원상회복된다고 할 때 그 이론 구성에 관하여 소위 채권적 효과설과 물권적 효과설이 대립되어 있으나 우리의 법제가 물권행위의 독자성과 무인성을 인정하고 있지 않는 점과 민법 548조 1항 단서가 거래안정을 위한 특별규정이란 점을 생각할 때 계약이 해제되면 그 계약의 이행으로 변동이 생겼던 물권은 당연히 그 계약이 없었던 원상태로 복귀한다 할 것이다.”

17) 동 조항은 1995.3.30. 부동산실명법의 제정 시행으로서 삭제되었다.

의신탁 약정에 따라 명의신탁자가 제공한 비용을 매매대금으로 지급하고 당해 부동산에 관한 소유명의를 취득한 것이고, 위 유예기간이 경과하기 전까지는 명의신탁자는 언제라도 명의신탁 약정을 해지하고 당해 부동산에 관한 소유권을 취득할 수 있었던 것이므로, 명의수탁자는 부동산실권리자명의등기에관한법률 시행에 따라 당해 부동산에 관한 완전한 소유권을 취득함으로써 당해 부동산 자체를 부당이득하였다고 보아야 할 것이고, 부동산실권리자명의등기에관한법률 제 3 조 및 제 4 조가 명의신탁자에게 소유권이 귀속되는 것을 막는 취지의 규정은 아니므로 명의수탁자는 명의신탁자에게 자신이 취득한 당해 부동산을 부당이득으로 반환할 의무가 있다"[18]라고 판시하고, 명의신탁행위의 불법원인급여성에 대하여서는 "부동산실권리자명의등기에관한법률이 규정하는 명의신탁약정은 … 그 자체로 선량한 풍속 기타 사회질서에 위반하는 경우에 해당한다고 단정할 수 없을 뿐만 아니라, 위 법률은 원칙적으로 명의신탁약정과 그 등기에 기한 물권변동만을 무효로 하고 명의신탁자가 다른 법률관계에 기하여 등기회복 등의 권리행사를 하는 것까지 금지하지는 않는 대신, 명의신탁자에 대하여 행정적 제재나 형벌을 부과함으로써 사적자치 및 재산권보장의 본질을 침해하지 않도록 규정하고 있으므로, 위 법률이 비록 부동산등기제도를 악용한 투기 · 탈세 · 탈법행위 등 반사회적 행위를 방지하는 것 등을 목적으로 제정되었다고 하더라도, 무효인 명의신탁약정에 기하여 타인 명의의 등기가 마쳐졌다는 이유만으로 그것이 당연히 불법원인급여에 해당한다고 볼 수 없다"[19]라고 판시하고 있고, 부동산실명법 시행 후에 이루어진 계약명의신탁의 경우 신탁자의 신탁부동산 반환청구와 관련하여, "부동산실권리자명의등기에관한법률 제 4 조 제 1 항, 제 2 항에 의하면, 명의신탁자와 명의수탁자가 이른바 계약명의신탁약정을 맺고 명의수탁자가 당사자가 되어 명의신탁약정이 있다는 사실을 알지 못하는 소유자와의 사이에 부동산에 관한 매매계약을 체결한 후 그 매매계약에 따라 당해 부동산의 소유권이전등기를 수탁자 명의로 마친 경우에는 명의신탁자와 명의수탁자 사이의 명의신탁약정의 무효에도 불구하고 그 명의수탁자는 당해 부동산의 완전한 소유권을 취득하게 되고, 다만 명의수탁자는 명의신

18) 대법원 2002.12.26. 선고 2000다21123 판결.
19) 대법원 2003.11.27. 선고 2003다41722 판결.

탁자에 대하여 부당이득반환의무를 부담하게 될 뿐이라 할 것인데, 그 계약명의신탁약정이 부동산실권리자명의등기에관한법률 시행 후인 경우에는 명의신탁자는 애초부터 당해 부동산의 소유권을 취득할 수 없었으므로 위 명의신탁약정의 무효로 인하여 명의신탁자가 입은 손해는 당해 부동산 자체가 아니라 명의수탁자에게 제공한 매수자금이라 할 것이고, 따라서 명의수탁자는 당해 부동산 자체가 아니라 명의신탁자로부터 제공받은 매수자금을 부당이득하였다고 할 것이다"[20]라고 판시함으로서 당해 신탁부동산 자체는 아니라고 하더라도 신탁자가 수탁자에게 지급한 부동산 매수자금은 부당이득금으로써 반환청구할 수 있다고 하고 있다.

2) 위와 같은 부동산실명법 시행 이후의 판례를 정리하여 보면, 부동산실명법 제 4 조 제 1 항과 제 2 항 본문에 의거하여 명의신탁 약정과 그 약정에 따른 물권변동[21]이 전부 무효로 돌아가는 양자간(移轉型) 등기명의신탁이든, 3자간(中間省略型) 등기명의신탁이든 불문하고, 여전히 신탁자는 수탁자를 상대로 언제나 수탁부동산 자체를 부당이득으로 반환 청구하여 자신의 소유로 회복할 수 있다는 것이고, 부동산실명법 제 4 조 제 2 항 단서에 의하여 명의신탁약정은 무효로 하나 부동산 물권 변동은 유효로 하는 예외 규정에 해당하는 이른바 매도인 선의의 계약명의신탁의 경우, 즉 부동산에 관한 물권을 취득하기 위한 계약에서 명의수탁자가 그 일방당사자가 되고 그 타방당사자는 명의신탁약정이 있다는 사실을 알지 못한 경우는 수탁자가 신탁부동산의 소유권을 유효하게 완전히 취득하는데 이때에도 신탁자는 수탁자를 상대로 매수대금 상당을 부당이득으로서 반환 청구할 수 있다는 것이다.[22]

20) 대법원 2005.1.28. 선고 2002다66922 판결.

21) 김상용, "부동산거래실명제 입법예고법률안의 내용과 문제점," 「사법행정」 411, 한국사법행정학회, 1995. 3, 12면에서는 부동산실명법 제4조 제2항 본문의 물권변동도 무효로 한다는 규정에 대하여 "물권행위의 독자성을 부인하면 이와 같은 규정을 둘 필요가 없는 주의적 규정에 불과하다"라고 하고 있다.

22) 부동산실명법 제8조는 종중의 경우와 부부간에는 조세포탈, 강제집행의 면탈 또는 법령상 제한의 회피를 목적으로 하지 아니하는 명의신탁(약정+물권변동)은 유효하다는 예외를 규정하고 있다. 한편 양창수, "부동산실명법의 사법적 규정에 의한 명의신탁의 규율-소위 계약명의신탁을 중심으로," 「성곡논총」 제28집 3권, 성곡학술문화재단, 1997, 31면에서는 계약명의신탁에서 매도인이 명의신탁약정이 있다는 사실을 안 경우에도 부동산실명법 제4조 제2항 단서를 적용하여 수탁자가 소유권을 취득하는 것으로 보아

여기서 특기할 사항은 부동산실명법이 종래의 명의신탁(약정+등기이전) 행위를 통한 반사회적 행위를 금지하고자 하는 목적[23]으로, 금지 대상 반사회적 행위인 명의신탁 그 자체를 구성하는 명의신탁약정과 그에 따른 물권변동을 무효로 한다고 규정하고 있음에도 불구하고, 판례는 여전히 명의신탁 약정 자체는 선량한 풍속 기타 사회질서에 위반하는 경우에 해당하지 않는다고 판단하여 명의신탁약정의 효력에 대하여 부동산실명법 시행 이전과 다름없이 동일한 해석을 하고 있으며, 더 나아가 부동산실명법 시행 이후에도 신탁자는 어느 경우에나 수탁자로부터 수탁부동산 혹은 부동산 매수 대금 상당을 부당이득으로 반환 청구할 수 있다고 판결하여 결과적으로는 그 이유만 약간 달리 구성할 뿐 制定 실정법인 부동산실명법 시행 이전과 비교하여 명의신탁이라는 법적 사회현상에 대한 실제 規範統制 결과는 동일하다고 하겠다.

Ⅳ. 예금명의자, 명의수탁자의 임의처분에 따른 형사책임

1. 차명 예금 명의자의 임의적 예금인출의 경우 형사책임

1) 예금주를 예금 명의자로 보는 경우이든 실제 자금 출연자로 보는 경우이든 불문하고 금융실명법을, 부동산실명법이 명의신탁 행위를 금지하는 사법적 효력규정과 형벌규정을 둔 것과는 다르게, 실지명의에 의한 금융거래가 아닌 차명거래 행위에 있어서 출연자와 명의대여자 사이의 사법적 법률관계를 규율하고자 하는 효력규정이 아닌 단속규정으로 해석하고, 자금의

야 한다고 한다. 그 이유로서는 등기명의신탁과 계약명의신탁을 "구분하는 징표가 되는 것은 원소유자(매도인)가 명의신탁약정이 있다는 사실을 몰랐는지 여부가 아니라 원소유자(매도인)와 매매계약을 체결한 상대방이 명의신탁자인가(이 경우는 등기명의신탁이다) 아니면 명의수탁자인가(이 경우는 계약명의신탁이다)의 점이라고 이해되고 있다고 하여야 할 것이다"라고 하고 있다. 그러나 이러한 해석은 명문의 규정과 확연히 배치되므로 의문이다.

23) 부동산실명법 제1조 (목적) 이 법은 부동산에 관한 소유권 기타 물권을 실체적 권리관계에 부합하도록 실권리자 명의로 등기하게 함으로써 부동산등기제도를 악용한 투기·탈세·탈법행위등 반사회적 행위를 방지하고 부동산거래의 정상화와 부동산가격의 안정을 도모하여 국민경제의 건전한 발전에 이바지함을 목적으로 한다.

출연을 불법원인급여로 보지 않는 한은, 출연자의 허락을 받지 않은 임의적 예금 인출 소비행위를 한 예금 명의자는 출연자를 피해자로 하는 횡령죄의 죄책을 져야한다고 보는 것이 타당할 것이다. 왜냐하면 현행 금융실명법을 단속규정에 불과하다고 해석하는 전제하에서는 부동산실명법 시행 이전의 명의신탁 약정의 사법적 효력이 유효했다는 것과 마찬가지로 출연자와 명의대여자 간의 명의대차 금융거래 약정은 사법적으로 유효하다고 보아야 할 것이기 때문이다.

2) 판례는 예금명의자의 임의적 인출 소비행위에 대하여 금융실명법 시행 이전에는 "자기명의로 예금하여 보관중인 타인의 금원을 인출하여 소비한 행위는 횡령죄에 해당하는 것이며 그만한 돈을 별도로 현금 또는 수표로 보관 중이었다 하여 예금에 대한 불법영득의 의사가 없다고 볼 수는 없다"[24]라고 판시하였고, 금융실명법 시행 이후에도, "타인의 금전을 위탁받아 보관하는 자가 보관방법으로 금융기관에 자신의 명의로 예치한 경우, 금융실명거래및비밀보장에관한긴급재정경제명령이 시행된 이후 금융기관으로서는 특별한 사정이 없는 한 실명확인을 한 예금명의자만을 예금주로 인정할 수밖에 없으므로 수탁자 명의의 예금에 입금된 금전은 수탁자만이 법률상 지배·처분할 수 있을 뿐이고 위탁자로서는 위 예금의 예금주가 자신이라고 주장할 수는 없으나, 그렇다고 하여 보관을 위탁받은 위 금전이 수탁자 소유로 된다거나 위탁자가 위 금전의 반환을 구할 수 없는 것은 아니므로 수탁자가 이를 함부로 인출하여 소비하거나 또는 위탁자로부터 반환요구를 받았음에도 이를 영득할 의사로 반환을 거부하는 경우에는 횡령죄가 성립한다"[25]라고 판결하여 금융실명법 시행 전후를 불문하고 횡령죄의 성립을 인정하고 있다.

2. 명의 수탁자의 수탁부동산의 임의처분의 경우 형사책임

1) 부동산실명법 시행 이전

먼저 이 문제와 관련된 대법원 판결례 중 횡령죄의 성립 여부와 피해자

24) 대법원 1984.2.14. 선고 83도3207 판결.
25) 대법원 2000.8.18. 선고 2000도1856 판결.

에 대한 판단을 보면, “종중소유의 부동산을 명의신탁받아 소유권등기를 거친 사람이 이를 임의로 처분하면 횡령죄가 성립한다.”[26] “부동산의 명의수탁자가 명의신탁자의 위임이 본지에 반하여 그 부동산을 다인에게 소유권이전등기하여 넘겨주었다면, 그 명의수탁자는 횡령죄의 주체가 되고 그 횡령행위로 인한 피해자는 명의신탁자라고 할 것이다”[27]라고 판시하고 있고, 명의신탁 행위의 불법원인급여 해당 여하와 관련하여서는, “불법원인급여를 규정한 민법 제746조 소정의 “불법의 원인”이라 함은 재산을 급여한 원인이 선량한 풍속 기타 사회질서에 위반하는 경우를 가리키는 것으로서, 강제집행을 면할 목적으로 부동산의 소유자 명의를 신탁하는 것이 위와 같은 불법원인급여에 해당한다고 볼 수는 없다.”[28] “민법 제746조에 불법의 원인으로 인하여 재산을 급여하거나 노무를 제공한 때에는 그 이익의 반환을 청구하지 못한다고 규정한 뜻은 급여를 한 사람은 그 원인행위가 법률상 무효임을 내세워 상대방에게 부당이득반환청구를 할 수 없고, 또 급여한 물건의 소유권이 자기에게 있다고 하여 소유권에 기한 반환청구도 할 수 없어서 결국 급여한 물건의 소유권은 급여를 받은 상대방에게 귀속된다는 것이므로 조합장이 조합으로부터 공무원에게 뇌물로 전달하여 달라고 금원을 교부받은 것은 불법원인으로 인하여 지급받은 것으로서 이를 뇌물로 전달하지 않고 타에 소비하였다고 해서 타인의 물건을 보관 중 횡령하였다고 볼 수는 없다”[29]라고 판결하고 있다.

이를 종합하여 보면 명의신탁 약정은 사법적으로 유효하다는 것을 전제로 하여 수탁자가 임의로 위임의 본지에 반하여 수탁부동산을 처분하는 행위는 신탁자를 피해자로 하는 횡령죄가 성립한다는 것이며, 강제집행 면탈 목적의 부동산 명의신탁 행위도 불법원인급여에 해당하지 않으므로 역시 수탁자의 처분행위는 신탁자를 피해자로 하는 횡령죄를 성립시킨다는 것이다. 만약 명의신탁 행위가 불법원인급여에 해당한다면 신탁자는 수탁자를 상대로 수탁부동산 내지 부당이득의 반환 청구를 할 수 없게 되고 수탁자는 결과적으로 수탁부동산에 대한 소유권을 취득하게 되어 수탁자는 타인의 재물

26) 대법원 1971.6.22. 선고 71도740 전원합의체 판결.
27) 대법원 1989.10.24. 선고 89도1605 판결.
28) 대법원 1994.4.15. 선고 93다61307 판결.
29) 대법원 1988.9.20. 선고 86도628 판결.

을 보관하는 자의 지위에 있지 않게 됨으로써 수탁자의 신탁부동산 임의처분 행위는 횡령죄 등의 형사책임을 성립시키지 못할 것이다.[30]

2) 부동산실명법 시행 이후

먼저 횡령죄의 성립 여부와 피해자에 대한 판단을 보면, "명의신탁 받아 보관 중이던 토지를 명의신탁자의 승낙 없이 제 3 자에게 근저당권설정등기를 경료해 준 경우 위 토지 전체에 대한 횡령죄가 성립한다."[31] "부동산을 그 소유자로부터 매수한 자가 그의 명의로 소유권이전등기를 하지 아니하고 제3자와 맺은 명의신탁약정에 따라 매도인으로부터 바로 그 제 3 자에게 중간생략의 소유권이전등기를 경료한 경우, 그 제 3 자가 그와 같은 명의신탁약정에 따라 그 명의로 신탁된 부동산을 임의로 처분하였다면 신탁자에 대한 횡령죄가 성립하고, 그 명의신탁이 부동산실권리자명의등기에관한법률 시행 전에 이루어졌고 같은 법이 정한 유예기간 이내에 실명등기를 하지 아니함으로써 그 명의신탁약정 및 이에 따라 행하여진 등기에 의한 물권변동이 무효로 된 후에 처분이 이루어졌다고 하여 달리 볼 것은 아니다."[32] "부동산을 소유자로부터 매수한 자가 그 명의로 소유권이전등기를 하지 아니하고 제 3 자와 맺은 명의신탁약정에 따라 매도인으로부터 바로 그 제 3 자에게 중간생략의 소유권이전등기를 마친 경우, 그 제 3 자가 그 명의로 신탁된 부동산을 임의로 처분하였다면 신탁자에 대한 횡령죄가 성립한다"[33]라고 판결하였고, 부동산실명법이 제 4 조 제 2 항 단서에서 예외적으로 물권변동이 유효하다고 규정하는 계약명의신탁의 경우에 대하여는, "횡령죄는 타인의 재물을 보관하는 자가 그 재물을 횡령하는 경우에 성립하는 범죄인바, 부동산실권리자명의등기에관한법률 제 2 조 제 1 호 및 제 4 조의 규정에 의하면, 신탁자와 수탁자가 명의신탁 약정을 맺고, 이에 따라 수탁자가 당사자가 되어

30) 위 대법원 판례 및 대법원 1979.11.13. 선고 79다483 전원합의체 판결 등 판례는 같은 취지이나, 이재상, 「형법각론」, 제5판, 박영사, 2007, 387면에서는 "학설에 따라서는 불법원인급여의 경우에도 위탁자가 소유권을 상실하는 것은 아니므로 수탁자의 임의처분 행위는 횡령죄가 성립한다고 하는 설이 종래 우리나라의 다수설이었다"라고 하고 있다.

31) 대법원 1999.11.26. 선고 99도2651 판결.

32) 대법원 2001.11.27. 선고 2000도3463 판결.

33) 대법원 2008.4.10. 선고 2008도1033 판결.

명의신탁 약정이 있다는 사실을 알지 못하는 소유자와 사이에서 부동산에 관한 매매계약을 체결한 후 그 매매계약에 기하여 당해 부동산의 소유권이전등기를 수탁자 명의로 경료한 경우에는, 그 소유권이전등기에 의한 당해 부동산에 관한 물권변동은 유효하고, 한편 신탁자와 수탁자 사이의 명의신탁 약정은 무효이므로, 결국 수탁자는 전소유자인 매도인뿐만 아니라 신탁자에 대한 관계에서도 유효하게 당해 부동산의 소유권을 취득한 것으로 보아야 할 것이고, 따라서 그 수탁자는 타인의 재물을 보관하는 자라고 볼 수 없다"[34]라고 판결하여 예외적으로 이 경우에는 수탁자가 횡령죄의 죄책을 지지 않는다고 하며, 명의신탁 행위의 불법원인급여 해당 여부에 대하여는, "부당이득의 반환청구가 금지되는 사유로 민법 제746조가 규정하는 불법원인이라 함은 그 원인되는 행위가 선량한 풍속 기타 사회질서에 위반하는 경우를 말하는 것으로서, 법률의 금지에 위반하는 경우라 할지라도 그것이 선량한 풍속 기타 사회질서에 위반하지 않는 경우에는 이에 해당하지 않는다. 부동산실권리자명의등기에관한법률이 규정하는 명의신탁약정은 부동산에 관한 물권의 실권리자가 타인과의 사이에서 대내적으로는 실권리자가 부동산에 관한 물권을 보유하거나 보유하기로 하고 그에 관한 등기는 그 타인의 명의로 하기로 하는 약정을 말하는 것일 뿐이므로, 그 자체로 선량한 풍속 기타 사회질서에 위반하는 경우에 해당한다고 단정할 수 없을 뿐만 아니라, 위 법률은 원칙적으로 명의신탁약정과 그 등기에 기한 물권변동만을 무효로 하고 명의신탁자가 다른 법률관계에 기하여 등기회복 등의 권리행사를 하는 것까지 금지하지는 않는 대신, 명의신탁자에 대하여 행정적 제재나 형벌을 부과함으로써 사적자치 및 재산권보장의 본질을 침해하지 않도록 규정하고 있으므로, 위 법률이 비록 부동산등기제도를 악용한 투기·탈세·탈법행위 등 반사회적 행위를 방지하는 것 등을 목적으로 제정되었다고 하더라도, 무효인 명의신탁약정에 기하여 타인 명의의 등기가 마쳐졌다는 이유만으로 그것이 당연히 불법원인급여에 해당한다고 볼 수 없다"[35]라고 판결하여 부동산실명법의 시행 이후에도 명의신탁 행위는 불법원인급여에 해당하지 않고 따라서 신탁자는 부당이득반환을 청구할 수 있고 수탁자는 소유권을 취득하

34) 대법원 2000.3.24. 선고 98도4347.
35) 대법원 2003.11.27. 선고 2003다41722 판결.

지 못하므로 수탁자가 수탁부동산을 임의처분하면 횡령죄가 된다는 것이다.

위와 같은 판결례를 부동산실명법 시행 이전과 비교하여 보면, 부동산실명법 제 4 조 제 2 항 단서가 규정하는 계약명의신탁의 경우를 제외하고는 2자간 등기명의신탁이든, 3자간 등기명의신탁이든, 수탁자의 수탁부동산의 임의처분 행위는 횡령죄에 해당한다는 것인데 그 이유는 부동산실명법에 의하여 무효인 명의신탁약정에 기하여 타인 명의의 등기가 마쳐졌다는 이유만으로 그것이 당연히 불법원인급여에 해당한다고 볼 수 없다는 것으로서, 시행 이전과 비교하여 별반 다름이 없는 결론에 이르고 있음을 알 수 있다.

V. 금융, 부동산 실명법의 해석, 입법론

1. 불법원인급여 해당 여부

신탁자, 출연자의 급부가 불법원인급여에 해당하는지 여부에 대하여 살펴보면, 먼저, 민법 제108조는 강행규정, 효력규정으로서 대외적으로 허위의 외관을 창출하는 행위를 무효로 하고 있다. 위 양 실명법이 시행되기 이전에도 명의신탁(약정 + 타인명의등기)을 통정허위표시로서 무효로 보아야 한다는 견해가 다수설로서 있어 왔다.[36] 이 다수 견해에 찬동하는 바이다. 차명예금약정도 명의신탁과 마찬가지로 외관은 예금 명의자가 예금주인 것처럼 보이게 가장하고 실질은 출연자가 예금주로서 금융기관과 거래를 하려는 것이므로 명의신탁과 마찬가지로 통정허위표시로도 볼 수 있을 것이다. 또한 실지명의에 의한 금융거래를 하도록 규정하고 있는 금융실명법은 동 법이

36) 곽윤직, 「물권법」, 제7판, 박영사, 2006, 94면. 김상용, "부동산거래실명제 입법예고법률안의 내용과 문제점", 「사법행정」 411, 한국사법행정학회, 1995. 3, 12면에서는 "다수의 학설은 명의신탁을 통정허위표시로서 무효라고 하였다." "부동산실명법률안이 명의신탁계약과 명의신탁등기의 효력을 부인하여 무효로 한 것은 명의신탁계약이 통정허위표시임을 전제로 한 규정은 아니라고 생각된다"라며 다수설에 반대하고 있다. 이은영, 「물권법」, 제4판, 박영사, 2006, 269면에서는 "부동산실명법은 종래 대법원 판례가 취했던 명의신탁유효설을 입법을 통해 깨뜨리고 학설로서 주장되었던 무효설을 성문화한 점에서 특색을 갖는다"라고 한다.

제정 시행되기까지의 法制史나 입법목적[37]을 고려할 때 강행규정으로 해석하여야 함이 당위로서 요청된다고 생각한다. 물론 강행법규 위반이나 민법 103조의 반사회질서 위반 행위가 있는 모든 경우에 인제나 불법원인급여로 되는 것은 아니라고 하더라도 차명예금이나 명의신탁과 같은 허위표시 행위는 그동안의 경험법칙과 사회통념에 비추어 볼 때, 당사자가 서로 통모하여 허위의 외관을 창출하여 대외적, 사회적으로 통정 허위표시 당사자 외의 타인 혹은 국가기관을 속여 민·형사적 불법 목적을 달성하려는 위법적 불법적 목적과 의도, 동기가 언제나 있다고 하겠고 따라서 신탁자, 출연자의 급부는 민법 제746조의 불법원인급여에 해당한다고 본다.[38] 따라서 이러한 차명 예금약정이나 명의신탁행위를 통하여 재산을 출연한 자는 반사회질서 행위의 불법원인 급여자에 해당하므로 그 출연한 재산을 부당이득으로 반환청구할 수 없다고 하여야 한다.[39]

---

37) 금융실명법 제1조 (목적) 이 법은 실지명의에 의한 금융거래를 실시하고 그 비밀을 보장하여 금융거래의 정상화를 기함으로써 경제정의를 실현하고 국민경제의 건전한 발전을 도모함을 목적으로 한다.

38) 대법원 2008.10.9. 선고 2007도2511 판결에서, 불법원인급여에 있어서 '불법원인'의 의미에 대하여 "불법원인이라 함은 그 원인되는 행위가 선량한 풍속 기타 사회질서에 위반하는 경우를 말하는 것으로, 법률행위의 목적인 권리의무의 내용이 선량한 풍속 기타 사회질서에 위반되는 경우뿐만 아니라, 그 내용 자체는 반사회질서적인 것이 아니라고 하여도 법률적으로 이를 강제하거나 그 법률행위에 반사회질서적인 조건 또는 금전적 대가가 결부됨으로써 반사회질서적 성질을 띠게 되는 경우 및 표시되거나 상대방에게 알려진 법률행위의 동기가 반사회질서적인 경우에도 불법원인급여에 해당될 수 있다"라고 판시한다.

39) 한편으로, 양창수, "부동산실명법 제4조에 의한 명의신탁의 효력 — 소위 등기명의신탁을 중심으로,"「법학」38권 1호, 서울대학교법학연구소, 1997. 5, 83면 이하에서는 불법원인급여를 인정할 수 없는 이유로써, 명의신탁의 경우에 불순한 동기가 언제나 있는 것은 아니라는 예로 '법인격 없는 단체가 취득하는 재산의 간편한 처리 등의 필요'와 '다수 부동산 매수인 중 한 사람의 이름으로 소유권이전등기를 하는 경우'를 들고 있으며, 명의신탁이 단지 하나의 법률에 의하여 하루아침에 불법원인급여라고 하여 신탁자의 반환을 봉쇄하고 수탁자를 소유자로 만드는 것은 법생활의 평화라는 관점에서 바람직하지 않다고 하나, 비법인단체의 편의를 돌보아야 하는 사회적 이익과 명의신탁이 사회에 끼쳐온 불법적 해악을 상호 비교해보면 동의하기가 어렵고, 다수 매수인의 경우 공유로 등기를 하면 족하다고 생각되고, 부동산실명법이 시행되기까지의 경과와 시행된 기간을 고려할 때 현재는 사회구성원들 다수가 이미 탈법적 명의신탁 행위는 사회질서 위반의 불법행위에 해당한다는 합의가 이루어졌다고 생각된다. 결국 지금에 이르러서는 부동산실명법을 개정함으로써 이 문제를 명확히 해결하여야 한다고 생각된다.

그러므로 출재자의 상대방, 즉 예금 명의자와 부동산 명의수탁자는 결국 출재자가 반환 청구할 수 없음으로 인하여 반사적 효과로서 허위표시 재산의 소유권 내지 청구권을 취득하게 된다. 이러한 기망적 허위표시 행위에서 자신의 명의를 외관과 다르게 사용하도록 허락하는 자는 대부분 출재자, 즉 예금출연자와 명의신탁자와의 관계에서 출연자의 피고용인, 거래상의 지인 등의 경제적 약자이거나 친인척 관계 등 실질적으로 對 출재자 관계에서 자유롭게 행위를 할 수 없는 경우이기 때문에 통상 허위표시 행위의 불법원인성이 출재자에게 있고, 비록 명의자에게도 불법원인성이 있는 경우라고 하여도 출재자에 비하면 극히 미미한 정도에 불과하므로 더욱 출재자의 부당이득 반환청구는 인정될 수 없다고 해석하여야 마땅할 것이다. 결국 금융실명법과 부동산실명법 규정의 핵심이자 입법의도에 해당하는, 실지명의가 아닌 금융거래와 명의신탁을 금지하는 각 규정은 통정허위표시를 무효로 규정하는 민법 제108조와 반사회질서 행위에 대하여 역시 무효로 규정하는 민법 제103조를 위법적, 불법적 비실명 금융거래와 명의신탁 행위 분야에 대하여 특별하게 명확히 규정한 특별규정으로 보아야 할 것이다.

더구나 부동산실명법 제4조 제3항에서는 명의신탁약정의 및 그에 따른 부동산 물권변동의 무효는 제3자에게 대항하지 못한다고 규정하고 있다. 즉 제3자는 선의 악의를 불문하고 유효하게 신탁부동산의 소유권을 취득하게 된다. 이와 같이 민법 제108조 통정허위표시의 선의의 제3자보다 더욱 강력하게 제3자를 보호하는 규정을 둔 것은 무효인 명의신탁 행위의 제3자를 보다 강하게 보호하려는 입법정책의 문제로 보거나 종래의 판례의 입장을 수용하는 입법으로 보아서는 안 된다고 생각한다. 부동산실명법 제4조 제3항의 입법 의도는, 부동산실명법의 시행 이전에 이루어진 명의신탁약정 및 등기에 대하여는 법률불소급의 원칙에 의하여 별도로 취급하여 실명전환을 촉구하는 것에 그친다고 하더라도, 동법 시행 이후에 이루어지는 명의신탁 행위의 경우 신탁자는 불법원인급여에 해당하여 부당이득 반환청구를 할 수 없고 따라서 결과적으로 수탁자는 신탁부동산의 소유권을 취득하는 것이므로 결국 수탁자와 거래한 제3자는 유효한 소유권자로부터 권리를 취득하게 되므로 선의 악의를 불문하고 유효를 주장할 수 있다는 것을 규정한 것이라고 추측된다. 또한 이렇게 해석하면 수탁자는 타인의 재물을 보관하는 자가 아니므로 동인의 수탁부동산 임의처분 행위는 당연히 횡령죄가 성립히지 않는 것으로 된다.

명의신탁에 의한 급부를 불법원인급여로 보아 모든 경우에 수탁자가 소유권을 취득한다고 하는 해석은 부동산실명법이 제 4 조 제 2 항 단서의 계약명의신탁의 경우에만 예외적으로 수탁자가 소유권을 취득한다는 뜻의 규정을 고려할 때 의문이 있을 수 있으나, 수탁자가 등기명의신탁의 경우에 소유권을 취득하는 것은 불법원인급여로 인한 반사적 효과로서 취득하는 것이고 계약명의신탁의 경우에는 부동산실명법 규정에 의거하여 직접적으로 취득하는 것이므로 그 원인이 다르다고 하겠고, 부동산실명법 제 4 조 제 2 항 단서의 경우에도 명의신탁약정은 무효이나 다만 물권변동의 효력은 무효로 하지 않는다고 함으로써 결과적으로 수탁자가 소유권을 취득하는 것일 뿐이지 부동산실명법이 오로지 이 경우에만 수탁자의 소유권 취득을 인정하고 나머지는 어떤 경우에도 인정하지 않는다는 취지는 아니라고 생각되므로 불법원인급여에 해당하여 수탁자가 소유권을 취득하는 것은 위 규정과는 무관하다고 보여 진다.

판례가 불법원인급여 인정 여부와 관련하여 "부당이득의 반환청구가 금지되는 사유로 민법 제746조가 규정하는 불법원인이라 함은 그 원인되는 행위가 선량한 풍속 기타 사회질서에 위반하는 경우를 말하는 것으로서, 법률의 금지에 위반하는 경우라 할지라도 그것이 선량한 풍속 기타 사회질서에 위반하지 않는 경우에는 이에 해당하지 않는다"[40]라고 하는 것에서 보듯이, 금지규범 위반 행위라고 하여 그것이 언제나 불법원인급여에 해당하는 것은 아니다 라고 하면서 명의신탁자의 부당이득 반환청구를 허용하는 이면의 의도를 미루어 짐작하여 보면, 실질적 소유자를 보호하려는 정의 관념을 중시하고, 쉽사리 금지, 무효 규정 위반 행위 전부를 불법원인급여루 인정함으로서 일어날 수 있는 거래 혼란을 방지하기 위하여 당해 사건마다 급여행위의 반사회성을 깊이 검토하여 부당이득 반환청구를 금지하는 것에 대한 구체적 타당성 있는 결과를 도출하려는 의도로 추측된다.

그러나 우리 실정법 규범의 최고 이념은 인간의 행복추구권이고 사회,

40) 대법원 2003.11.27. 선고 2003다41722 판결.

국가적으로는 공공복리가 될 것이므로 私人 간의 私法的 법률행위의 자유와 사적 재산권 또한 실질적 정의와 자유의 이념하에서 반드시 그 事物의 本性에서 도출되는 한계가 있다고 하겠다.[41] 금융, 부동산실명법제의 시행 이전 차명 금융거래와 명의신탁의 사회적 해악성과 불법성이 엄청나게 축적 노정되어 소득계층 간 불평등, 부의 편재가 심화되었고 경제구조를 기형적으로 왜곡하여 사회위화감이 고조되어 결국 긴급명령과 실명법의 제정으로서 이를 금지하여야 할 지경에까지 이르렀던 것이다.[42] 대법원 등 국가 각 해당 분야에서는 위 양 실명법이 제정 시행되기 이전에도 각 실명법이 의도하는 바 목적적 해석을 통하여 허위표시 행위를 통한 각종 불법, 탈법행위를 방지하고 막았어야 하나 그러지 못하였다. 실명법이 시행되고 있는 지금은, 사회구성원들 다수가 이미 탈법적 차명 금융거래 행위나 명의신탁 행위는 사회질서 위반의 불법행위에 해당한다는 합의를 하였으며 그 합의가 실정법 규범의 입법으로서 현출되었다고 보아야 하고 따라서 향후 판례도 입법의도와 목적에 부합되게 각 실명법을 해석 적용하여 구체적 사회적 타당성 있는 결론을 내야할 것이 근본 당위로서 요청되고 있다고 하겠다.

2. 구체적인 해석, 입법론

1) 금융실명법의 경우

강행규정인 금융실명법에 의거하여 차명에 의한 금융거래에 있어서 예금주는, 출연자와 금융기관의 의사와는 상관없이 예외를 인정하지 아니하고 모두 예금 명의자로 보아야 하고, 자금 출연자와 금융기관 간 및 출연자와 예금 명의 대여자 간의 차명거래 약정은 모두 무효이며,[43] 출연자가 명의자

41) 헌법 제10조, 제23조, 제119조 참고.

42) 尹增鉉(재무부금융실명거래실시준비단장), "금융실명거래제의 실시계획," 「국책연구」 19, 민주정의당 국책연구소, 1989. 11, 151면 이하에서는 금융실명거래제의 실시배경에 대하여 "부동산투기 등에 의해 쉽게 돈을 버는 사람들이 있고 또 이에 상응하는 세금을 쉽게 회피할 수 있다면 땀흘려 일하고 세금을 성실하게 내는 사람들에게 욕구를 자제하라고 요구하기는 어려운 것이다 … 금융거래가 은폐되기 때문에 떳떳하지 못한 자금의 은신처를 제공하는 등 지하경제가 가능해질 수 있고 … 실명거래로 전환하도록 의무화함으로써 … 국민화합의 기반을 마련함과 동시에 경제정의의 실현과 경제, 사회의 균형발전을 도모하기 위해 금융실명제를 실시하려는 것이다"라고 하고 있다.

43) 이 경우 출연자가 예금명의자를 대리한 행위에 의해서든 예금명의자의 행위에 의해

에게 한 출재(예금반환청구권)는 사회질서 위반의 행위로서 불법원인급여로 되어 그 반환청구를 할 수 없고, 따라서 예금 명의자의 예금의 인출 소비 행위에 대하여는 형사적 책임을 부과할 수 없다고 해석하여야 名實相符하게 금융실명법의 제정 목적을 달성할 수 있을 것이다. 판례가 인정하고 있듯이, "실명확인 절차를 거쳐 작성된 예금계약서 등의 증명력을 번복하기에 충분할 정도의 명확한 증명력을 가진 구체적이고 객관적인 증거에 의하여 매우 엄격하게 인정된 출연자와 금융기관 사이의 명확한 의사의 합치가 있는 경우에만 극히 예외적으로 출연자를 예금주로 보아야" 하는 경우에 금융기관과 자금 출연자, 명의사용 승낙 예금 명의자의 3자 관계는 마치 3자간 등기명의신탁에서의 매도인과 신탁자, 수탁자와 유사한 구도를 성립시키는데, 이 경우 명의신탁과 확연히 다른 점은 등기명의신탁, 계약명의신탁을 불문하고 등기신청의 경우 당연히 등기공무원은 명의신탁 관계의 당사자가 아닌 국외자의 입장에서 형식적이고 절차적인 적법성 심사를 할 뿐 등기신청 원인관계에 대하여 실질적으로 심사하지 않는 반면, 금융실명법은 2005. 1. 17. 개정된 「특정금융거래정보의보고및이용등에관한법률」과 결합하여, 예금 계약의 당사자이기도 한 금융기관으로 하여금 예금을 하려는 당사자에 대하여 실질심사 유사의 준 공적인 실명확인 절차[44]를 의무적으로 거치도록 규정하

서든 불문하고, 실질심사유사의 준 공적인 실명확인 절차를 의무적으로 거치도록 규정된 금융실명법에 의해서 실명확인 절차를 거친 예금명의자와 금융기관 간에는 금융실명법에 의하여 예금소비임치계약이 이루어졌다고 보아야 할 것이다.

44) 위 대법원 2009.3.19. 선고 2008다45828 전원합의체판결에서도 "금융실명법이 제정.시행됨에 따라 금융실명법이 정하는 일부 소액송금 등의 예외적인 경우(제3조 제2항)를 제외하고 원칙적으로 모든 금융거래는 실명거래의 확인 절차를 거쳐야 한다는 사정은 우리 국민 모두에게 널리 인식되어 왔다. 이에 따라, 금융기관의 예금계약 관련 기본약관에서는 금융기관 뿐 아니라 고객에게 실명거래의무와 함께 실명확인증표 등의 제출요구에 응할 의무를 부과하여 왔고, 이제 예금거래에서는 예금계좌 개설시마다 실명을 증명할 수 있는 증표 원본에 의하여 예금명의자의 실명을 확인한 다음 거래원장, 예금거래신청서, 예금계약서 등에 '실명확인필'을 표시하고 확인자가 날인 또는 서명하는 실무가 확고하게 자리 잡고 있으며, 예금명의자가 직접 금융기관에 출석하지 아니하고 대리인에 의하여 예금계약을 체결하는 경우에도 본인 및 대리인 모두에 관하여 실명확인증표를 받고 있다. 또한, 2005. 1. 17. 개정된 「특정 금융거래정보의 보고 및 이용 등에 관한 법률」은 금융기관 등의 고객주의의무에 관한 규정을 신설하여, 금융기관 등이 금융거래를 이용한 자금세탁행위를 방지하기 위한 합당한 주의로서 고객이 계좌를 신규로 개설하거나 대통령령이 정하는 금액 이상으로 일회성 금융거래를 하는

여 실지명의에 의한 거래 즉 실명확인을 거친 예금 명의자 이외에는 다른 자를 예금주로 인정하여 거래하는 것을 방지, 금지하고자 하는 목적이 있는 것이므로 더욱 출연자를 예금주로 보는 예외를 인정하여서는 안 된다고 생각한다.

그러나 위에서와 같이 해석하지 아니하고 금융실명법이 단속규정에 불과하고 단지 금융기관 임직원의 업무지침 내지 근무규정 정도로 본다면 이는, 지하금융거래의 사회경제적 해악 때문에 금융실명제의 시행 필요성에 대하여 1980년대 초부터 논의하여 왔고 우여곡절을 겪으면서 긴급명령에 의하여 실제로 시행하였고 금융실명법으로 대체입법된 지난날의 역사를 애써 부정하는 것이며, 실정법 당위규범은 사물의 본성상 언제나 사회적 實在 현상과 괴리될 수 없고 사회적 실재의 변화와 필요성을 반영하고 부합하여야 한다는 달리 증명이 따로 필요 없는 공리적 당위 원칙에도 어긋나는 것이 될 것이다.

한편에서는 대법원은 1993.7.27. 선고 93다2926 판결에서 "당사자가 통정하여 단속규정을 위반하는 법률행위를 한 경우에는 선량한 풍속 기타 사회질서에 위반한 사항을 내용으로 하는 법률행위로 보아야 할 것이므로, 주택조합이 무자격조합원을 제명하면서 그 제명의 효력과는 관계없이 무자격조합원에게 아파트를 임의분양하기로 한 약정은 무자격조합원과 주택조합이 통정하여 단속규정을 위반하기로 한 반사회질서의 법률행위로서 무효이다"[45]라고 하여, 당사자 통정의 단속규정 위반 법률행위도 선량한 풍속 기타 사회질서 위반의 법률행위가 됨을 인정하고 있다.

입법론으로서는 금융실명법을 부동산실명법과 마찬가지로 명백하게 자금 출연자와 금융기관 간 및 출연자와 예금 명의대여자 간의 차명거래 약정은 모두 무효이며, 출연자의 명의자에 대한 출재는 불법원인급여로서 반환

경우 거래당사자의 신원에 관한 사항을 확인하고, 실제 거래당사자 여부가 의심되는 등 고객이 자금세탁행위를 할 우려가 있는 경우 실제 당사자 여부 및 금융거래 목적을 확인하도록 하고 있는데(제5조의2), 위 법 시행령의 규정에 따르면 금융실명법이 정하는 실명 이외에 주소와 연락처 등도 확인하도록 함으로써(위 법 시행령 제10조의4) 금융실무에서 고객을 확인하는 절차 등을 더욱 강화하고 있는 추세이다"라고 하여 실명확인 절차의 준 공적이고도 실질적인 측면에 대하여 설시하고 있다.

45) 대법원 1993.7.27. 선고 93다2926 판결.

청구할 수 없으며 금융기관은 어떤 경우에든지 예금 명의자를 예금주로 보고 거래하여야 한다고 명백하게 개정 입법함이 바람직할 것으로 생각된다.

2) 부동산실명법의 경우

명의신탁된 부동산에 대하여는 위에서 논한 바와 같이 신탁자의 불법원인급여로 보아 수탁부동산 혹은 부당이득의 반환을 청구할 수 없다고 하겠다. 즉 명의신탁 행위는 불법원인급여에 해당하므로 신탁자는 수탁자를 상대로 수탁부동산 내지 부당이득의 반한 청구를 할 수 없고 수탁자는 결과적으로 수탁부동산에 대한 소유권을 취득하게 되어 수탁자가 수탁부동산을 임의처분하였을 경우 수탁자는 타인의 재물을 보관하는 자의 지위에 있지 않게 됨으로서 횡령죄 등의 형사책임이 성립하지 않게 될 것이다. 부동산실명법을 구체적 사건에 대하여 위와 같이 해석, 적용하면 그 어느 누구도 자신의 소유권을 상실할 위험과 형사책임을 질 염려가 없는 수탁자의 임의처분의 위험을 부담하면서까지 오로지 수탁자의 선의에만 의존하여 자신의 재산을 출재하지는 않을 것이다.

입법론으로서는 부동산실명법 제 8 조의 예외적 경우 이외에는 논란의 소지가 없도록 신탁자의 소유권에 기한 반환청구이든 부당이득 반환청구이든 이를 일절 허용하지 않는 명문의 규정으로 개정 입법함이 바람직해 보인다.

3) 다만 위 각 실명법의 개정 입법을 추진할 경우에 입법 기술적으로 출연자 혹은 신탁자의 반사회질서적인 불법원인성을 법률상 추정하고 신탁자 등이 불법원인성의 부존재를 입증하도록 하는 방법[46] 등은 개정 심의 과정에서 충분히 사회적 의견을 수렴하여 구체적 타당성 있게 고려하면 될 것이라고 생각한다.

46) 이국성, “부동산실명법과 횡령죄에 대하여,” 「인천법조」 5, 인천지방변호사, 2000. 11, 238면에서 제안하고 있다.

Ⅵ. 결 론

입법목적을 달성하기 위해서는 금융실명법상 實地名義에 의한 금융거래 규정을 강행규정으로 보아야 하고, 따라서 차명예금계약은 무효로서 어떤 경우에도 예금 명의자가 아닌 출연자를 예금주로 보는 예외를 인정하여서는 안 되며, 출연자의 출재는 불법원인급여로서 반환 청구가 인정되지 않는다고 해석할 것이 요청된다고 생각하고, 입법론으로서는 이와 같이 해석하는 규정을 명문으로 두는 개정입법이 바람직해 보인다. 부동산실명법 시행 이후의 명의신탁에 따른 급부는 불법원인급여에 해당하므로 신탁자는 수탁자에게 부당이득의 반환을 청구할 수 없다고 생각된다. 그러나 부동산실명법 시행 이후에도 대법원 판례는 명의신탁에 의한 급부를 불법원인급여로 보지 않으므로 신탁자는 수탁자에게 신탁부동산 자체나 부당이득금의 반환청구를 인정하고 있어 부동산실명법의 입법취지를 무색하게 한다고 보여진다. 논란의 소지를 없애기 위하여 신탁자의 반환청구를 인정하지 않는 개정입법이 요청된다고 생각한다.

어떤 法制度도 그것이 효율적으로 잘 기능하기 위해서는 법제도 자체의 세련성과 완결성도 중요하지만 그 법제도가 시행되는 사회의 조건과 문화풍토도 중요할 것이다. 즉 법제도와 사회문화 여건이 서로 잘 조화되어야 소기의 목적을 달성할 수 있다. 법제도라는 당위적 측면과 경제 사회현실이라는 존재적 측면이 서로 유기적으로 영향을 주고받고 보완되어 감으로써 실질적 사회정의 실현과 사회 구성원의 행복 실현이라는 목적으로 점점 다가가는 것이 바람직하다. 경제·사회적 정의 실현을 위하여 제정된 위 각 실명법이 그간의 사회 여건을 너무 깊이 고려한 판단에 의한 것인지는 모르나 제정 시행 후 10년이 지난 지금도 그 입법 목적을 잘 달성하고 있지 못하다고 보여진다.

다시 국제적 규모의 경제 위기를 맞이하고 있는 와중에 청년실업 증가, 공교육의 왜곡, 부동산투기로 인한 버블 증가, 부의 편재로 인한 근로 의욕 상실 등의 문제가 가중되고 있는 지금의 사회 현실을 고려할 때, 실제로는 존재하지도 않겠으나 혹시나 있을지 모르는 극소수의 불법의 동기가 아닌 선의로 차명 금융거래와 명의신탁을 이용하려는 자들의 사적 자유의 보장을 위하여 다수의 사회 구성원이 희생하여야 한다면 그 축적된 非正義的 결과물에 대하여 다음 세대가 나중에 치러야 할 사회적 비용이 너무도 크다고 하겠다.

금융실명법과 부동산실명법 양자를 유기적으로 연관시켜 동시적으로 사회현상에 대하여 규범적 통제를 해야 하는 이유가 있다. 은닉된 불건전한 불법의 차명 자금은 결국 그 은닉의 모양을 차명 등기 부동산으로 바꾸고 그 몸집을 불린 다음에 다시 이리저리 방향을 바꾸어서 결국에는 비자금 등 正義를 뒤트는 곳에서 소비되어 사회병리적인 지하경제를 이루기 때문이다. 위에서 인용한 2008다45828 전원합의체 판결의 서두에서 "금융실명법이 제정·시행됨에 따라 … 원칙적으로 모든 금융거래는 실명거래의 확인 절차를 거쳐야 한다는 사정은 우리 국민 모두에게 널리 인식되어 왔다"라고 하는 설시에서도 언뜻 보이듯이 이전과는 다른 사회적 인식의 전환이 분명히 존재한다. 금융 거래와 부동산 거래에 대한 실명법이 입법 시행된 후 10년도 더 지난 현재는 위에서 기재한 논지와 같은 각 실명법의 해석과 입법론을 실행할 때가 되었다는 사회적 합의가 존재하고 그 실행 여건도 성숙해 있다고 생각한다.

참고문헌

김유진, "금융실명제하에서의 예금주의 인정,"「민사판례연구」 22권, 박영사, 2000. 2.

하현철, "금융자산의 실명거래 정착을 위한 방안,"「한세정책」 40, 한세정책 연구원, 1997. 10.

노성태, "금융개혁, 실명제만으로는 부족하다,"「지방자치」 66, 현대사회 연구소, 1994. 3.

尹增鉉(재무부금융실명거래실시준비단장), "금융실명거래제의 실시계획,"「국책연구」 19, 민주정의당 국책연구소, 1989. 11.

이동근(민주당 전국구 국회의원), "금융실명거래제의 새로운 의미,"「국회보」 318, 국회사무처, 1993. 4.

김상용, "부동산거래실명제 입법예고법률안의 내용과 문제점,"「사법행정」 411, 한국사법행정학회, 1995. 3.

김상용, "무효인 명의신탁에 있어서의 부당이득반환청구권의 인정여부,"「고시계」 제51권 제12호, 고시계사, 2006. 12.

양창수, "부동산실명법의 사법적 규정에 의한 명의신탁의 규율 — 소위 계약명의신탁을 중심으로,"「성곡논총」 제28집 3권, 성곡학술문화재단, 1997.

양창수, "부동산실명법 제4조에 의한 명의신탁의 효력 — 소위 등기명의신탁을 중심으로,"「법학」 38권 1호, 서울대학교법학연구소, 1997. 5.

송호영, "부동산명의신탁과 부당이득,"「광운비교법학」 제3,4호, 광운대학교 법과대학 비교법연구소, 2003.

이국성, "부동산실명법과 횡령죄에 대하여,"「인천법조」 5, 인천지방변호사, 2000. 11.

고덕철, "부동산실명제 시행에 따른 명의신탁의 이론적 고찰,"「법조」 제52권 제2호, 법조협회, 2003. 2.

최창용, "부동산실권리자명의등기에관한법률하에서의 부동산 명의신탁 법률관계,"「부산법조」 제22집, 부산지방변호사회, 2005. 1.

강태성,「물권법」, 대명출판사, 2000.

이재상, 「형법각론」, 제 5 판, 박영사, 2007.
곽윤직, 「물권법」, 제 7 판, 박영사, 2006.
이은영, 「물권법」, 제 4 판, 박영사, 2006.
이은영, 「민법총칙」, 제 4 판, 박영사, 2005.

제 2 장 장물인 금전으로 한 변제와 관련한 제 문제
— 대법원 2003다8862, 2006다46278, 2005다76753 판결과 연관하여

Ⅰ. 서 론 — 문제의 제기

흔히 채권자는 채무자, 특히 금전 채무자에게 변제 독촉의 상투적인 말로, "제발 훔쳐서라도 돈을 좀 갚아라"라고 말한다. 실제로도 우리 사회에서는 채무자가 절도, 강도, 사기, 공갈, 배임, 횡령 등의 재산 범죄로 영득한 장물인 재물로써 채무자 자신이나 타인의 채무를 변제하는 사례가 다수 발생하고 있다. 이러한 경우 채권자가 장물취득죄의 죄책을 지는 것은 별론으로 하더라도, 위 범죄 피해자의 입장에서는 자신이 빼앗긴 재물에 대하여 채무자 혹은 채권자를 상대로 그 탈환 내지 반환을 추구하고자 하는 시도는 인지상정이라고 하겠다.

그런데 위와 같은 경우에 변제 수단으로써의 재물이 「통상의 지급수단으로써 유통되는 금전」[1]인 경우라면, 소유와 점유의 개념이 합체되어 있는 금전의 특수성으로 인하여 피해자의 금전 반환 청구의 방법, 대상, 반환 전

1) 이하 금전이라고 할 때는 이러한 의미이다.

후의 피해자-채무자-채권자 3자간 부당이득반환 관계 등에서 여타 재물의 경우와 달리 취급할 수밖에 없는 문제가 발생하게 된다. 즉 피해자의 입장에서 볼 때, 일반적으로 채무자는 무자력일 가능성이 그므로 금전으로 변제를 받은 채권자에 대하여 손해배상을 청구하거나 부당이득반환 청구권을 행사하려 할 것인데 그러한 청구가 가능한지 여부 및 가능하다면 그 법률적 근거, 더 나아가 만약 채권자가 자신이 변제조로 받은 금전을 피해자에게 어떤 법률적 명목으로든 반환하여 주었다면, 이로써 발생한 채권자 자신의 손해의 보전을 위하여 채무자에게 구상권에 기한 청구이든 변제 무효에 기한 재변제의 청구이든 간에 청구권을 행사할 수 있는지 여부 및 그 법률적 이유 등이 문제가 될 수 있다.

이와 더불어 채무자가 장물인 금전으로 한 변제는 위와 같은 제 반환관계, 구상관계와 연관하여 그 유·무효를 정하여야 하는지 아니면 그와 관계없이 독자적으로 그 유·무효를 다루어야 하는지 여부도 문제가 된다.

위 기재와 같은 제반 문제 중 부당이득반환의무 부분에 대하여는 통상 '편취금전에 의한 변제'라는 이름의 주제로 다루어져 오고 있다.[2] 이 주제에 대한 논의에 있어서는 채무 변제의 유형을 세 가지로 분류하여, 자기채무 변제형, 제 3 자 수익형, 이중 편취형 등으로 분류하고 논의를 전개하나, 본 논고에서는 부당이득반환의무, 채무자에 대한 구상 등 청구권, 변제의 유효성 여부 등 크게 3가지로 분류되는 논점의 일관성과 연계성 및 논지의 一目瞭然함을 위하여 자기채무 변제형을 기본 사례로 전제하고 서술하고자 한다. 그리하여도 본 논고에서 도출된 결론이 보편 타당하다면 쉽게 다른 유형의 문제들에 대하여도 유추 적용할 수 있을 것이다.

이하 본 논고에서는 위 3가지 카테고리의 제 문제들에 선행하는 전제조건들에 대하여 먼저 서술하고, 다음으로 순차적으로 위 문제들에 대하여 논하고자 한다.

---

2) 양창수, "금전의 부당이득으로 인한 반환의무 — 소위 「편취금전에 의한 변제」 문제 서설," 「법학」 제43권 제4호, 서울대학교 법학연구소, 2002, 2면.

Ⅱ. 금전의 특수성, 금전의 장물성

1. 금전의 특수성

금전은 민법 제99조의 의거하여 동산에 속하나 여타 동산과는 다른 특수성을 지닌다.

첫째, 금전은 기념물인 화폐나 금화, 은화 등 특수한 경우가 아닌 한 그것이 주화이든 지폐이든 막론하고 금전 자체의 물질적 성질, 가치는 의미가 없고, 오로지 양도로써 교환을 매개하는 수단에 불과한 매우 고도의 융통성을 필요로 하는 물건이므로 소유와 점유가 분리되지 않는다. 즉 점유가 이전되는 순간 소유권도 같이 동시에 이전한다고 보는 것이 우리나라 및 일본의 통설이자 판례이다.[3] 그러므로 금전 소유권을 침탈당한 자는 그 금전에 대하여 물권적 반환청구권을 행사할 수 없고, 침해자에 대하여 채권적 청구권인 부당이득반환청구권을 행사하여야 한다[4]는 결론에 이르게 된다. 따라서 민법 제249조의 선의취득의 규정이 금전에 대하여는 적용의 여지가 있을 수 없다. 왜냐하면 동산의 선의취득은 정당한 소유자가 아닌 동산 점유자를 일정 조건하에 소유자로 인정해 주는 제도인데 소유와 점유가 합체된 금전인 동산의 경우는 위 규정의 적용이 무의미하기 때문이다.

둘째, 민법 제250조는 동산 선의취득자라도 그 동산이 도품이나 유실물인 경우에는 2년간 반환의무를 지도록 하는 선의취득의 특례를 규정하고 있으나, 그 단서에서 도품이나 유실물이 금전일 경우에는 그 물건의 반환의무가 없다고 규정한다. 이 민법 조항을 형식논리적으로만 해석한다면 마치

---

3) 양창수, 위 논문, 16면 이하에서는 "일본에서 … 1937년에 … '금전은 이를 점유하는 자에게 속한다'는 원칙을 주장하는 학설이 새로이 주장되고, 이 견해가 바로 압도적인 다수설이 되었던 것이다. 그리고 이 견해는 곧바로 일본최고재판소 … 에 의하여 채택되었다 … 이러한 태도는 「편취금전에 의한 변제」라는 문제를 금전소유권 취득의 귀속 여하, 나아가 피편취자의 물권적 청구권 유무라는 물권적 차원에서 해결하는 방도를 종국적으로 봉쇄하고, 부당이득법의 판단틀을 유일한 해결책으로 남기는 결과를 낳았다"라고 한다.; 최준규, "금전의 이동과 물권적 청구권 — 가치 소유권 및 의제신탁으로부터의 시사," 「법조」(vol.638), 법조협회, 2009. 11, 95면.

4) 이은영, 「민법총칙」, 박영사, 2005, 305면; 지원림, 「민법강의」, 홍문사, 2011, 165면.

통상의 유통되는 금전에 대하여도 제249조의 선의취득의 규정이 적용되는 것처럼 보여지지만, 일반적으로 학설은 통상의 금전은 그 점유가 있는 곳에 소유권도 있다고 보고, 민법 제250조 단서상의 금전을 선의취득의 대상이 되는 특정물로서의 금전, 즉 개성을 가지고 있는 단순한 물건을 뜻하는 것으로 본다.[5] 다른 한편, 기념주화와 일반 동산을 달리 취급할 합리적 이유를 찾기 어렵다는 이유 등으로, 민법 250조 단서는, 지급수단으로 유통되는 현금의 경우 도품이라 하더라도 언제나 선의취득의 대상이 된다는 취지로 해석할 수 있다고 하면서 결국 우리 민법상 혹은 상법 내지 수표법을 유추 적용하여 금전의 선의취득을 인정함이 타당하다는 견해들도 존재한다.[6] 그러나 교환의 매개 수단으로 유통되는 금전인 동산은 가치를 표상할 뿐 그 물건 자체는 의미가 없고 소유와 점유가 합체되어 있는 데서 나오는 사물논리적 구조(sachlogishe Struktur)의 결과로서 선의취득의 규정은 적용되지 않는다고 해석함이 상당하다고 하겠다.

셋째, 민법 제465조 제 2 항은 채권자가 채무자 소유의 물건이 아닌 제 3 자의 물건을 채무자로부터 인도받아 변제를 받은 경우에 제 3 자가 채권자에게 배상을 청구하면 채권자는 채무자에게 구상권을 행사할 수 있다고 규정한다. 그런데 이와 관련하여 대법원 2005다76753 판결[7]은 "금전으로 변제한 이상 채무자가 타인 물건을 인도하여 변제한 경우 채권자가 이를 선의로 소비하거나 타인에게 양도하여 변제의 효력이 있더라도 채권자가 제 3 자로부터 배상의 청구를 받은 때에는 채무자에 대하여 구상권을 행사할 수 있다는 민법 제463조, 제465조가 적용될 여지가 없다고 할 것"이라고 판시함과 아울러, "채무자가 차인의 금전을 횡령하여 채권자에게 변제하였는데 그 후 채권자가 그 타인에게 횡령금 상당의 손해배상을 하게 된 경우, 채무자의 채무소멸의 이익과 채권자의 손해배상의무 부담의 손해는 각기 다른 원인으로 발생하였으므로 채무자가 채권자에게 부당이득반환의무를 부담하지 않는다"라고 하여, 금전의 경우에는 민법 제465조가 적용되지 않는다고 한다. 이 판

5) 곽윤직, 「물권법」, 박영사, 2006, 122면; 지원림, 위 같은 책, 526면.
6) 최준규, 위 논문, 96면 이하; 문형배, "편취 또는 횡령한 금전에 의한 변제와 변제수령자의 부당이득 성립 여부 — 대법원 2003.6.13. 선고 2003다8862 판결," 「판례연구」 제17집, 부산판례연구회, 2006, 403면 이하 등.
7) 대법원 2006.10.26. 선고 2005다76753 판결.

결에 대하여는 뒤에서 상세히 살펴보겠다.

넷째, 민법 397조는 금전채무불이행이 발생한 경우에는 채권자의 손해 증명의 불요 및 채무자의 무과실 항변 불가의 특칙을 규정하고 있다. 즉 금전채무불이행시 채권자에게 손해는 당연히 발생하는 것이며 그 손해에 대하여 채무자에게는 당연히 과실이 있다고 간주하는 것이다.

이상과 같이 금전은 여타의 동산과는 다른 특수성이 있고 이러한 특수성으로 말미암아 본 논고에서 논하는 제 문제가 제기될 수 있는 것이다.

2. 금전의 장물성

장물인 금전으로 변제를 받은 채권자가 장물취득 등 장물죄의 죄책을 지는지 여부는 피해자가 채권자에게 불법행위에 기한 손해배상청구를 할 수 있는지 여부와 관련하여 문제가 될 수 있다.

이와 관련하여 대법원 2004도134 판결[8]에서는 "장물이라 함은 재산범죄로 인하여 취득한 물건 그 자체를 말하고, 그 장물의 처분 대가는 장물성을 상실하는 것이지만, 금전은 고도의 대체성을 가지고 있어 다른 종류의 통화와 쉽게 교환할 수 있고, 그 금전 자체는 별다른 의미가 없고 금액에 의하여 표시되는 금전적 가치가 거래상 의미를 가지고 유통되고 있는 점에 비추어 볼 때, 장물인 현금을 금융기관에 예금의 형태로 보관하였다가 이를 반환받기 위하여 동일한 액수의 현금을 인출한 경우에 예금계약의 성질상 인출된 현금은 당초의 현금과 물리적인 동일성은 상실되었지만 액수에 의하여 표시되는 금전적 가치에는 아무런 변동이 없으므로 장물로서의 성질은 그대로 유지된다고 봄이 상당하고, 자기앞수표도 그 액면금을 즉시 지급받을 수 있는 등 현금에 대신하는 기능을 가지고 거래상 현금과 동일하게 취급되고 있는 점에서 금전의 경우와 동일하게 보아야 한다"라고 하여 현금과 자기앞수표 등 유통되는 금전은 당연히 장물성을 가지며, 더 나아가 일반적으로는 代替臟物은 장물이 아니지만 금전의 특수성에 비추어 금전의 대체장물은 역시 장물이라고 하고 있다.

금전을 포함하여 장물의 취득은 유상이든 무상이든 묻지 않으며, 채무변

8) 대법원 2004.3.12. 선고 2004도134 판결.

제, 매매, 교환, 소비대차, 양도담보, 증여 등을 통하여 취득할 수도 있다.[9]

장물죄의 본질에 대하여는 본범의 피해자가 점유를 상실한 재물에 대하여 추구 회복하는 것을 곤란하게 하는 것이 장물죄의 본질이라는 통설, 판례[10]의 입장인 추구권설이 있고, 본범에 의하여 이루어진 위법한 재산 상태를 본범 또는 그 점유자와의 합의 아래 유지, 존속하는 데 있다는 유지설, 본범에 의한 범죄적 이익에 관여하는 간접영득죄라는 공범설 등이 있다.[11] 장물죄의 본질에 대하여 통설과 판례의 입장에서 본다면 금전인 장물죄의 피해자가 장물죄의 죄책을 지는 채권자에게 불법행위로 인한 손해배상을 청구하는데 있어서 불법행위와 손해발생 간의 인과관계의 입증에 있어서는 하등 별 문제가 없다고 하겠다.

Ⅲ. 피해자의 채권자에 대한 손해배상, 부당이득반환 등 청구권

1. 피해자의 채권자에 대한 손해배상 청구권

금전인 장물죄의 피해자는 그 장물인 금전으로 변제를 수령한 채권자가 단독으로 장물취득죄의 죄책을 지거나 혹은 채무자에 공동 가담하여 재산범죄의 공범이 되었다면 이를 이유로 채권자를 상대로도 손해배상청구권을 행사할 수 있을 것이라는 점에 대하여는 의문이 여지가 없다.

2. 피해자의 채권자에 대한 부당이득반환 청구권

1) 우리나라와 일본의 판례 등

위 피해자는 채권자를 상대로 부당이득반환 청구권을 행사할 수 있는지가 문제이다. 이와 관련하여 대법원 2003다8862 판결[12]은 "부당이득제도는 이득자의 재산상 이득이 법률상 원인을 결여하는 경우에 공평 · 정의의 이념

9) 이재상, 「형법각론」, 박영사, 2007, 443면.
10) 대법원 1975.12.9. 선고 74도2804 판결
11) 이재상, 위 같은 책 433~434면.
12) 대법원 2003.6.13. 선고 2003다8862 판결; 같은 취지의 판결로서, 대법원 2008.3.13. 선고 2006다53733,53740 판결; 대법원 2004.1.15. 선고 2003다49726 판결 등이 있다.

에 근거하여 이득자에게 그 반환의무를 부담시키는 것인바, 채무자가 피해자로부터 횡령한 금전을 그대로 채권자에 대한 채무변제에 사용하는 경우 피해자의 손실과 채권자의 이득 사이에 인과관계가 있음이 명백하고, 한편 채무자가 횡령한 금전으로 자신의 채권자에 대한 채무를 변제하는 경우 채권자가 그 변제를 수령함에 있어 악의 또는 중대한 과실이 있는 경우에는 채권자의 금전 취득은 피해자에 대한 관계에 있어서 법률상 원인을 결여한 것으로 봄이 상당하나, 채권자가 그 변제를 수령함에 있어 단순히 과실이 있는 경우에는 그 변제는 유효하고 채권자의 금전 취득이 피해자에 대한 관계에 있어서 법률상 원인을 결여한 것이라고 할 수 없다"라고 판시하였다. 즉 변제를 수령한 채권자에게 악의 혹은 중과실이 있는 경우에는 그 변제수령이 피해자에 대한 관계에서 법률상 원인을 결여하므로 부당이득반환청구를 할 수 있다는 취지이다. 이 대법원 판결은 일본 최고재판소 1974.9.26. 선고 판결[13]과 동일한 취지의 판결로 보여지는바, 동 판결에서도 역시 채권자, 채무자 간에 그 변제의 유효성에 대한 언급은 없이 다만 피해자에 대한 관계에서만 채권자의 악의, 중과실을 기준으로 변제의 유효, 무효 및 법률상 원인의 유무를 가르고 있는 점이 동일하다.

위 대법원 2003다8862 판결의 배경이 된 선행 판결이라고 할 수 있는 위 일본 최고재판소 판결은 일본 我妻榮의 학설에 의거하여 이끌어내어진

13) 最高裁, 昭和49, 1974.9.26. (民集28-6. 1243 參照) 동 판례 중 관련 부분의 번역은 다음과 같다. "무릇, 부당이득제도는 어떤 사람의 재산적 이익이 법률상의 원인 없어 정당한 이유를 결하는 경우에 법률이 공평의 관념에 기해서 이득자에게 그 이득의 반환의무를 부담시키는 것이지만, 지금 갑이 을로부터 금전을 편취 또는 횡령을 해서 그 금전으로 자신의 채권자 병에 대한 채무를 변제한 경우에 을의 병에 대한 부당이득반환청구가 인정될 것인지를 생각함에 있어서는, 편취 또는 횡령된 금전의 소유권이 병에게 이전할 때까지의 사이에 그대로 을의 수중에 남아있는 경우에만 을의 손실과 병의 이득 간에 인과관계가 있다고 할 것은 아니고, 갑이 편취 또는 횡령한 금전을 그대로 병의 이익에 사용하였건 혹은 이를 자신의 금전과 혼동시키거나 또는 환전을 하거나 혹은 은행에 입금하거나 그 일부를 다른 목적을 위해서 소비한 후에 그 소비한 부분을 별도로 마련한 금전으로 보전하는 등으로 병을 위해 사용하였건, 사회통념상 을의 금전으로 병의 이익을 도모하였다고 인정될 정도의 연결이 있는 경우에는 여전히 부당이득의 성립에 필요한 인과관계가 있다고 해석해야 할 것이고, 또한 병이 갑으로부터 위 금전을 수령함에 있어서 악의 또는 중대한 과실이 있는 경우에는 병의 위 금전의 취득은 피편취자 또는 피횡령자인 을에 대한 관계에서는 법률상 원인이 없으므로 부당이득이 된다고 해석함이 타당하다."

것이다. 이 주제에 대하여 我妻榮은 일본 대심원의 초기 판례에서 '직접의 인과관계'를 요구하는 것을 비판하면서, 사회관념상 이익의 원인으로 인정되는 손실을 입은 자가 있으면 이에 대하여 반환청구를 인정하는 것이 다당하다고 비판하여 결국 판례의 변경을 이끌어 냈고, 日最判 1967(昭 42). 3. 13. (民集 21-2, 475) 판결에서 "채무의 변제로 본건 금전을 선의로 수령하였으므로, 법률상 원인에 기하여 이를 취득한 것"이라고 함에 대하여, 선의취득의 규정을 유추 적용하여 변제수령자가 '악의 또는 중과실이 아닌 한' 완전한 변제로 되고 이로써 법률상 원인을 갖추는 것이라고 비판하여, 결국에는 위 최고재판소 1974.9.26. 선고 판결을 이끌어 내었다.[14] 이러한 我妻榮의 학설과는 달리, 또 다른 일본 학자인 加藤雅信의 說은, 변제수령자에게 유효한 채권이 있었던 이상 법률상 원인이 있으므로 피편취자의 부당이득반환청구권을 부정하되, 피편취자는 채권자취소권 또는 채권자대위권을 통하여 문제를 해결하여야 하며, 판례에 나타나는 이러한 종류의 사안은 기본적으로는 채권의 대외적 효력의 문제 그 자체인 것이고, 민법전이 이와 같은 경우를 위하여 준비하고 있는 것은 채권자대위권과 채권자취소권이라는 것이었다.[15]

한편 위 대법원 판례의 결론과는 달리, 채권자와 채무자 사이에 채권관계가 법률상 원인을 이루기 때문에 채권자의 선의, 악의와 무관하게 피해자는 채권자에 대하여 부당이득의 반환을 구할 수 없다고 하는 견해도 있다.[16]

2) 인과관계 및 법률상 원인 등 검토

숙고하여 보면, 판례의 태도와 같이 채권자의 주관적인 악의 , 중과실의 유무에 따라서 그 이득 보유의 법률상 원인의 유무가 달라진다고 해석하는 것은, 금전은 선의취득의 대상이 되지 않는다는 사물논리적 귀결에 반하기도 하거니와, 별다른 뚜렷한 법률적, 논리적 근거의 제시 없이 다만 막연한

14) 문형배, 위 논문, 393면; 이재욱, "편취금전에 의한 변제와 부당이득: 대법원 2003.6. 13. 선고 2003다8862 판결, 대법원 2008.9.11. 선고 2006다46278 판결을 중심으로," 「민사법연구」 제18집, 대한민사법학회, 2010, 197면.

15) 문형배, 위 논문, 394면.

16) 지원림, 위 같은 책, 2011, 1625면; 양창수, 위 논문, 22면; 양창수, 「민법주해(17)」, 박영사, 2005, 365면에서는 "이는 채무의 이행으로 이루어진 급부에 대하여는 변제수령자가 그 급부를 청구할 권리가 있으면, 이로써 그 급부의 보유에 관한 법률상 원인을 갖추게 된다는 급부부당이득에 관한 일반적 법리의 적용이다"라며 이 경우에 채권자에게 급부를 보유할 법률상 원인이 존재함을 논변한다.

불확정 개념인 공평, 정의를 앞세워 지나치게 피해자를 중심으로 하는 해석이라고 하겠다. 왜냐하면 피해자는 채권자에 대한 부당이득반환청구권의 존부와는 별도로 위 1.항에서 논한 바대로, 채권자에게 단독 장물취득죄 성립 내지 채무자와 같이 재산범죄의 공범으로서의 공동불법행위자임을 원인으로 손해배상청구권을 행사할 수 있으므로 그것으로써 피해자 보호는 충분하기 때문이다.

또한 판례의 논지를 그대로 살린다고 하더라도, 피해자가 채권자에게 부당이득반환을 구할 수 있는 경우는 언제나 채권자에게 악의 혹은 중과실이 있어야 하는데 만약 채권자가 그런 경우라면 또한 동시에 채권자는 거의 대부분 장물죄의 죄책을 지거나 혹은 채무자와 같이 공범(공동정범, 교사범, 방조범)으로서 공동 불법 행위자가 될 것인데도,[17] 이에 더하여 피해자가 변제수령자인 채권자에게 불법행위에 기한 손해배상청구를 할 수 없는 경우까지 상정하여 공평이라는 관념을 내세워 피해자를 보호하려 하는 것은 너무 일반조항에 의한 법창조 권능을 남용하는 것이라 하겠다.

더구나 피해자가 채권자에 대하여 불법행위에 기한 손해배상청구권이 없는 경우는 채권자의 행위가 위법 내지 불법한 행위가 아니라는 법적, 사회질서적 판단을 받은 것인데 이러한 불법행위법상 위법하거니 불법하지도 않은 채권자의 행위에 대하여, 단지 원초적 책임자인 채무자의 일반적 무자력 위험을 채권자가 떠맡으라는 결론은 오히려 공평하지 않아 보인다.[18]

더불어, 일본은 물론이고 우리나라에서도 금전은 가치의 표상이며 물건으로서의 개성은 문제되지 아니하므로 선의취득을 문제 삼을 것도 없이 그 점유가 있는 곳에 소유권도 있다고 보는 것이 통설의 입장인바, 선의취득 규정을 유추 적용하여 변제수령자의 선의, 무중과실을 법률상 원인 유무의 판단기준으로 삼는 것은 그 근거가 박약하다는 주장은 타당하다고 하겠다.[19] 만약 금전에 있어서는 소유와 점유가 일치한다는 명제를 형식적으로 철저하게 관철한다면, 장물인 금전이 그 이유의 적법, 위법을 막론하고 채무

---

17) 장물죄의 주관적 구성요건은 미필적인 것으로도 족하다. 같은 취지; 이재상, 위 같은 책, 446면; 대법원 1965.2.4. 선고 64도800 판결.

18) 이용박, "부당이득의 보충성 — 문제점과 개정방안," 「비교사법」 제10권 3호, 한국비교사법학회, 2003. 9, 268면 이하도 같은 취지이다.

19) 이재욱, 위 논문, 199면.

자에게 이전된 이상 이미 그 금전의 소유는 채무자에게 속하므로, 피해자의 손실과 채권자의 이득 사이의 인과관계는 단절되었다고 보아야 하지만, 우리나라와 일본의 학설들이 일반적으로 지지하는 '사회 관념상의 인과관계론'[20]에 의거하여 위 대법원 판례 등이 설시하듯이 인과관계가 존재한다고 하더라도, 채권자가 변제로 수령한 금전은 채권자의 변제 수령권 내지 급부 보유권 혹은 채무자의 급부 제공 의무의 존재라는 정당한 법률상 원인에 근거하여 이를 보유할 권원이 당연히 있다고 할 것이므로 피해자는 채권자에게 부당이득의 반환을 구할 수는 없다고 하겠다. 이러한 결론은 그 부당이득의 유형이 소위 급부부당이득인 경우는 물론이거니와 침해부당이득인 경우에도, 채권자에게는 언제든 법률상 원인이 존재하므로 어떤 유형의 부당이득이건 간에 타당하게 된다. 왜냐하면 피해자는 채무자로 인하여 금전의 점유를 상실함으로써 그 소유권도 같이 상실하였으므로, 채권자가 채무자로부터 변제를 수령하기 이전에 이미 피해자는 그 금전의 소유자가 아니었던 것이고, 채권자는 피해자의 권리가 미치는 영역 내로부터 이득을 얻은 것이 전혀 없다고 할 것이므로 침해부당이득의 관점에서도 채권자의 부당이득은 문제될 수 없다.[21]

위 기재와 같이 피해자가 인과관계 내지 법률상 원인의 부존재 등의 요건사실을 갖추지 못하여 채권자에게 부당이득반환을 구할 근거는 없는 것임에도 대법원 2003다8862 판결은 법률상 원인에 대하여 "(채무자에 대하여는 법률상 원인이 있으나)[22] … 피해자에 대한 관계에 있어서 법률상 원인을 결여한 것으로 봄이 상당"하다고 판시하여, 법률상 원인의 있고 없음의 판단 기준을 너무 주관화, 상대화시켜 혼란을 초래한 잘못이 있다고 하겠다.

위와 같은 판례의 기준의 혼란은 또한 대법원 2008.9.11. 선고 2006다

20) 곽윤직, 「채권각론」, 박영사, 2005, 354면; 지원림, 위 같은 책, 1631면; 김동윤, "편취금전에 의한 변제와 부당이득: 대법원 2008.3.13. 선고 2006다53733, 53740 판결, 대법원 2008.3.13. 선고 2005다36090 판결, 대법원 2004.1.15. 선고 2003다49726 판결, 대법원 2003.6.13. 선고 2003다8862 판결," 「판례연구」 제21집, 부산판례연구회, 2010, 890면; 박세민, "부당이득법의 인과관계와 법률상 원인 ― 편취금전에 의한 채무변제에 관한 대법원판결을 예시로," 「민사법학」 제41호, 한국민사법학회, 2008, 117면.

21) 양창수, 위 논문, 22면. 한편, 부당이득의 유형으로서, ① 급부부당이득, ② 침해부당이득, ③ 비용부당이득이라는 분별적 유형론이 일반적인 학설이다.

22) 괄호 안의 표현은 논자가 유추하여 가필한 것임.

46278 판결에서도 나타난다. 동 판결에서는 "계약의 일방당사자가 계약상대방의 지시 등으로 급부과정을 단축하여 계약상대방과 또 다른 계약관계를 맺고 있는 제 3 자에게 직접 급부한 경우(이른바 삼각관계에서의 급부가 이루어진 경우), 그 급부로써 급부를 한 계약당사자의 상대방에 대한 급부가 이루어질 뿐 아니라 그 상대방의 제 3 자에 대한 급부도 이루어지는 것이므로 계약의 일방당사자는 제 3 자를 상대로 법률상 원인 없이 급부를 수령하였다는 이유로 부당이득반환청구를 할 수 없다. 이러한 경우에 계약의 일방당사자가 계약상대방에 대하여 급부를 한 원인관계인 법률관계에 무효 등의 흠이 있다는 이유로 제 3 자를 상대로 직접 부당이득반환청구를 할 수 있다고 보면 자기 책임하에 체결된 계약에 따른 위험부담을 제 3 자에게 전가하는 것이 되어 계약법의 원리에 반하는 결과를 초래할 뿐만 아니라 수익자인 제 3 자가 계약상대방에 대하여 가지는 항변권 등을 침해하게 되어 부당하기 때문이다. 이와 같이 삼각관계에서의 급부가 이루어진 경우에, 제 3 자가 급부를 수령함에 있어 계약의 일방당사자가 계약상대방에 대하여 급부를 한 원인관계인 법률관계에 무효 등의 흠이 있었다는 사실을 알고 있었다 할지라도 계약의 일방당사자는 제 3 자를 상대로 법률상 원인 없이 급부를 수령하였다는 이유로 부당이득반환청구를 할 수 없다. … 한편, 이득자가 손실자의 부당한 출연 과정을 알고 있었거나 잘 알 수 있었을 경우에는 그 이득이 손실자에 대한 관계에서 법률상 원인이 없는 것으로 보아야 한다는 취지로 원심에서 들고 있는 대법원 2003.6.13. 선고 2003다8862 판결은 손실자의 권리가 객관적으로 침해당하였을 때 그 대가의 반환을 구하는 경우(이른바 침해부당이득관계)에 관하여 적용되는 것으로서, 손실자가 스스로 이행한 급부의 청산을 구하는 경우(이른바 급부부당이득관계)에 관련된 이 사건과는 사안을 달리하는 것이므로 이 사건에 원용하기에 적절하지 않다"라고 판시하고 있다. 즉 부당이득청구권 행사에 있어서 법률상 원인의 부존재라는 요건사실을 판단함에 있어서는 그 부당이득의 유형이 침해부당이득인 경우에는 2003다8862 판례가 적용되는 것이고, 이와는 달리 그 유형이 급부부당이득인 경우에는 위 판례의 이론이 적용되지 않고 급부 수령자는 법률상 원인을 가지게 된다는 것이다. 그러나 이러한 판례의 이중적이고 유형적인 기준은, 위에

서도 보았듯이, 그 부당이득의 유형이 소위 급부부당이득인 경우는 물론이거니와 침해부당이득인 경우에도, 채권자에게는 언제든 법률상 원인이 존재하므로 타당하지 않고 오히려 더욱 혼란만 가중되는 것이라고 하겠다.

더구나 대법원 2002.11.22. 선고 2001다6213 판결에 의하면 "원고가 소유권에 기하여 피고를 상대로 부동산의 불법점유를 이유로 한 부동산반환청구 및 점유기간 동안의 부당이득반환청구를 한 경우, 원고의 부당이득 주장이 이유 있는 것으로 판단된다면 민법 제201조 제 1 항, 제197조 제 1 항에도 불구하고 적어도 그 소제기일부터는 피고의 점유를 악의로 의제하여 피고에 대하여 부당이득의 반환을 명하여야 한다"고 판시하여, 부당이득반환청구 소송에 있어서 법률상 원인의 부존재라는 요건사실은 추정되므로 피고가 법률상 원인 있음을 항변으로 주장 입증하여야 한다는 입장이므로, 판례에 의한다면, 위 경우에 보았듯이 엄연히 급부 보유권을 가지고 있는 채권자가 언제나 자신의 선의, 무중과실을 주장 입증하여야만 피해자의 청구로부터 면책되는, 형평에 맞지 않는 결과에 이르게 된다.

이상과 같이 대법원 2003다8862 판결의 결론은 오히려 공평과 정의 관념, 법적 안정성 등에 반한다고 할 것이므로 향후 장물인 금전으로 한 변제의 경우에 피해자가 채권자인 변제 수령자에게 부당이득반환청구를 할 수 있는 판단 기준의 혼란 내지 채권자의 악의, 중과실이라는 주관적 개념이 배제된 방향으로의 변경이 불가피하다고 하겠다.[23)]

23) 최준규, 위 논문, 152면에서는 " … 편취 금전의 제3자 변제 법리에는 금전의 가치소유권 법리가 투영되어 있고, 따라서 우리 법체제상 이질적으로 느껴진다. 위 법리가 인정되는 범위에서는 금전 가치에 대한 소유권을 인정하는 것이 수미일관하고, 금전 가치에 대한 소유권을 인정하지 않는다면 위 법리 또한 인정하지 않는 것이 수미일관하다"라고 하여 대법원 판례가 취하는 결론에 대하여는 긍정하는 입장이면서도 그 논리적 일관성에 대하여는 부정적인 입장이며; 이용박, 위 논문, 270면에서도 " … 법의 해석적용에 있어서 일관성이나 안정성을 해칠 염려가 있다"라고 하며; 정태륜, "횡령한 금전의 부당이득," 「민사판례연구(XXVII)」, 민사판례연구회, 2005, 467면 이하도 같은 취지이다.

Ⅳ. 채권자의 채무자에 대한 구상, 부당이득반환 등 청구권

1. 장물인 금전으로 변제를 수령한 채권자가 피해자로부터 손해배상청구를 당하거나 혹은 위 대법원 2003다8862 판결의 경우에 해당되어 부당이득반환청구를 당하여 그 금전 상당액을 피해자에게 반환한 경우, 채권자는 채무자에게 구상권을 행사하거나 부당이득반환을 구할 수 있는지가 문제된다.

이에 대하여 대법원 2005다76753 판결[24]에서는, "금전으로 변제한 이상 채무자가 타인 물건을 인도하여 변제한 경우 채권자가 이를 선의로 소비하거나 타인에게 양도하여 변제의 효력이 있더라도 채권자가 제3자로부터 배상의 청구를 받은 때에는 채무자에 대하여 구상권을 행사할 수 있다는 민법 제463조, 제465조가 적용될 여지가 없다고 할 것"이며, "채무자가 타인의 금전을 횡령하여 채권자에게 변제하였는데, 그 후 채권자가 그 타인에게 횡령금 상당의 손해배상을 하게 된 경우, 채무자의 채무 소멸의 이익과 채권자의 손해배상의무 부담의 손해는 각기 다른 원인으로 발생하였으므로 채무자가 채권자에게 부당이득반환의무를 부담하지 않는다"라고 한다. 이 판결의 사실관계는 채권자가 채무자와 공동하여 공금 횡령을 한 것으로 인정되어 채권자가 피해자에게 자신이 변제로 수령한 금전의 금액 상당을 피해자에게 손해배상으로 반환한 사안이다. 판례의 논지는 채권자가 금전으로 변제를 받은 경우는 민법 제465조에 규정된 구상권을 채무자에게 행사할 수 없고, 더 나아가 민법 소정의 구상권과는 별도로 부당이득반환을 구한다 하더라도 채무자의 채무 소멸의 이익과 채권자의 손해배상 손해는 각기 다른 원인으로 발생하였으므로 그 청구는 불가하다는 취지로 보여진다.

2. 살펴보면, 채권자가 기 수령한 변제 금액 상당을 피해자로부터 추급당하는 경우는 채권자 자신에게 악의, 중과실이 있거나 혹은 채권자가 채무자와 공범이 되거나, 단독으로 장물죄의 죄책을 지는 경우 등이므로 비록 채권자가 채무자에 대하여 구상권 내지 부당이득반환청구권 등 주장이 불가

24) 대법원 2006.10.26. 선고 2005다76753 판결.

하다고 하더라도 채권자로서는 이미 그 정도의 위험 부담에 대하여는 예상하였을 것이어서 위 판례와 결론을 같이 하여도 크게 공평이나 정의 관념에 반한다고 할 수는 없을 것이다.

V. 변제의 유효성 여부

1. 변제로 수령한 금전 상당액을 피해자에게 추급 탈환당한 채권자가 위 항 기재와 같이 채무자에 대하여 구상이나 부당이득반환 등을 구할 수는 없다고 하더라도 기왕의 변제의 무효를 주장하여 채무자에게 다시 변제하라고 주장할 수는 있는지 여부가 문제될 수 있다.

이에 대하여 위 같은 대법원 2005다76753 판결에서는 "소외 3(채무자)이 유류판매대금으로 소외 1(채권자)에 대한 대여금채무를 지급 또는 변제하였다고 주장하는 이 사건에서 원심이 위와 같이 대여금채권이 존재하였다고 하여도 변제로서 소멸하였다고 가정적 판단을 한 것이 변론주의에 위배한다고도 할 수 없다"라고 판결 이유 중에서 설시하고 있는 것을 유추하여 보면, 동 사안과 같이 채권자가 채무자에 가담하여 공범으로서 손해배상책임을 지는 사안에서도 채무자의 채권자에 대한 변제 자체는 유효하다고 새기는 것으로 보여진다.

2. 금전은 소유와 점유가 합체되어 있고, 채권자의 주관적인 선의, 악의 여부와 무관하게 채권자는 자신이 변제로 수령한 금전 이득을 보유할 정당한 권원인 법률적 원인을 가지고 있으므로, 채권자가 장물인 금전으로써 변제를 수령하였다는 이유로 피해자에게 손해배상금을 지급하였든 혹은 부당이득금을 지급하였든 상관없이 어떤 경우에 있어서도 채무자의 채권자에 대한 변제는 유효하다고 해석하여야 할 것이므로 위와 같은 판례의 논지는 수긍될 수 있다고 하겠다. 만약 그렇지 아니하고 변제를 수령한 채권자의 주관적인 악의 혹은 중과실의 유무에 따라 채무자의 변제의 유효성 여부가 달라진다고 한다면, 일응 변제의 유효성 여부는 잠정적인 상태로 유보되어 있

다가 피해자가 채무자의 무자력을 확인하고 드디어는 채권자에게까지 그 추급권을 행사한 연후에, 그것도 채권자의 주관적인 의사가 확인된 후에야 변제의 유효성 유무가 확정된다고 한다면 법적 안정성이 훼손되는 결과를 가져오게 된다.

위 대법원 2003다8862 판결이, "채권자가 그 변제를 수령함에 있어 단순히 과실이 있는 경우에는 그 변제는 유효하고 채권자의 금전 취득이 피해자에 대한 관계에 있어서 법률상 원인을 결여한 것이라고 할 수 없다"라고 하여, 반대로 해석하면 마치 채권자에게 악의 혹은 중과실이 있을 경우에는 피해자에 대하여는 법률상 원인을 상실하여 부당이득 반환을 하여야 하므로 이때는 채권자가 채무자에 대하여 변제의 무효를 주장할 수 있다는 취지로 볼 여지를 남기고 있으나, 역시 그렇다고 하여도 위 기재와 동일한 이유로 채무자의 변제는 언제나 유효하다고 하여야 할 것이다. 또 이렇게 해석한다고 하여도 위 Ⅳ. 2.항 기재와 같이 이 경우 채권자에게는 악의 혹은 중과실이 있으므로, 채권자로서는 이미 변제 수령 금액의 추탈에 대한 위험 부담에 대하여는 예상하였을 것으로 추측되므로 크게 공평이나 정의 관념에 반한다고 할 수는 없겠다.

Ⅵ. 결 론

장물인 금전으로 변제를 수령한 채권자에게는 그 급부를 수령, 보유할 법률상 원인이 있다고 할 것이므로 채권자의 주관적인 악의, 중과실 유무에 관계없이 피해자는 채권자에게 부당이득반환청구권을 행사할 수 없다고 할 것이다. 또한 채권자가 단독으로 장물죄의 죄책을 지거나 채무자와 같이 재산범죄의 공범으로서 죄책을 지게 되어 피해자에게 불법행위에 기한 손해배상 의무가 발생하여도, 채권자는 채무자에게 구상권이나 부당이득반환청구권을 행사할 수 없다. 더 나아가 위 어떤 경우에 있어서도 채무자의 채권자에 대한 변제는 유효하다고 새겨야 하므로 채권자는 채무자에게 변제의 무효를 주장하여 재차 변제를 요구할 수 없다고 할 것이다.

위와 같은 결론은 혹여 사회 정의 관념이나 부당이득 제도가 근거한다는 공평의 이념에 반하지 않는가를 살펴볼 필요성이 있다. 본래는 피해자에 대하여 원초적 책임을 부담해야 하는 채무자의 일반적 부자력에 대한 위험을 공평의 이념에 근거한다는 이유로, 급부 보유의 법률상 원인을 가지는 채권자에게 전가하는 대법원 2003다8862 판례의 결론은 오히려 사회 정의 관념과 공평의 이념에 어긋난다고 보여진다. 채권자가 악의, 중과실이라면 피해자는 부당이득청구권을 활용하지 않고서도 얼마든지 자신의 피해 보전을 할 수 있다. 그럼에도 이에 더하여 유통 금전의 제반 논리적 특수성 및 법적 안정성 등을 고려하지 않고 지나치게 피해자를 보호할 필요는 없다고 할 것이다.

결국 장물인 금전으로 한 변제와 관련한 제 법률관계에 있어서 최종적인 책임의 부담자는 변제를 수령한 채권자가 된다고 하겠으나, 그런 경우는 위 판례에 의하더라도 채권자에게 악의, 중과실이 있는 경우에 해당하고, 그렇지 않다고 하여도 채권자가 형사책임 및 불법행위 책임을 져야만 하는 경우이므로 공평의 이념에 부합한다고 볼 수 있다. 이에 더하여 장물죄는 대다수의 경우 재산범죄를 일으키는 원인이 되므로 형법도 장물죄를 재산범죄 본범보다 더 무겁게 처벌하고 있다. 그러므로 채권자가 장물죄 등의 형사책임을 지거나 채권자에게 악의, 중과실이 있는 경우는 채무자보다 더 사회적 비난의 정도가 높다고 볼 경우도 많을 것이므로 위 결론은 본 논고의 제 법률관계에 있어서 가장 타당한 귀결이다.

참고문헌

양창수, "금전의 부당이득으로 인한 반환의무-소위 「편취금전에 의한 변제」 문제 서설," 「법학」 제43권 제4호, 서울대학교 법학연구소, 2002.

최준규, "금전의 이동과 물권적 청구권-가치 소유권 및 의제신탁으로부터의 시사," 「법조」(vol.638), 법조협회, 2009. 11.

문형배, "편취 또는 횡령한 금전에 의한 변제와 변제수령자의 부당이득 성립 여부 — 대법원 2003.6.13. 선고 2003다8862 판결," 「판례연구」 제17집, 부산판례연구회, 2006.

이재욱, "편취금전에 의한 변제와 부당이득: 대법원 2003.6.13. 선고 2003다8862 판결, 대법원 2008.9.11. 선고 2006다46278 판결을 중심으로," 「민사법연구」 제18집, 대한민사법학회, 2010.

이용박, "부당이득의 보충성-문제점과 개정방안," 「비교사법」 제10권 3호, 한국비교사법학회, 2003. 9.

김동윤, "편취금전에 의한 변제와 부당이득: 대법원 2008.3.13. 선고 2006다53733, 53740 판결, 대법원 2008.3.13. 선고 2005다36090 판결, 대법원 2004.1.15. 선고 2003다49726 판결, 대법원 2003.6.13. 선고 2003다8862 판결," 「판례연구」 제21집, 부산판례연구회, 2010.

박세민, "부당이득법의 인과관계와 법률상 원인 — 편취금전에 의한 채무변제에 관한 대법원판결을 예시로," 「민사법학」 제41호, 한국민사법학회, 2008.

정태륜, "횡령한 금전의 부당이득," 「민사판례연구」(XXVII), 민사판례연구회, 2005.

제철웅, "편취금전에 의한 변제와 부당이득," 「고시계」, 2007. 3.

양창수, 「민법주해」(17), 박영사, 2005.

이은영, 「민법총칙」, 박영사, 2005.

지원림, 「민법강의」, 홍문사, 2011.

곽윤직, 「물권법」, 박영사, 2006.

이재상, 「형법각론」, 박영사, 2007.

곽윤직, 「채권각론」, 박영사, 2005.

박세민, 「삼각관계상의 부당이득」, 한국학술정보(주), 2009.

PART 03

변호사시험 모의시험 (민사 기록형)

제 1 장 변호사시험 모의시험 기록형(민사법) 시험문제

제 2 장 채점기준표, 모범답안

제 1 장 변호사시험 모의시험 기록형(민사법) 시험문제

각 학생은 대구 수성구 범어동 971. 공평빌딩 318호에서 변호사 사무실을 개업하고 있는 변호사 '법원천'이다. 동 변호사는 2011. 3. 1. 사무실에 출근하여 기 제기된 민사소송(원고 정양수의 양수금 청구 사건) 피고 갑발주와 같은 소송에 피고 보조참가 신청을 한 주식회사 병철빔 대표이사 병단디로부터 아래와 같은 내용의 상담을 받고, 별첨 기록과 같은 자료를 건네받았다.

<변호사 법원천 상담일지 요약>

Ⅰ. 사건 사실관계의 요약

1. 갑발주는 건축주로서 2010. 2. 16. 총 공사대금 64억 9천만 원에 을파산 건설 주식회사와 건물 신축공사 도급계약을 체결하였다. 을파산 건설사는 다시 위 공사 중 철 구조물 공사 부분을 병철빔 건설 주식회사에 금 10억 원에, 전기설비 공사 부분을 무전기 건설 주식회사에 금 2억 6천만 원에 각 하도급을 주었다.
2. 위 병철빔 건설사와 무전기 건설사는 각 자신들이 맡은 공사를 2010. 10.경 각 완료하였다.
3. 원수급인 을파산 건설사는 공사 도중 2010. 12. 24.자로 부도가 발생하였고 즉시 공사를 중단하였다. 이에 갑발주와 을파산 건설사는 기성공사 등에 대하여 일정한 합의를 하였다.
4. 정양수의 주장에 의하면, 을파산 건설사는 위 합의 이전인 2010.

12. 14. 정양수에게 갑발주에 대한 미확정의 공사 잔대금 채권 10억 원(추정액)을 정양수에 대한 기존채무의 변제에 갈음하여 양도하였고, 그 통지를 2010. 12. 27. 내용증명우편으로 갑발주에게 필하였다.

5. 을파산 건설사는 위 같은 미확정의 공사 잔대금 채권 10억 원을 2010. 12. 20. 병철빔 주식회사 대표이사 병단디에게도 양도하였다. 그러나 채권양도 통지를 필한 사실은 없다.
6. 위 병단디는 2010. 12. 26. 갑발주를 찾아가 직접 위 공사 잔대금 10억 원에 대한 채권양수 사실을 알림과 동시에, 자신의 을파산 건설사에 대한 하도급 공사대금 10억 원을 건축주인 갑발주가 직접 지급 변제해 줄 것을 요청하였고, 이에 갑발주는 동인 발행의 은행도 약속어음 지급일 2011. 1. 10.자 액면금 10억 원을 병단디에게 교부하였다. 그러나 지급일에 결제되지 않았다. 위 약속어음의 교부시 대물변제의 합의가 있었는지의 여부는 알려지지 않고 있다.
7. 2011. 1. 14. 정양수는 갑발주를 상대로 양수금 청구의 소를 제기하였다.
8. 병단디는 위 소의 제기 사실을 갑발주로부터 전해 듣고 2011. 2. 중순경 피고 보조참가 신청서를 위 소송 계속 법원에 제출하였다.

Ⅱ. 소송 사건의 수임 후의 정황

1. 법원천 변호사가 위 피고 및 보조참가인으로부터 공동으로 본 사건을 수임하여, 소송기록을 복사하여 검토해 보니, 원고는 그동안 진행된 위 소송에서 자신은 을파산 건설사에 대한 기존의 대여금 채권 등 10억 원 상당에 대한 대물변제조로 이 사건 채권을 양수받았다고 주장하고 있기는 하나, 기존 대여금 채권 등이 발생한 시기는 거의 을파산 건설사의 부도 직전에 몰려 있었으며, 기존채권의 존재에 대한 입증서류로 제시한 것들로써 을파산 건설사로부

터 교부받았다는 약속어음들의 지급기일은 채권양수도계약 일자 이후였고, 10억 원 중 5억 1천만 원 상당의 채권에 대하여는 약속어음이나 영수증 등과 같은 종류의 입증서류를 제시하지 못하고 있으며, 원고는 을파산 건설사의 실제 소유주와는 20년간의 절친한 친구라고 진술하고 있었다.

2. 을파산, 병철빔, 무전기 각 건설사는 중소기업기본법상 각 중소기업에 해당하고, 건설산업기본법상 각 건설업 등록을 마쳤으며, 상시 고용 종업원 수는 각 12명, 5명, 3명이었다.

문제의 제시

[문제 1] 답변서 작성

원고의 소장에 대하여 피고와 피고 보조참가인의 소송대리인의 입장에서 의뢰인을 위한 가능한 모든 공격, 방어 방법이 포함된 최선의 답변서를 작성하라.(배점 60점)

[문제 2] 변호사 의견서 작성(간이형)

위 답변서와는 별도로, 피고 보조참가인은,

가. 을파산 건설사의 정양수에 대한 채권양도를 사해행위로서 취소하고, 원상회복할 것을 주장할 수 있는지 여부를 간단히 기재하고,

나. 만약 주장가능하다면 피보전채권은 무엇이며, 누구를 상대로, 어떤 방식으로(예를 들면, 본 소송에서 공격방어방법으로서, 혹은 반소로서, 혹은 별개의 소로서 등) 할 수 있는지 여부를 간단히 기재하고,

다. 소제기의 방식이라면 그 청구취지를 항목별로 기재한,

변호사 의견서를 작성하라.(배점 40점)

*** 주의사항

1. 본 기록 내에 나타나거나 소송대리인이 알게 된 사실관계 및 증거자료만을 기초로 하고 별도의 법률행위 또는 사실행위를 한 것을 전제로 하지는 말 것.
2. 답변서 및 의견서의 작성일은 2011. 3. 7로 할 것.
3. 첨부하는 증거는 표기하지 말 것.
4. 인장 날인 부분 포함 각종 서류는 적법하게 작성된 것으로 전제할 것.

기록목록

소 장

원고 정 양 수

피고 갑 발 주

사건번호	21987
배당순위 번 호	
재 판 부	11부
주 심	나

소 가	1,000,000,000원
첨부할 인지액	<생략> 원
첨부한 인지액	<생략> 원
송 달 료	<생략> 원
비고	(인)

대구지방법원 귀중

소 장

원 고 정양수(480203-1678349)
대구 수성구 만촌동 000
소송대리인 변호사 경북대
대구 수성구 범어동 123
전화번호: 950-7254, 팩스: 950-7253, 전자우편: kbd@knu.ac.kr

피 고 갑발주(470101-1345786)
대구 달서구 상인동

양수금 청구의 소

청구취지

1. 피고는 원고에게 금 1,000,000,000 및 이에 대한 2010. 12. 30.부터 이 사건 소장 부본 송달일까지는 연 5%, 그 다음날부터 다 갚는 날까지는 연 20%의 비율에 의한 돈을 지급하라.
2. 소송비용은 피고가 부담한다.
3. 제 1 항은 가집행할 수 있다.

라는 판결을 구합니다.

청구원인

1. 원고는 2010. 12. 14. 소외 을파산 건설주식회사 대표이사 을부도와, 동인이 피고에게 가지고 있던 대구 북구 산격동 1370. 지상 '역발산' 종합스포

츠센터 건물 건축공사 잔대금 채권 금 10억 원에 대하여 채권양수도계약을 체결하여 이를 양도받았습니다(갑제1호증 채권 양도양수계약서 참조).

2. 또한 위 채권양도사실에 대하여는 위 을부도가 2010. 12. 27. 채무자인 원고에게 배달증명 내용증명 우편으로 통지를 하였습니다(갑제2호증 내용증명, 갑제3호증 우편물배달증명서 각 참조).

3. 원고는 소외 을부도에게 원래 대여금 채권 등 합계 금 10억 원 상당의 채권을 가지고 있었는데, 이 기존 채권에 대한 변제에 갈음하여 대물변제조로 위 공사잔대금 채권을 양수받았던 것입니다.

4. 이에 원고는 2010. 12. 29. 피고를 방문하여 위 양수금의 지급을 요청하였으나 피고는 이런 저런 핑계를 대며 위 양수금을 지급할 수 없다고 하므로 결국 본건 소송에 이를 수밖에 없었습니다.

5. 결 어

따라서 피고는 원고에게 양수금 10억 원 및 이에 대한 2010. 12. 30부터 이 사건 소장 부본 송달일까지는 연 5%, 그 다음날부터 다 갚는 날까지는 연 20%의 비율에 의한 돈을 지급할 의무가 있다고 할 것입니다.

입증방법

1. 갑제1호증 채권 양도양수계약서
2. 갑제2호증 내용증명
3. 갑제3호증 우편물배달증명서

첨부서류

1. 위 입증방법 2통
1. 영수필확인서 및 영수필통지서 각 1통
1. 송달료납부서 1통
1. 소장부본 1통

2011. 1. 14.

원고 소송대리인 변호사 경북대 (인)

대구지방법원 귀중

채권 양도양수계약서

■ 양 도 인 성 명 : 을파산 건설 주식회사 대표이사 을부도
주 소 : 대구 수성구 범어동 000
■ 양 수 인 성 명 : 정양수(480203-1678349)
주 소 : 대구 수성구 만촌동 000

위 을파산을 '갑' 으로 하고 정양수를 '을' 로 하여 '갑' 과 '을' 양 당사자는 다음과 같이 채권 양도양수계약을 체결한다.

■ 양도양수할 채권의 표시

양도인이 대구 달서구 상인동 000번지의 채무자 갑발주에게 가지는 "역발산"종합스포츠센터 건물(지하 2층 지상9층) 건축공사 잔대금 채권 일금 10억원정

甲第 1 號證

제 1 조 【계약의 목적】
양도인 '갑' 은 양수인 '을' 에게 위 채권을 다음과 같은 약정으로 양도한다.

제 2 조 【통지의무】
양도인 '갑' 은 양수인 '을' 을 위하여 양도 후 지체없이 채무자 갑발주에게 위 채권이 양도되었음을 통지하거나 채무자 갑발주의 승낙을 얻는다.

제 3 조 【보증 등】
양도인 '갑' 은 채무자 갑발주가 양도인 '갑' 에게 대항할 수 있는 사유가 없음을 보증하며 또한 본건 채권양도는 양수인이 양도인에게 가지고 있는 채권액 합계 약 10억원 상당에 대한 대물변제로써 지급에 갈음하여 양도한다.

제 4 조 【계약해제】
채무자 갑발주가 본 건 양도의 통지를 받을 때까지 양도인 '갑' 에게 생긴 사유로써 양수인 '을' 에게 대항하는 경우에는, 양수인 '을' 은 최고절차 없이 즉시 본 건 계약을 해제할 수 있다.

위 계약의 성립을 증명하기 위하여 본 계약서 2통을 작성하여 계약 당사자간 이의 없음을 확인하고 각자 기명 날인하여 각 1통씩 보관한다.

2010년 12 월 14 일

양도인 : 을파산 건설 주식회사 대표이사 을부도 (인)
양수인 : 정양수 (인)

내 용 증 명 서

■ 일 시 : 2010. 12. 27.

■ 수 신 자 : 갑발주

■ 주 소 : 대구 달서구 상인동 000

■ 발 신 자 : 을파산 건설 주식회사 대표이사 을부도

■ 주 소 : 대구 수성구 범어동 000

■ 제 목 : 채권양도 통지

甲第 2 號證

발신자가 수신자에 대하여 가지고 있는 공사 잔대금 채권액 중 10억 원에 대하여 2010. 12. 14. 자로 정양수씨에게 채권양도하였사오니, 위 금액을 양수인인 정양수씨가 수신자에게 청구할 시 이를 지급하여 주시기를 바라는 바입니다.

2010 년 12 월 27 일

대구달서우체국
2010. 12. 27.
10 - 2999

이 우편물은 2010년 12월27일 동기 제2999호에 의하여 내용증명 우편물로 발송하였음을 증명함
우체국장 대구달서우체국장인

甲第 3 號證

우 편 물 배 달 증 명 서

수취인의 주거및 성명

대구 달서구 상인동 000 갑발주 귀하

접수국명	대구 수성구 범어 우체국	접수년월일	2010. 12. 27.
등기번호	12345000234	배달년월일	2010. 12. 28.
적요	관계 가사도우미		
	강도움 수령 강도움	대구 범어 2010. 12. 29. 1009704 우체국	

건축공사 도급계약서

1. **공 사 명** : "역발산" 종합스포츠센터 건물(지하2층 지상9층) 건축공사
2. **공사장소** : 대구 북구 산격동 1370.
3. **공사기간** :
   - 착 공 : 2010년 2월 17일
   - 준 공 : 2011년 5월 10일
4. **도급금액** : 일금 육십사억구천만 원정 (₩ 6,490,000,000)
   - 공 급 가 액 : 일금 생략 원정 (₩)
   - 부가가치세액 : 일금 생략 원정 (₩)
5. **선 금** : 일금 오억원 원정 (₩ 500,000,000)
6. **기성부분급의 시기 및 방법** : 매 분기별 정산하여 현금 혹은 약속어음으로 지급함.
7. **하자담보 책임기간** : 준공검사 후 00년
8. **하자보수 보증금률** : 생략
9. **지체상금률** : 생략

도급인과 수급인은 이 계약서 및 공사도급계약조건과 별첨(생략) 설계도 및 시방서에 의하여 공사도급계약을 체결하고 그 증거로 이 계약서 및 관련문서를 2통 작성하여 각 1통씩 보관한다.

2010년 2월 16일

도 급 인	수 급 인
주 소 : 대구 달서구 상인동 000	주 소 : 대구 수성구 범어동 000
성 명 : 갑발주(470101-1345786) (인)	성 명 : 을파산 건설 주식회사 대표이사 을부도 (인)
도급인보증인 생략	수급인보증인 생략
주 소 :	주 소 :
성 명 : (인)	성 명 : (인)

건축공사 표준하도급계약서

1. **발 주 자 :** 갑발주(470101-2345786)
   원도급 공사명 : "역발산" 종합스포츠센터 건물(지하2층 지상9층) 건축공사

2. **하도급 공사명 :** 위 건물 중 철구조물 공사

3. **공 사 장 소 :** 대구 북구 산격동 1370.

4. **공 사 기 간**
   - 착 공 : 2010년 2월 17일
   - 준 공 : 2010년 9월 30일

5. **계 약 금 액 :** 일금 십억 원정
   - 공 급 가 액 : 일금 생략 원정(노무비 : 일금 원정)
     ※ 건설산업기본법시행령 제84조 규정에 의한 노무비
   - 부가가치세 : 일금 생략 원정

(이하 공란은 모두 "생략")

6. **대금의 지급**
   가. 선급금
   (1) 계약체결 후 ( )일 이내에 일금 원정
   (2) 발주자로부터 지급받은 날로부터 15일 이내 그 내용과 비율에 따름
   나. 기성부분금
   (1) 월( )회
   (2) 목적물 수령일로부터 ( )일 이내
   (3) 지급방법 : 현금 %, 어음 %
   다. 설계변경에 따른 대금조정 : 발주자로부터 조정받은 일로부터 ( )일 이내 그 내용과 비율에 따름

7. **지급자재의 품목 및 수량 :** 별도첨부

8. **계약이행보증서 발급기관 :** 증서번호 :

9. **공사대금지급보증서 발급기관 :** 증서번호 :

10. **하자보수보증금률 및 하자담보책임기간 :** 복합공종인 경우 공종별로 구분 기재한다.

공 종	공종별계약금액	하자보수보증금률(%) 및 금액	하자담보책임기간
		( )% 원정	
		( )% 원정	
		( )% 원정	
		( )% 원정	

11. **지체상금률 :** %

당사자는 위 내용과 별첨 공사하도급 계약조건, 설계도( )장, 시방서( )책에 의하여 이 공사하도급계약을 체결하고 계약서 2통을 작성하여 각각 1통씩 가진다.

2010년 2월 16일

원사업자
주 소 : 대구 수성구 범어동 000
상 호 : 을파산 건설 주식회사
성 명 : 대표이사 을부도 (인)

수급사업자
주 소 : 대구 남구 봉덕동 000
상 호 : 병철빔 건설 주식회사
성 명 : 대표이사 병단디 (인)

건축공사 표준하도급계약서

1. **발 주 자** : 갑발주(470101-2345786)
   원도급 공사명 : "역발산" 종합스포츠센터 건물(지하2층 지상9층) 건축공사

2. **하도급 공사명** : 위 건물 중 전기설비 공사

3. **공 사 장 소** : 대구 북구 산격동 1370.

4. **공 사 기 간**
   - 착 공 : 2010년 2월 17일
   - 준 공 : 2010년 9월 30일

5. **계 약 금 액** : 일금 이억육천만 원정
   - 공 급 가 액 : 일금 생략 원정(노무비 : 일금 원정)
     ※ 건설산업기본법시행령 제84조 규정에 의한 노무비
   - 부가가치세 : 일금 생략 원정

(이하 공란은 모두 "생략")

6. **대금의 지급**
   가. 선급금
   (1) 계약체결 후 ( )일 이내에 일금 원정
   (2) 발주자로부터 지급받은 날로부터 15일 이내 그 내용과 비율에 따름
   나. 기성부분금
   (1) 월( )회
   (2) 목적물 수령일로부터 ( )일 이내
   (3) 지급방법 : 현금 %, 어음 %
   다. 설계변경에 따른 대금조정 : 발주자로부터 조정받은 일로부터 ( )일 이내 그 내용과 비율에 따름

7. **지급자재의 품목 및 수량** : 별도첨부

8. **계약이행보증서 발급기관 :** 증서번호 :

9. **공사대금지급보증서 발급기관 :** 증서번호 :

10. **하자보수보증금률 및 하자담보책임기간 :** 복합공종인 경우 공종별로 구분 기재한다.

공 종	공종별계약금액	하자보수보증금률(%) 및 금액	하자담보책임기간
		( )% 원정	
		( )% 원정	
		( )% 원정	
		( )% 원정	

11. **지체상금률 :** %

당사자는 위 내용과 별첨 공사하도급 계약조건, 설계도( )장, 시방서( )책에 의하여 이 공사하도급계약을 체결하고 계약서 2통을 작성하여 각각 1통씩 가진다.

2010년 2월 16일

원사업자
주 소 : 대구 수성구 범어동 000
상 호 : 을파산 건설 주식회사
성 명 : 대표이사 을부도 (인)

수급사업자
주 소 : 대구 남구 봉덕동 000
상 호 : 무전기 건설 주식회사
성 명 : 대표이사 무독립 (인)

내 용 증 명 서

■ 일 시 : 2010. 10. 15.
■ 수 신 자 : 을파산 건설 주식회사
■ 주 소 : 대구 수성구 범어동 000

■ 발 신 자 : 병철빔 건설 주식회사
■ 주 소 : 대구 남구 봉덕동 000

■ 제 목 : 공사대금 지급촉구

...수신자 귀하가 주지하시는 바와 같이 발신자 회사는 2010. 9. 말경 철구조물 하도급 공사를 완료하였으나 아직 공사대금을 한푼도 받지 못하고 있습니다. 귀하는 약속만 하고는 이행을 하지 않아 더 이상 기다릴 수 없습니다.

부득이 내용증명을 우송하오니 조속한 시일 내에 공사대금을 지급치 아니할 시에는 소제기 등 민형사상의 조치를 하려고 합니다. 깊이 숙고하여 불상사가 없도록 하여 주시기를 바랍니다.

2010 년 10 월 15 일

대구남구 우체국
2010. 10. 15.
10 - 2999

이 우편물은 2010년 10 월 15일 등기 제2999호에 의하여 내용증명 우편물로 발송하였음을 증명함
대구 남구 우체국장 대구남구우체국장인

내 용 증 명 서

■ **일 시** : 2010. 10. 15.
■ **수 신 자** : 을파산 건설 주식회사
■ **주 소** : 대구 수성구 범어동 000

■ **발 신 자** : 무전기 건설 주식회사
■ **주 소** : 대구 수성구 지산동 000

■ **제 목** : 공사대금 지급촉구

...수신자 귀하가 주지하시는 바와 같이 발신자 회사는 2010. 9. 말경 전기설비 하도급 공사를 완료하였으나 아직 공사대금을 한푼도 받지 못하고 있습니다. 귀하는 약속만 하고는 이행을 하지 않아 더 이상 기다릴 수 없습니다.

부득이 내용증명을 우송하오니 조속한 시일 내에 공사대금을 지급치 아니할 시에는 소제기 등 민형사상의 조치를 하려고 합니다. 깊이 숙고하여 불상사가 없도록 하여 주시기를 바랍니다.

2010 년 10 월 15 일

대구수성우체국
2010. 10. 15.
10 - 2999

이 우편물은 2010년 10월 15일 등기 제2999호에 의하여 내용증명 우편물로 발송하였음을 증명함
대구 수성구 우체국장 (대구수성우체국장인)

채권양도금지 등 합의서

1. 대구 북구 산격동 1370. 지상 "역발산" 종합스포츠센터 건물(지하2층 지상9층) 건축공사를 도급인 갑발주(470101-2345786)로부터 도급받아 시공하던 중 수급인 을파산 건설 주식회사는 2010. 12. 24.자로 부도가 발생하여 더 이상 공사를 할 수 없는 상황임.

2. 향후 조속히 기성고를 신뢰할 수 있는 기관에 의뢰하여 기성 공사율을 확정하고, 기지급받은 부분을 제외한 공사 잔대금(공사 잔대금액은 일응 10억 원으로 도급인, 수급인 서로 간에 양해하며, 기성률이 확정되면 추후 정산하기로 한다)에 대하여, 위 도급인에 대한 수급인의 공사잔대금 채권은 이를 타에 양도할 수 없다.

3. 기타 하도급 공사의 공사대금 등에 대하여는 수급인이 이를 책임지고 처리하기로 한다.

2010. 12. 25.

도급인 갑발주(470101-2345786) (인)
수급인 을파산 건설 주식회사
대표이사 을부도 (인)

채권 양도양수계약서

■ **양 도 인** 성 명 : 을파산 건설 주식회사 대표이사 을부도
주 소 : 대구 수성구 범어동 000

■ **양 수 인** 성 명 : 병철빔 건설 주식회사 병단디
주 소 : 대구 남구 봉덕동 000

위 을파산을 '갑'으로 하고 병철빔을 '을'로 하여 '갑'과 '을' 양 당사자는 다음과 같이 채권 양도양수계약을 체결한다.

■ 양도양수할 채권의 표시

양도인이 대구 달서구 상인동 000번지의 채무자 갑발주에게 가지는 "역발산" 종합스포츠 센터 건물(지하2층 지상9층) 건축공사 잔대금 채권 일금 10억 원정

제 1 조 【계약의 목적】
양도인 '갑'은 양수인 '을'에게 위 채권을 다음과 같은 약정으로 양도한다.

제 2 조 【통지의무】
양도인 '갑'은 양수인 '을'을 위하여 양도 후 지체없이 채무자 갑발주에게 위 채권이 양도되었음을 통지하거나 채무자 갑발주의 승낙을 얻는다.

제 3 조 【보증 등】
양도인 '갑'은 채무자 갑발주가 양도인 '갑'에게 대항할 수 있는 사유가 없음을 보증하며 또한 본건 채권양도는 양수인이 양도인에게 가지고 있는 하도급 공사대금 채권 10억 원에 대한 지급을 위하여 양도한다.

제 4 조 【계약해제】
채무자 갑발주가 본 건 양도의 통지를 받을 때까지 양도인 '갑'에게 생긴 사유로써 양수인'을'에게 대항하는 경우에는, 양수인 '을'은 최고절차 없이 즉시 본 건 계약을 해제할 수 있다.

위 계약의 성립을 증명하기 위하여 본 계약서 2통을 작성하여 계약 당사자간 이의 없음을 확인하고 각자 기명 날인하여 각 1통씩 보관한다.

2010년 12월 20일

양도인 : 을파산 건설 주식회사 대표이사 을부도 (인)
양수인 : 병철빔 건설 주식회사 병단디 (인)

01
579628

약 속 어 음

귀하 자가 33685765

금 十億 원정

위의 금액을 귀하 또는 귀하의 지시인에게 이 약속어음과 상환으로 지급하겠습니다.

지급기일 2011. 1. 10. 발행일 2010. 12. 26.

지 급 지 대구 발행지 대구

지급장소 주식회사 대구 은행 주 소

상인동지점 발행인 갑 발주

발행지, 발행일, 수취인등이 누락된 상태에서 지급 제시하는 경우 지급 거절로 신용의 피해를 입을 수도 있으니 누락함이 없도록 주의하시기 바랍니다.

점선 아래의 앞뒷면은 전산처리 부분이오니 글씨를 쓰거나 더럽히지 마십시오.

33685765 ‖ 20 07

이 (어음)(수표)은(는) 예금부족
(으)로 지급에 응할 수 없음.
2011. 1. 10.
대구은행상인동 지점장 인서명

제 2 장 채점기준표, 모범답안

1. 민사법 기록형 채점기준표

[문제 1] 답변서 작성

순번	논점 — 내용	배점	비고
1	사건, 당사자 표시	3	
2	청구취지에 대한 답변	5	
3	하도급법상의 직접청구	10	
4	대물변제	5	
5	신탁법 위반	15	
6	통정허위표시	10	
7	채권양도금지특약 위반	5	
8	반사회질서 법률행위	5	
9	관할법원 등	2	
	총 점	60	

[문제 2] 변호사 의견서 작성

순번	논점 — 내용	배점	비고
1	사해행위 주장 가능 여부	5	
2	피보전채권, 피고, 반소 가능 여부 등	15	
3	청구취지 — 취소부분	8	
4	청구취지 — 통지부분	8	
5	청구취지 — 소송비용	2	
6	별지목록	2	
	총 점	40	

※ 채점의 기준은 위의 기준표를 참작하되,

1. 내용에 있어서는 충실한 논거제시와 관련 대법원 판례의 거시, 판단의 정확성을 평가하고,
2. 서술에 있어서는 개념 및 법률용어의 적절성, 서술체계의 일관성과 논리성을 평가하고,
3. 답변서 및 변호사 의견서 구성에 있어서는 전체적인 서술 전개의 통일성과 논리성 등을 참작하여 법문서 작성의 능력을 평가함.

2. 민사법 기록형 모범답안

[답안 1] 답변서 작성

답 변 서

사　　건 : 2011가합 21987 양수금 청구
원　　고 : 정양수
피　　고 : 갑발주
보조참가인 : 병철빔 주식회사
　　　　　　대표이사 병단디

위 사건에 관하여, 피고 및 보조참가인의 소송대리인은 다음과 같이 답변합니다.(3점)

청구취지에 대한 답변

1. 원고의 청구를 기각한다.
2. 소송비용은 원고의 부담으로 한다.

라는 판결을 구합니다.(5점)

청구원인에 대한 답변

1. 본 항 이하에서 자세히 기재하는 바와 같이, 원고가 양수하였다고 주장하는 채권은 피고가 채권양도의 통지를 받기 이전에 이미 소멸하여 부존재하거나, 혹은 원고와 소외 을파산 건설사 간의 채권양도 계약은 무효이므로 원고의 이 사건 청구는 이유 없어 기각되어야 마땅합니다.

2. 양수채권의 부존재

원고가 주장하는 양수채권은 다음 기재와 같은 이유들로 인하여 피고가 채권양도의 통지를 받기 이전에 이미 소멸하여 부존재한다고 할 것입니다.

가. 하도급거래 공정화에 관한 법률(이하 하도급법이라고 한다)상의 직접청구

소외 을파산 건설사와 피고 보조참가인은 중소기업기본법상 각 중소기업에 해당하고, 건설산업기본법상 각 건설업 등록을 마쳤으며, 상시 고용 종업원 수는 각 12명, 5명이었는데, 피고 보조참가인은 2010. 12. 26자로 피고에게 10억 원의 하도급대금을 지급하여 줄 것을 직접 청구하였으므로, 하도급법 제 2 조, 제14조 제 1 항, 제 2 항에 따라 공사잔대금 채권 10억 원은 원고 측의 채권양도 통지 이전에 이미 소멸하였습니다.(10점)

나. 어음의 교부로서 변제에 갈음

피고 보조참가인은 2010. 12. 26자로 피고에게 10억 원의 하도급대금을 지급하여 줄 것을 청구하였고, 이에 피고는 동액 상당의 액면금에 해당하는 약속어음을 피고 보조참가인에게 교부하였습니다. 일반적으로는 기존 채권과 관련하여 채무자가 어음을 발행한 경우 특단의 사정이 없는 한 지급을 위하여, 혹은 지급을 담보하기 위한 것으로 보지만, 본건의 경우에는 약속어음의 수교부자 간에 기존 채무의 변제에 갈음하여 약속어음을 교부한다는 의사표시가 존재하고 이는 대물변제에 해당하므로 원고의 양수 채권은 채권양도 통지 이전에 이미 소멸한 것입니다(채권이 변제 등의 사유로 소멸한 후에는 확정일자 있는 대항요건은 무의미하다는 대법원 2003다37426 판결 참조).(5점)

3. 본건 채권양도 계약은 무효

가사, 원고 주장의 양수 채권이 소멸되지 아니하고 존재하였다고 하더라도 다음 기재와 같은 사유들로 인하여 원고와 소외 을파산 건설사 간에 이루어진 채권양도 계약은 무효라고 할 것입니다.

가. 신탁법 위반

원고가 주장하는 을파산 건설사에 대한 기존 대여금 채권 등이 거의 을파산 건설사의 부도에 임박하여 발생하였다는 사실, 기존 채권 등의 존재에 대한 입증서류로 제시한 약속어음들의 지급기일이 채권양수도계약 일자 이후라는 사실, 10억 원 중 5억 1천만 원 상당의 채권에 대하여는 약속어음이나 영수증 등과 같은 종류의 입증서류를 제시하지 못하고 있는 사실, 원고와 을파산 건설사의 실제 소유주와는 20년간의 절친한 친구였던 사실 등에 비추어 보면, 이건 채권양도는 소송행위를 하게 하는 것을 주목적으로 채권양도가 이루어진 경우로서 신탁법 제 7 조가 유추적용되어 소송신탁에 해당되므로 무효라고 할 것입니다(대법원 2003다20909, 20916 판결).(15점)

나. 통정허위표시

원고와 을파산 건설사 간의 이건 채권양도 행위는 위 가.항 기재의 사실들로 비추어 보면 의사표시와 진의가 불일치하고 서로간에 통정한 허위의 양도행위로 추정할 수 있으므로 통정허위표시로서 무효라고 할 것입니다(대법원 65다623 판결은 장인, 사위간, 대법원 78다226 판결은 부부간 각 통정을 추정하였음).(10점)

다. 채권양도금지 특약 위반

2010. 12. 24. 소외 을파산 건설사의 부도 발생 사실, 동일자 피고와 소외 을파산 건설사 간의 공사잔대금 채권에 대한 양도 금지 합의의 사실, 2010. 12. 28.자 채권양도 통지의 사실 및 위 가.항 기재 사실 등 채권양도계약이 이루어진 경위에 비추어 보면, 원고와 을파산 건설사 간의 채권양도계약일은 12. 24. 이후임과 동시에 원고의 악의 혹은 중과실이 추정된다고 할 것이고, 이는 채권양도금지합의 위반으로서 본건 채권양도는 무효입니다.(5점)

라. 채권이중양도로서 반사회질서 법률행위

가사, 원고에게 위 채권양도금지 합의의 존재에 대한 악의 내지 중과실이 없다고 하더라도 원고의 채권양수는, 을파산 건설사의 2010. 12. 24. 부도 발생 사실, 동일자 양도금지 합의의 사실, 2010. 12. 28. 채권양도 통지의 사실 및 위 가.항 기재 사실 등 채권양도 계약이 이루어진 경위에 비추어 보면, 피고 보조참가인의 채권양수 계약일자보다 늦은 2010. 12. 24. 이후로서 제 2 의 양수계약에 해당하는 것으로 추정되고, 매도인인 소외 을파산 건설사는 제 1 양수인 피고 보조참가인을 위하여 양도통지를 하여야 할 타인의 사무를 처리하는 자의 지위에 있음에도 이를 위배한 잘못이 있고, 원고와 소외 을파산 건설사의 실제 소유주 간의 관계에 비추어 볼 때(양도인과 제 2 양수인이 형제간, 부부간 등 특수한 관계에 있으면 일응 매도인의 배임행위에 적극 가담한 것으로 추정된다는 취지의 대법원 78다274 판결 참조) 원고는 위 을파산 건설사의 배임행위에 적극 가담한 사실이 추정되므로, 원고의 본건 이중 채권양수 행위는 정의 관념에 반하는 반사회질서의 법률행위로서 무효라고 할 것입니다.(5점)

2011. 3. 7.

피고 및 피고 보조참가인 소송대리인
변호사 법원천

대구지방법원 제11민사부 귀중(2점)

[답안 2] 변호사 의견서 작성

변호사 의견서

가. 을파산 건설사는 부도에 임박하여 유일재산인 공사대금 채권을 특정 채권자인 정양수에게 양도하여 무자력이 되었고, 양도인 을파산 건설사의 실제 소유주와 양수인 정양수와는 절친한 친구지간이며, 정양수의 을파산 건설사에 대한 기존 대여금 채권 등이 거의 을파산 건설사의 부도에 임박하여 발생하였다는 사실, 기존 채권 등의 존재에 대한 입증서류로 제시한 약속어음들의 지급기일이 채권양수도계약 일자 이후라는 사실, 정양수는 10억 원 중 5억 1천만 원 상당의 채권에 대하여는 약속어음이나 영수증 등과 같은 종류의 입증서류를 제시하지 못하고 있는 사실 등에 비추어 보면 사해의사도 추정되므로 사해행위 취소의 주장이 가능함.(5점)

나. 피고 보조참가인이 을파산 건설사로부터 양도받은 제 2 의 양수 채권은 특정채권이며, 또한 사해행위 이후에 양도되어 성립한 채권이므로 피보전채권이 되지 못함. 피고 보조참가인은 을파산 건설사에 대한 하도급 공사대금 채권을 피보전채권으로 하여 수익자인 정양수만을 피고로 별도의 사해행위 취소의 소를 제기하여야 함. 채권자취소권은 오로지 소 제기로써 주장할 수 있고, 다른 소송의 계속 중 공격 방어 방법으로는 주장이 불가능함. 보조참가인은 본 소송의 독립된 당사자가 아니므로 반소의 제기는 불가능함.(15점)

다. 채권자취소 소송의 청구취지 :

1. 피고와 소외 을파산 건설 주식회사(소재지: 대구 수성구 범어동 000) 사이에 2010. 12. 14. 체결된 별지목록 기재 채권의 양도계약을 취소한다.(8점)
2. 〈제 1 안〉

피고는 소외 을파산 건설 주식회사에게 별지목록 기재 채권을 양도하고, 소외 갑발주(470101-1345786, 주소: 대구 달서구 상인동 000)에게 채권양도사실을 통지하라.

〈제 2 안〉

피고는 소외 갑발주(470101-1345786, 주소: 대구 달서구 상인동)에게 별지목록 기재 채권에 관한 제 1 항 기재 채권양도계약이 취소되었다는 취지의 통지를 하라.

〈제 3 안〉

피고는 소외 갑발주(470101-1345786, 주소: 대구 달서구 상인동)에게 별지목록 기재 채권을 원고에게 양도하였다는 취지의 통지를 하라.(각 8점)

3. 소송비용은 피고의 부담으로 한다.(2점)

2011. 3. 7.

변호사 법원천

별지목록

소외 을파산이 소외 채무자 갑발주에게 가지는 "역발산" 종합스포츠센터 건물(지하2층 지상9층) 건축공사 잔대금 채권 일금 10억 원정(2점)

저자 약력

대구능인고등학교 졸업
서울대학교 법과대학 학사
한국외국어대학교 대학원 석사
사법연수원 제21기 수료
육군법무관
검사(서울, 경주, 대구)
변호사(경주, 대구)
현 경북대학교 법학전문대학원 부교수

민사법실무연구 — 중요판례, 요건사실, 필수개념 중심

2011년 10월 15일 초판인쇄
2011년 10월 20일 초판발행

저 자 이 문 호
발행인 안 종 만
발행처 (주)박영사
서울특별시 종로구 평동 13-31번지
전화 (733) 6771 FAX (736) 4818
등록 1959. 3. 11. 제300-1959-1호(倫)

저자와 협의하여 인지를 생략함

www.pakyoungsa.co.kr e-mail: pys@pakyoungsa.co.kr

정 가 20,000원 ISBN 978-89-6454-755-7